古典文獻研究輯刊

四編

潘美月・杜潔祥 主編

第15冊

司馬溫公通鑑「臣光曰」研究

張立平 著

國家圖書館出版品預行編目資料

司馬溫公通鑑「臣光曰」研究／張立平著 — 初版 — 台北縣永
和市：花木蘭文化出版社，2007〔民 96〕

序 2+ 目 4+192 面；19×26 公分
（古典文獻研究輯刊 四編：第 15 冊）
ISBN：978-986-6831-23-2（全套精裝）
ISBN：978-986-6831-08-9（精裝）
1. 資治通鑑－研究與考訂
610.23   96004371

ISBN - 9866831089

9 789866 831089

古典文獻研究輯刊
四 編 第十五冊   ISBN：978-986-6831-08-9

司馬溫公通鑑「臣光曰」研究

作　　者　張立平
主　　編　潘美月　杜潔祥
企劃出版　北京大學文化資源研究中心
出　　版　花木蘭文化出版社
發 行 所　花木蘭文化出版社
發 行 人　高小娟
聯絡地址　台北縣永和市中正路五九五號七樓之三
　　　　　電話：02-2923-1455／傳真：02-2923-1452
電子信箱　sut81518@ms59.hinet.net
初　　版　2007 年 3 月
定　　價　四編 30 冊（精裝）新台幣 46,500 元

司馬溫公通鑑「臣光曰」研究

張立平　著

作者簡介

張立平，1961 年生於台北，1988 年取得國立政治大學中國文學研究所碩士。目前任教於新竹明新科技大學，常年講授「中文領域」及通識「文化行旅」課程。

提　　要

　　我國乙部要籍睥睨天下，無論就質與量觀，都足為箇中翹楚。唯其中「通史」一體，由於所涉史料浩如煙海，復以郭公夏五疑信參差，即便有史館同修亦是難乎其難！如司馬光（溫公）者，竟以十九年光陰，總成此部橫越 1362 年的 294 帙堂皇巨著，其功直追司馬子長矣！

　　筆者昔日不過一不敏小子，雖有暴虎馮河之莽，也知學力有所未迨，故僅能以兩年辰光，就溫公原著所見的二百餘篇「臣光曰」暨所徵引各家史論作一初步董理而已。綜覽全篇，凡十八萬言，立四主軸，分九章、廿六節：

　　一、背景：三章—重在《通鑑》的成書與體例。

　　二、主題：三章—就鑑論所見，理出其君、臣及國家機制運作的規範。

　　三、批判：二章—自溫公的思想與文章兩途入手。

　　四、總結：一章—特就提示關鍵、平議爭端、探索影響著眼。

　　而今，廿載春秋如白馬過隙，回首當日顛狂少作，汗顏之餘，唯望無盡方家刊削惠我，其謝不一。

目錄

自　序

　　歷史者，宇宙人生經驗之總合也；史學者，抽繹其中菁華，期以有補於生民之大業。昔日貞觀三鑑，史鑑獨存，而華胄之所以屹立天地數千年猶蕃息方滋者，亦皆賴此傲視群倫之乙部寶笈也。

　　今欲求此經世隱義，首當著一「通」字，詳言之，亦即太史公所云「通古今之變」也。唯一部廿五史，不知從何說起，能收其事半功倍之效者，惟通史而已。

　　通史一體，繁難萬端，上古意賅言簡之際，尚得勉為專家之學；時寖至后，史料薈積，即史館同修亦難乎其難矣！故太史公百卅篇以下，歷千五百年，始見溫公通鑑面世。

　　通鑑者，凡歷十九年、溫公等四大名家及當日朝野之通力合作，始克成此二九四卷、涵括一三六二年之鉅著。小子不敏，嘗思有以蠡測溫公史學之志，徒以原著卷帙浩繁，實學力所未迨，故僅得抽繹各卷「臣光曰」暨諸家論議，予以分析、比勘，志在董理，未敢是非，其獲稍附前賢之驥尾，於願足也。

　　本篇，凡十八萬言，都為四大課題，分九章、廿六節：

　　一、背景分析：計三章。以通鑑之背景、成書、體例為重心。

　　二、主題推演：計三章。以君、臣、五權為分析標準。

　　三、批判：計二章。由思想、文章二途入手。

　　四、總結：計一章。由提示其特徵、平議其爭端、略述其影響入手。

　　唯以初涉淵海，學力未積，遽爾操觚，左絀右支，幸蒙　李師威熊諄諄訓勉，循循誘善，刊削斧正，惠我實多！始得黽黽從事，終克厥成，重以學長友朋朝夕切磨之雅意，亦復可感，其謝不一。

　　余早罹天疾，自幼及長，雙親呵護，倍於平常，倘今日所成猶可名之功者，誠願獻之堂上，以償人子思慕之情於萬一。

中華民國七十七年六月

第一章 緒 論

　　孟子論人以尚友古人，當讀其書、論其世，〔註 1〕本文既以《資治通鑑》「臣光曰」為研究對象，則有關之趙宋時代背景及編年史發展概況，實為不可忽略之背景。

　　再者，「工欲善其事，必先利其器。」〔註 2〕於主題之選定、方法之講求，勢必先作界定，故本章節目首著於斯，次及前述之兩項背景——編年史之發展，以及趙宋時代概況。

第一節　研究動機暨方法

一、研究動機

（一）內　因

　　中夏享國緜亙數千餘年，歷代典籍尤稱浩博，簿錄之法代有變異，然終歸之於四庫。今自析所以獨取史部中司馬光主撰之《資治通鑑》者，其心路歷程凡經三折：

1. 取「史」

　　夫史者，人類一切過往經驗之總合也。論存取之法，古有左、右史分書言、事之說；〔註 3〕求應用之道，其關乎人事典章之迹，雖多已時過境遷，然凡此森羅萬

〔註 1〕詳見《孟子注疏》10 下／188〈萬章〉下。

〔註 2〕《論語注疏》15／138〈衛靈公〉第十五。

〔註 3〕《禮記・玉藻》：「動則左史書之，言則右史書之。」（注疏本 29／545），〈漢志〉則為：「左史記言，右史記事。」（斷句本 30／856），二處傳說相反，或古制未定，然其分「史」職為二，當屬可信。

象，絕非游離於宇宙之間，全然不著痕跡。是故，古今史家莫不殫心竭慮，意圖從中抽繹足以原始要終之規律。〔註4〕平心而論，若謂歷史軌跡全憑循環路程，一再重複，恐亦昧於人類文明進化之事實；其公允之論，首當察識「有常有變」之歷史特徵，而不妄圖毀棄若干通貫之本有精神，抑或以此精神籠罩一切事實。

錢穆嘗分「歷史」爲本體、材料、知識三部，〔註5〕而史學者，即在統合三部，萃取人生經驗中之「重大」意義與價值，進而傳之於後，以爲求世之資。是故，異種民族之間，雖有人類共性之呈現，然由於時空、經驗有別，其所展露之文化特質，亦必多采多姿；換言之，亦即：歷史、民族、文化實三位一體，〔註6〕苟欲掌握其命脈動向，勢必先由以具體形質（文字、器物……）爲基礎之史學入手。

2. 取「通史」

歷代史籍浩如煙海，其分類之法，各自成理。今以涵括時限爲準，則有通史、斷代之別，唯據劉勰所言：

> 原夫載籍之作也，必貫乎百世，被之千載，表徵盛衰，殷鑒興廢，使一代
> 之制，共日月而長存；王霸之跡，並天地而久大。〔註7〕

則欲實現前述「知常通變」之志，前者理應優於後者。何則？涵蓋既廣，素材自多，各代典章得以互爲軒輊，歷朝治亂方能見其因果。興，所以知其故；廢，所以知其由，此皆斷代爲史不能及者。

再者，以篇幅爲計：通史、斷代相去尤其懸殊，即就《資治通鑑》所涵蓋之時限觀之，僅正史一門，便達十九種之多，其篇幅列表如下：

書　名	卷　數	書　名	卷　數
1.《史記》	130	2.《漢書》	120
3.《後漢書》	130	4.《三國志》	65
5.《晉書》	130	6.《宋書》	100
7.《南齊書》	59	8.《梁書》	56
9.《陳書》	36	10.《魏書》	130
11.《北齊書》	50	12.《周書》	50

〔註4〕王緇塵稱之爲「因果律」，見《資治通鑑讀法》，頁4。

〔註5〕本體，指人生經驗而言；材料，則爲經驗所凝聚之文字、器物等遺產；知識，乃由材料反觀本體，再以所得預測未來。詳見《中國歷史精神》，第一講：史學精神與史學方法，頁2～3。

〔註6〕前揭書，頁6～7。

〔註7〕《文心雕龍註》（范文瀾註，明倫，民國60年10月台版）4／286〈史傳〉第十六。

13. 《隋書》	85	14. 《南史》	80
15. 《北史》	100	16. 《舊唐書》	214
17. 《新唐書》	248	18. 《舊五代史》	150
19. 《五代史記》	74		

以上共計二〇〇七卷，一千五、六百萬字，倘再併計其餘相關史料，則又當倍之；而《資治通鑑》，凡二九四卷、三百餘萬言〔註8〕祇及前者五分之一弱，雖曰詳略有別，然適以釋「一部十七史，何處說起」〔註9〕之憾矣！〔註10〕

3. 取《資治通鑑》

通史領域中，自來以「兩司馬」爲里程碑。司馬遷，開紀傳通史之偉業；司馬光，集編年通史之大成。兩家均獨具隻眼，洞燭上下千年、縱橫萬里，無論就史學地位、成就比勘，皆難分軒輊，故《史記》、《資治通鑑》爾來多相提而並論。〔註11〕

雖然，或因篇幅懸殊，或因成書早晚，或因貴古賤今，或因若干偏見，〔註12〕累代至今，《史記》之研究著述，可謂瀚瞰盛哉，雖「汗牛充棟」猶不足以喻其夥；而《資治通鑑》一脈，雖早有胡三省作注爲之羽翼，然千年以下，〔註13〕毀譽參差，能閱之終篇者，百不得一。〔註14〕其間縱有一二名家振衰起弊，猶不足與前者相抗

〔註 8〕以上數據，採自聶崇歧，《宋史叢考》〈資治通鑑和胡注〉，頁 393。

〔註 9〕據趙翼，《陔餘叢考》43／960 言，語出《宋史》文天祥對孛羅丞相難，唯本傳未見，今或見《文文山全集》（世界，民國 45 年 2 月台初版）17／461 紀年錄·祥興元年（宋衛王昺，1278A. D.）正月初九日。

〔註 10〕章學誠，《文史通義》內篇四·釋通（校注本 4／375）嘗論：通史有六便（免重複、均類例、便銓配、平是非、去牴牾、詳鄰事）；二長（具剪裁、立家法）；三弊（無短長、仍原題、忘標目），所言堪稱縝密，蓋斷代、通史本各有所長，端視各家去取也。唯其如此，就《通鑑》而言，後學多有與正史參看之論，譬如：朱熹，《朱子語類》11／311 學五·讀書法下；錢大昕，《潛研堂文集》（四部叢刊本）28／89 跋柯維騏《宋史新編》均是。

〔註 11〕譬如：胡應麟以爲：「司馬（遷）、班氏（固）出，而漢以後之爲紀傳者靡矣；司馬（光）、朱氏（熹）出，而宋以前之爲編年者廢矣。」見《少室山房筆叢》（文淵閣四庫本）5／（886）227 史書占畢一；梁啓超亦明言：「司馬光的《資治通鑑》，價值不在《史記》之下。……司馬光在史學的地位，和司馬遷差不多相等。」見《中國歷史研究法·補編》，分論三、第四章文化專史及其作法，頁 354。

〔註 12〕譬如：率然認定司馬光過分保守，必無新意；《資治通鑑》涵蓋既廣，必然多屬抄襲、割裂原典……等均是。

〔註 13〕《資治通鑑》書成於宋神宗元豐七年（1084A. D.），距今已九〇五年。

〔註 14〕《宋史》286／9635 王曙傳附載其子勝之事，曰：「司馬光嘗語人曰：『自吾爲《資治通鑑》，多欲求觀讀，未終一紙已欠伸思睡，能閱之終篇者，惟王勝之耳。』」，大致可見一斑。

衡也。王國維嘗謂：

> 蓋文體通行既久，染指遂多，自成習套。豪傑之士，亦難於其中自出新意，
> 故遁而作他體，以自解脫。〔註15〕

此論雖本文體而發，實則施諸他種學術亦大體近似。吾意非敢自況於「豪傑」，徒以《史記》領域染指已多，自謂學力不足以再出新意，乃不揣固陋，附前賢之驥尾，誠願獻此蚍蜉微力，稍理故園荒蕪之萬一，期能有補於司馬光《資治通鑑》是幸！

（二）外　緣

　　或謂：《資治通鑑》者，皆在資君爲治，意即統治階級之禁臠也。果其然乎？曰：未必盡然！《資治通鑑》之名，本爲宋神宗御賜，〔註16〕全書內容偏於治術，觀點趨近君方，雖無可否認，然迹司馬光之本心，恐未必止此，吾得二證焉：

1. 劉恕〈資治通鑑外紀·序〉：

> 嘉祐中，公嘗謂恕曰：「春秋之後迄今千餘年，《史記》至《五代史》一千五百卷，諸生歷年莫能竟其篇第，畢世不暇舉其大略，厭煩趨易，行將泯絕，予欲記始於周威烈王命韓、趙、魏爲諸侯，下迄五代，因丘明編年之體，倣荀悅簡要之文，網羅眾說，成一家書。〔註17〕

2. 《資治通鑑》69／2187 臣光曰：

> ……臣今所述，止欲敍國家之興衰，著生民之休戚，使觀者自擇其善惡得失，以爲勸戒，非若春秋立褒貶之法，撥亂世反諸正也。

前者明揭其學術企圖（史），對象亦定在諸生；後論則主於教訓（經），其對象雖但云「觀者」，然依文意分析，絕非單就君聽而發。退一步言，《資治通鑑》自宋神宗元豐七年（1084A. D.）進呈，哲宗元祐元年（1086A. D.）杭州初刻，高宗紹興二年（1132A. D.）餘姚重刻，〔註18〕至今千餘年間，代有鏤版，流布天下，不可數計。即便司馬光始料未及，其影響已不可測；姑不言功過如何，僅就其堅持保守之政治格局、振興三大史書體制（編年、綱目、紀事本末）而論，即非一言所能抹殺！是故，苟欲參詳其中因果，自當先讀其書、識其人，而後逞言立論，庶不致「人云亦

〔註15〕《人間詞話》（王幼安校，河洛，民國69年8月台影初版），頁218。

〔註16〕詳見〈御製資治通鑑序〉，啓業本《資治通鑑》，頁33～34。該序作於治平四年（1067A. D.，按：「治平」本英宗年號，唯帝已於正月崩，依例新帝雖即位，當於次年始改元。），據張須言（《通鑑學》第二章《通鑑》編修始末，頁23）引《石林燕語》斷爲王禹玉所撰，經查稗海本該書，並無所得，容再翻檢。

〔註17〕《資治通鑑外紀》（文淵閣四庫本），頁（312～）6580 復按：四部叢刊本是篇自「京兆萬年劉恕撰」以上二百廿字稱「序」，以下（含引文）別名之曰「引」。

〔註18〕詳見啓業本《資治通鑑》附錄〈進書表〉、〈獎諭詔書〉，頁9608～10。

「云」之譏也。

二、研究方法

史家撰述之可貴處，當如太史公所言：「究天人之際，通古今之變，成一家之言。」〔註19〕其間高下，率由二處呈現：

（一）敘事──由材料之去取「間接」得見；

（二）論贊──以私意爲褒貶「直接」彰顯；

就《資治通鑑》而言，凡正文二九四卷，〈考異〉卅卷、〈目錄〉卅卷，計達三五四卷之多，以司馬光領銜之編纂小組越十九年始克成書，其間所過目、比勘之材料不知凡幾。〔註20〕今欲追本溯源，實非一人一時足堪重任，小子不敏，限於學力，僅能就後者──「臣光曰」暨所徵引之諸家史論──稍作釐清，期以光大司馬光《資治通鑑》史觀之本旨也。

全篇歸納爲四大課題，計分九章、廿六節：

1. 背景分析

重點在剖析「臣光曰」形成之背景資料。故首章緒論除本節外，次列編年史之發展及趙宋時代概況；二章則爲《資治通鑑》編纂之歷程，包括編纂小組、前置作業及成書經過；三章偏重全書現狀之概述，分列體例、羽翼、臣光曰三節。

2. 主題推演

重點在組織、釐定二一八篇「臣光曰」暨諸家史論所呈現之思想脈絡。由於司馬光未脫傳統政治格局之束縛，論政仍以君、臣統攝一切運作，故四章分敘二者，並附論其間關係；此後兩章，則以近代五權理念試理其中頭緒，五章爲取才、行政；六章爲立法、司法、監察；間或有所涉龐雜、驟難歸屬者，則置之於末，深入探究。

3. 批　判

重點在分別評價「臣光曰」、思想系統、文章之總體表現，故七章首論其思想特色，次及得失；八章先敘司馬光之文學觀，後明「臣光曰」之文章取勢、手法。

4. 歸　結

重點在貫通全篇，並尋求「臣光曰」於學術史中之定位，故依序論列特徵、平議、影響三節。

〔註19〕《漢書補註》62／1239 司馬遷傳錄〈報任安書〉。

〔註20〕參見第二章。

（五）詳訂敘例

1. 為求精簡篇幅，以下常見之專有名詞均予約化：
    （1）司馬光→溫公；〔註21〕
    （2）《資治通鑑》→《通鑑》；
    （3）臣光曰暨所徵引之諸家史論→二百篇、鑑論：〔註22〕
    （4）《司馬文正公傳家集》→《傳家集》；
    （5）胡寅《致堂讀史管見》→《致堂讀史管見》；
    （6）王夫之《讀通鑑論》→《船山鑑論》；

2. 本篇之素材，以二百篇、《傳家集》、《稽古錄》〔註23〕為中心，時或以《致堂讀史管見》、《船山鑑論》補其餘。〔註24〕

3. 為求簡明起見，二百篇之標示法統一為：論前引子（檢索碼／卷次／頁次），臣光曰（或引某人曰）。譬如：常袞辭祿 188／225／7247・臣光曰、馮道死 205／291／9510・引歐陽修曰。

4. 徵引材料凡見於篇末書目者，不再詳列出版背景資料。

（六）正式撰述

本篇立意之初，即先行確立——

1. 著重思想脈絡之整理。
2. 不作史事是非之認定。

二百篇散見於《通鑑》各卷，其因事立論之特性，適足以展現溫公政治理念之實際運作。惟正以隨機發露，難免流於紛亂無章，故整理之功必不可缺；若夫因事是否得體、褒貶果然合宜，若非確屬著意歪曲，本皆各自憑識推論，原無絕對之是非可言，況本篇既別有所屬，尤不宜誤陷其中，舍本而逐末也。

上述，即本篇研究方法之梗概，限於學力，自覺仍有四種局限亟待突破：

一、專就「臣光曰」之所云，而欲窮溫公史識之所至，不免「厚誣」之譏；

二、以當代思潮取向釐析，定位「臣光曰」，或不免「削足適履」之譏；

三、抽繹、定位後之解釋功夫，雖曰喻以今義，難免「附會」之譏；

四、「政治」原屬專門學理，實非夙習之業，強作解人，其或不免「外行」之譏；

〔註21〕光死，贈諡太師、溫國公，見《宋史》336／10769 本傳。
〔註22〕凡此，計二〇七處、二一八篇，詳見篇末檢索。
〔註23〕亦為溫公力作，其論說集中於歷代、各國總評，詳見第三章・第二節。
〔註24〕《通鑑》成書以來，針對其內容立論者所在多有，然大體皆似讀史感言，非為本書而發，致堂堂船山雖亦不免於是，終屬其中之佼佼者；且本篇重點既定於「臣光曰」思想脈絡之董理，其餘史實是非之細部斟酌勢必無法兼顧，故僅舉兩家以誌其異同。

凡此，唯當勉力從學，以期來日或能乘瑕抵隙於萬一是幸！

第二節　編年史之發展

編年一法，本昔日史裁之先驅，秦漢以上諸家莫不以此爲宗，其堪爲表率者，當推夫子據魯史刪作之《春秋》。洎乎太史公百三十篇紀傳草成，後學轉相祖述，竟奪「正史」之位，於是《春秋》下至《通鑑》千六百年間，〔註25〕編年體裁湮沒無聞，迨乎溫公書成，乃有「舊法世傳」、「異軍突起」之事，果其然乎？曰：兩說皆未侔於實也。何則？編年退位之始末雖爲吾人所共睹，然其間脈絡，猶不絕如線，異軍之說不可從；《春秋》言簡意賅，必待三傳麗附，以下諸史，斷代成篇，失其通義，凡此，皆爲《通鑑》矯之，足見舊法之說亦非其實。

今欲釐清本末，首當探究發展之脈絡，並確立若干標的，而後方能收綱舉目張之功，於此，吾人得之：

一、譜　記

上古巫、史合流，自太史公謂：「文史、星曆，近乎卜祝之間。」〔註26〕以來，洵爲當代學者之共識。〔註27〕其後史職歷經「由宗教向人文的演進」過程，〔註28〕擺落執禮、卜筮等巫祝之事，逐漸寖今日面目，然源流伊始，固不容吾人漠視。何以言之？劉知幾論史裁六家，其託之太古者，唯《尚書》、《春秋》二體，〔註29〕然無論就文字之繁簡、記載之難易而言，後者皆必發之於先。春秋者，採編年之法，以曆算爲先，有曆算而後年代明，年代立而後譜諜出；譜諜者，旁行斜上，非獨止於帝王名諱、在位年齒、傳世脩短而已，輔以左右史分記言事之故說，〔註30〕則雖以上古樸略之世，文字未必雍容，然舉凡文物制作、征伐會盟等國之大事，亦或與焉，質言之，蓋一疏落之「編年史」也。〔註31〕是故，曆算推步一道，本

〔註25〕《春秋》止於魯哀公十四年（479B. C.），《通鑑》則在宋神宗元豐七年（1084A. D.）成書，其間共計一五六六年。

〔註26〕《漢書》（補注本62／1230）司馬遷傳，〈報任少卿書〉。

〔註27〕譬如：沈剛伯〈說史〉、戴君仁〈釋史〉、勞榦〈史字的結構及史官的原始職務〉、李宗侗〈史官制度──附論對傳統之尊重〉，以上諸文俱收入華世版《中國史學史論文選集一》。

〔註28〕徐復觀，《兩漢思想史》卷三·原史，頁225～31。

〔註29〕《史通》（釋評本1／137）內篇·六家第一。

〔註30〕參見前節，註3。

〔註31〕梁啓超稱之爲「帳簿式之舊編年體」，以有別於以左傳爲代表之「內容豐富而有組織

與卜筮災祥密邇，卒爲史官專業，而與編年之書相表裏。《呂氏春秋》嘗記夏太史令終古、殷內史向摯因桀、紂之迷惑，而載其「圖法」出奔，〔註32〕圖者譜諜，法謂曆算，〔註33〕時當亡命之際，猶以此隨身，其見重可知。

太史公嘗曰：

> 五帝三代之記尚矣，自殷以前，諸侯不可得而譜；周以來，乃頗可著。

又謂：

> 余讀諜記，黃帝以來皆有年數，稽其歷譜諜終始五德之傳，古文咸不同乖異。〔註34〕

前者足證殷以上王朝之事尙可譜明，後者適知黃帝以來譜諜至漢初猶存，徒以史遷師法夫子傳疑之愼筆，僅以世表略書三代之事，致易世以降，上古諜記均已泯滅無聞，古文異辭亦不復可知，後學乃有引爲史遷之過者，其論雖不免流於苛責，然以溫公採「考異」一體〔註35〕方之，寧爲無根之談哉！

或謂：上古諜記之原、全貌雖不復可見，然以墳典之眾，其無蛛絲馬跡爲之鈎沈乎？曰：容或有之，當在《竹書紀年》、《殷墟卜辭》、周之諸侯史記間求焉。今分論如后：

（一）《竹書紀年》

晉武帝太康三年（282A. D.），汲郡人不準盜發魏襄王冢，〔註36〕多得科斗簡編。就中有《紀年》十三篇，專述夏以來至魏安釐王廿年（257B. C.）間事，杜預嘗詳記其內容：

> 其紀年篇起自夏、殷、周，皆三代王事，無諸國別也。唯特記晉國，起自殤叔，次文侯、昭侯以至曲沃莊伯。莊伯之十一年十一月，魯隱公之元年正月也。皆用夏正建寅之月爲歲首，編年相次，晉國滅，獨記魏事，蓋魏國之《史記》也。〔註37〕

之新編年體」，詳見《中國歷史研究法》第二章過去之中國史學界，頁55～56；63。

〔註32〕詳見《呂氏春秋》（陳奇猷校釋，華正，民國74年8月台初版）16／945，先識覽第四。

〔註33〕採張須說法，見《通鑑學》第一章編年史之回溯，頁4。另陳奇猷亦以爲「實即〈漢志〉天文類所列圖書祕記一類之書」，見前揭書16／947校釋（一）。

〔註34〕《史記會注考證》本13／225～26〈三代世表序〉。

〔註35〕參見第三章·第二節。

〔註36〕或謂乃魏安釐王冢；而隋志33／959以爲實太康元年間事，《四庫提要》47／1006則系之於太康二年，此據晉書51／1432～33束皙傳言之。

〔註37〕〈春秋經傳集解後序〉，收入《春秋左傳注疏》（和刻本，中文，民國70年10月日本京都版），頁3。

唯漆書本至唐末五代之亂散佚無聞，宋人書目已不復見載，今本無非後人妄託《水經注》、《史記索隱》諸書所引原文，博采戰國百家、漢人疏解、晉人偽作輾轉附會而成，《四庫提要》已疑其或偽，延至近代，早成定論。〔註38〕故清朱右曾輯《汲冢紀年存眞》二卷，王國維因之續成〈古本《竹書紀年》輯校〉一卷，皆著意採摭諸書所引古本原文，以別於偽本。其後王氏復考詳今本各條出處，更成《今本竹書紀年疏證》二卷，如是古今對照，眞偽並陳，吾人不獨嘆服靜安先生厥偉之功，其夏、殷謀記之舊，亦當得以復窺也。

（二）殷墟卜辭

殷墟卜辭者，即當日甲骨貞卜之刻文也。清光緒（1875～1908A. D.）中葉之後，出土日多，始爲識者所關注，初有王懿榮、劉鶚勤於蒐羅，近代學者如孫詒讓、王國維、羅振玉、董作賓恆由此出發，經辨識文字、取證經史，進而探究其時社會組織、文化型態、戰陣規模乃至傳世王公之名號、享國，遂成當代一大顯學。〔註39〕夷考其文，最足以明驗「巫史合流」之古制，且其言事雖殊，見文則史，倘能盡其所有，則殷史本末之因革，自當備而無疑！惜乎今日見存者，或因素材貧乏，疑團尚待廓清；或因散亂之餘，年月無從董理；或因時湮事久，全無友紀參詳，吾人僅能就其簡質甚於《春秋》之文，逆計縣長遠於春秋之史，當此謀記已亡、竹書又偽之時，殷代編年亦惟由是粗存其體貌也。

（三）周之諸侯史記

周代自禮樂制作以來，逐漸次轉入人文之境，《禮記‧表記》所云：「殷人尊神，率民以事神，……周人尊禮，尚施事鬼，敬神而遠之。」〔註40〕正足以道破其中關鍵。是故，載籍之作，日稱繁侈，可見者即有「周易」、「周書」、「周頌」、「周語」、「周志」〔註41〕等名目，而以編年史之早熟，自必存乎其間。周史如是，其餘諸侯之史，據太史公所見，相去當亦不遠。〔註42〕此第以《史記》載孔子「西觀周室，論史記舊聞，興於魯而次春秋。」，疏家傳言「昔孔子受端門之命，制春秋之義，使

〔註38〕其間論證頗多，然非屬本文重心，限於篇幅，不擬詳敘，可參見張心澂，《偽書通考》（友聯港版）《史部‧編年類》，頁584～96，其說最稱精詳。

〔註39〕王懿榮於庚子之役殉難，所藏多歸劉鶚；劉氏卒編《鐵雲藏龜》，允爲當代第一部著錄甲骨文字之專書；其後，孫氏《契文舉例》、羅氏《殷虛書契考釋》、王氏〈甲骨文中所見殷先公先王考〉、〈殷商制度論〉（均收入《觀堂集林》）、董氏《殷曆譜》均爲前輩學者不朽之功業。此後，學風丕盛，轉精之作所在多有，不暇細舉。

〔註40〕《禮記注疏》54／915。

〔註41〕《左傳注疏》18／301 文公二年狼瞫語引。

〔註42〕《史記‧三代年表序》：「自殷以前，諸侯不可得而譜；周以來，乃頗可著。」（《史記會注考證》本13／225）譜者，非僅專記世系，已著前說。

子夏等十四人求周史記,得百二十國寶書。」觀之,〔註43〕即可推想當日與夫列國策書雖歷平王東遷、五霸爭雄之世,其規模猶自無虞。所惜者,秦既得意,知識獨藏於官家;楚人一炬,書傳盡付之焦土,前述諸諜記、策書泰半滅絕!然緣其史事於今不盡佚、史裁至此猶可聞之故,則賴孔子宣布六經於民間,《尚書》、《春秋》得以傳習不絕,論周史原貌,固百不得一;求編年之迹,已粗存興味。爲今之計,但當以此爲基礎,輔以傳世之〈周書〉可信篇章,出土之金文銘辭只爲參詳而已。

二、《春秋》

　　吾人苟欲循《春秋》之名以責實,杜預《春秋經傳集解‧序》言之最詳:

> 春秋者,魯史記之名也。記事者以事繫日,以日繫月,以月繫時,以時繫年,所以紀遠近、別同異也。故史之所記,必表年以首事,年有四時,故錯舉以爲所記之名也。〔註44〕

於此,復當進一言曰:春秋之名,固因夫子刪據魯史而動天下,然考其成立之世,則又不得不尙推三代,按:《汲冢瑣語》記太丁時事,目爲《夏殷春秋》;《國語‧晉語》有羊舌肸習春秋,〈楚語〉亦載申叔時論傅太子以春秋;《墨子》亦言「吾見百國春秋」之語。〔註45〕據此,吾人得以確認:春秋一名,本伊古編年之通稱,而非魯史所專有也。

　　若夫所以特標其名者,殆有二緣:

（一）存周魯舊文

　　《左傳》昭公二年記韓宣子聘魯,觀書於太史氏,見易象與魯春秋嘗嘆:「周禮盡在魯矣!」〔註46〕蓋魯本周公之國,諸色典策之備,唯魯有之。孔子據魯史刪述新體,雖去取之間已失原貌,然周魯舊文多見庋存,實百世之幸也。

（二）見夫子書法

　　夫子雖嘗自謙「述而不作」,〔註47〕唯撰言之際,豈得全無書法以爲貫串?今探求此法之淵源——

　　1. 或因於舊史:《孟子》曰:「王者之迹息而詩亡,詩亡然後春秋作,晉之乘、楚之檮杌,一也。其事則齊桓、晉文,其文則史,孔子曰:『其義,則丘竊取之也。』」

〔註43〕分見《史記》(《史記會注考證》本 14／235)〈十二諸侯年表序〉;《公羊傳注疏》1／6 隱公元年疏引閔因敘。

〔註44〕《左傳注疏》1／6。

〔註45〕以上,詳見《史通》(釋評本 1／7) 內篇‧六家第一。

〔註46〕《左傳注疏》42／718。

〔註47〕《論語注疏》7／60 述而第七。

〔註48〕昔日齊太史、晉董狐之風骨，早爲夫子所推許，〔註49〕則此良史之書法，自當鎔鑄其間。

2. 或出於自得：《孟子》曰：「世衰道微，邪說暴行又作，臣弒其君者有之，子弒其父者有之。孔子懼，作春秋。春秋，天子之事也。是故孔子曰：『知我者，其惟春秋乎！罪我者，其惟春秋乎！』」〔註50〕此一舍我其誰之擔當，尤能彰顯夫子學行之深閎。

凡此種種，不僅使《春秋》爲亂臣賊子所懼，其積極意義猶在於：超越前述諸侯史記之狹隘地域及思維範疇，成爲後代編年乃至其餘諸史裁不可移異之標的，故張須嘗歸納而發論：

> 故《春秋》者，乃合周史之成規、魯史之舊文與列國良史之書法，本其撥亂反正之見地，裁成義例，制爲一經。〔註51〕

可謂知言者矣！

今暫且毋論夫子刪述《春秋》之始果有制「經」之志，第以「天王巡狩河陽」、「吳、越棄僭稱子」諸筆法觀之，其教訓意味頗凌駕「史家務實」大旨之上，劉知幾嘗論其具十二未喻、五虛美，〔註52〕王安石亦有「斷爛朝報」之譏，〔註53〕此即或出於體製未臻完贍、褒貶太過張揚所致。故自《春秋》成立以來，必待三傳爲之疏解，而後之承學者於其史籍面目之判定，遂多持保留之態度矣！

三、《左傳》

《春秋》三傳中，公、穀主義，左氏比事，故前者屬經學，其說自成一家之言；後者爲史學，其文多敘客觀事實。本篇立論既著眼於「史」，復以後者處編年史傳統

〔註48〕《孟子注疏》8 上／146 離婁下。
〔註49〕二人事迹，分見《左傳注疏》21／365 宣公二年，36／619 襄公廿五年。
〔註50〕《孟子注疏》6 下／117。
〔註51〕《通鑑學》第一章編年史之回溯，頁 11。
〔註52〕《史通》（釋評本 14／483～503）外篇・惑經第四。
〔註53〕語出周麟之（茂振），《春秋經解・跋》：「初，王荊公（安石）欲釋《春秋》以行天下，而莘老（孫覺）之書（即《春秋經解》）已出，一見而有恭心，自知不復能出其右，遂詆聖經而廢之，曰：『此斷爛朝報也！』」唯據清・蔡上翔引王紱《穆堂別稿》，書周麟之《孫氏春秋傳・後序》云：「斷爛朝報之說，嘗聞之先達，謂見之臨汝間書，蓋病解經者，非詆經也。……其（安石）高第弟子陸農師佃、龔深甫原並治春秋，陸著《春秋後傳》、龔著《春秋解》，遇疑難者輒目爲闕文，荊公笑謂闕文若如此之多，則春秋乃斷爛朝報矣。蓋病治經者不得經說，不當以闕文置之，意實尊經，非詆經也。」其餘考辨，尤稱的當，詳見《王荊公年譜考略》（洪氏，民國 64 年 4 月 1 日台初版）11／70～77。

中果有舉足輕重之地位,故特揭其目云。

左氏之書,舊題左丘明所作,其名始見於《論語》,再見於孔穎達《春秋正義》所引舊本《孔子家語》觀周篇,〔註54〕前者具見夫子與左氏之興味相投,後者尤能表彰經傳相得之由,文曰:

> 孔子將修春秋,與左丘明乘,如周,觀書於周史,歸而脩春秋之經,丘明
> 爲之傳,共爲表裏。

左氏是否傳經,於今未有定論,然此二者同爲編年之體、涵蓋時段相當、敘述互爲骨肉觀之,其相須而成,殆無疑義。

唯其成書背景如是相近,而見載篇幅繁簡差甚,吾人當可想見:左氏下筆之先,其致力於史料之蒐羅、去取之功夫,絕不下於夫子,況《春秋》興於褒貶、礙於傳實,左氏力矯其弊,目光常周乎四海,敘事多資於文獻。或謂其文章浮夸近巫,舉凡天道、鬼神、災祥、筮夢皆不忌諱,殊不知此即上古「巫史合流」典制之遺迹,吾人今日或難苟同其說,然亦唯此足以證左氏採摭之存眞也。

綜言之,先秦編年一體,至《左傳》方可謂之功成。何以言之?左氏既負因、創之才,涵容上古史裁簿記諸法,以流行之散文、美富之筆調創爲一體,視諸前述春秋、諜記之斷簡逐條,固不可同日而語;後之踵至者,雖竭力出入,然終無法跳脫其大體規模;即日後以史遷爲首之紀傳體,亦難免有所援引,足見其承先啓後,吞吐百川之量也。於此,張須嘗製成一示意圖,頗稱扼要,今稍作歸納,茲錄於后:

書　　名	性　　質	左氏取資	史遷取資
諜記	黃帝以來之譜歷	本書人物之骨幹	十表之本
諸國春秋	晉乘、楚檮杌等編年之屬	正差舛、補闕略於年事	十二本紀之源
尚書	政書、公文書、大事記	開長篇敘事之源	八書所宗
國語及其他	稗說野記之類	雜事之總匯	七十列傳祖之〔註55〕

四、《史記》

依簿錄之法,《史記》合五體以成紀傳,誠不可與編年相混,然吾人細審總體結構,諸元以本紀居首;探究其中脈絡,本紀採編年綱領。何以言之?紀傳之法,以

〔註54〕前者,見《論語注疏》5／46 公冶長第五;後者,則爲孔氏轉引沈文阿得自嚴彭祖《嚴
　　　　氏春秋》所引,詳見《左傳注疏》1／11 春秋序。其文與今本言南宮敬叔觀周者異,
　　　　或即王肅改竄前之原本也。
〔註55〕《通鑑學》第一章編年史之回溯,頁 16。

人物為主體，本紀居首，列傳側重。本紀編年，書事甚略，介乎《春秋》、《左傳》之間，有提綱挈領之效；列傳敘事，鉅細各隨其宜。兩者相輔相成，合則俱利，分則兩傷，意謂此一以時際為主體之古史體裁未可盡棄也。可惜者，存則存矣，自班固以下紀傳奪主流之勢後，本已趨於成熟之左氏家法復漸次沈寂達五百餘年，方見荀悅《漢紀》出世，為編年一脈稍作提振。

五、《漢紀》

促成本書之主力，來自漢獻帝病《漢書》文繁難省，因敕時侍中秘書監荀悅倣左氏之法，撰成帝紀一書。〔註56〕是故，本書先天即具二大特色：

　　（一）刪繁：班書總計八十餘萬言，荀書不過八萬四千有餘，較前者減省達十分之一強而已。

　　（二）會通：還紀傳為編年，自當融合原書，重新打理次第，盡襲此體之一切短長。

　　其書自建安三年（198A. D.）始脩，建安五年底成，計卅卷，分高祖至平帝等十二紀，合為二三二年（209B. C.～23A. D.）。〔註57〕內容雖非泛泛抄錄，大體不出班書範疇，克盡系年職責，頗便學者記覽而已。

　　荀書既出，其勢雖不足與紀傳抗衡，然踵繼相仍，累代不絕。縱觀其中命意，大體不出二途：

　　（一）斷代：袁宏《後漢記》、習鑿齒《漢晉春秋》、干寶《晉紀》、裴子野《宋略》、柳芳《唐歷》屬之。

　　（二）分國：丘悅《三國典略》、司馬彪《九州春秋》、蕭方等《三十國春秋》、崔鴻《十六國春秋》屬之。

唯前者論點非一，褒貶互見出入；後者一事複出，主客妄斷彼此，二者皆失其會通之旨。考荀書係出於敕撰，其體例局限或不得已，自張璠以下編年諸家尚依違如是，其才力可想而知。或問：其間竟無一二名家法夫子雅意，以左氏自許乎？曰：容或有之，卻一因佚而不傳，二以視野有限，〔註58〕必待溫公《通鑑》始出，其輝光乃

〔註56〕詳見《後漢書》62／2060荀悅傳、《漢紀》荀序，頁5。

〔註57〕本序則列十二世、十一帝通王莽、二四二年。按：翻檢全書，差一帝者，去呂后之紀；敘事始自沛公元年，截至新莽地皇四年，其數當如正文所示，未知差舛何生。

〔註58〕前者，如：梁武帝嘗敕撰《通史》六百廿卷，上自太初，下至齊室，採史遷紀傳之體，唯無表而已，說詳《史通》（釋評1／18）內篇·六家第一；後者，如：唐·許嵩《建康實錄》，內容僅止於江左六朝之事，一限於地域，再格於例法（《四庫提要》50／1073之論），成就亦復有限；至於杜佑《通典》之屬，則係典章旁枝，與紀傳、編年之以編纂手法分類，亦自有別，不必涉入。

復上嗣荀悅、左氏，〔註59〕下開綱目、本末，其功可謂不朽！而《通鑑》者，一身兼祧編年、通史二宗，其史學史中啓後承先之地位，亦不容吾人輕易放過！

上述，即《通鑑》以上編年傳統之大要。

第三節　趙宋時代概況

北宋立國之始，懲唐末五代軍權跋扈之失，遂特意裁抑武人、提倡文治，士風爲之大振。故縱觀歷代一統之世，論封疆闢土，趙氏實不堪一提；較人文意蘊，宋世則古今難覓。王國維嘗謂：

> 天水一朝人智之活動與文化之多方面，前之漢唐、後之元明皆所不逮也。
>
> 近世學術多發端於宋人，如金石學亦宋人所創學術之一。〔註60〕

實則豈獨金石學爲然，餘如：經學之脫離漢唐舊注而以新意出之、儒道之融合佛老而創爲理學；其在史學，則有編年體裁之振興與綱目、紀事本末之發明；在科學，沈括《夢溪筆談》、李誡《營造法式》已具見宋人於歷數、物理、工藝之成就；在繪畫，范寬、董巨源以下開文人畫風氣之先……，凡此種種，皆足以體現有宋一朝學術蓬勃之氣象也。於是，王氏進而探究其中原因：

> 緣自宋仁宗以後，海內無事，士大夫政事之暇，得以肆力學問，其時哲學、
>
> 科學、史學、美術各有相當之進步，士大夫亦各有相當之素養、賞鑒之趣
>
> 味與研究之趣味，思古之情與求新之念相互錯綜。〔註61〕

靜安先生所論至爲精當，海內幾無異辭。本節即循此一線索，概分政治、經濟、教育、學術四大背景，約略描摹《通鑑》成書前之時代概況，以稱孟子「知人論世」之雅意也。

一、政治背景

五代爭戰之餘，河朔故地備受摧殘，昔日兩京之繁華景象已不復見，趙宋之就食汴梁，良有以也。僅以京畿近王之地言之，晚至太宗當國，瘡痍猶未平復，至道二年（996A. D.）太常博士・直史館陳靖上言：

〔註59〕《通鑑外紀・序》：「嘉祐（宋仁宗，1056～64A. D.）中，公嘗謂（劉）恕曰：『……因丘明編年之體，倣荀悅簡要之文……。』」（文淵閣四庫本，頁（312～）659）足以證此。

〔註60〕《海寧王靜安先生遺書》（商務，民國 65 年 7 月 1 日台初版），靜安文集續編，宋代之金石學，頁 1885。

〔註61〕前揭書，頁 1894。

今京畿周環二十三州，幅員數千里，地之墾者十纔二三，稅之入者又十無五六，復有匿里舍而稱逃亡、棄耕農而事游惰，賦額歲減，國用不充。

〔註62〕

足見中原凋蔽之甚。故宋初固本之大法，內則與民休養生息，外則撫夷慎勿生事，今分述如后：

（一）外 患

北宋之邊患，來自西、北二地：

1. 北——遼

唐中葉安史之亂（755～62A. D.）後，回紇、沙陀、契丹等北方邊族相繼崛起，尤以後者自阿保機於後梁末帝貞明二年（916A. D.）建號大遼始，國勢如日中天，時值中原鼎沸之際，遂有燕雲逐鹿之心。後唐末帝清泰二年（935A. D.），石敬塘叛，遣桑維翰奉表稱臣於契丹，約以燕雲十六州易遼之助，北邊門戶因而大開，中原自此多事。其間，後周世宗嘗力圖振作，收二州（瀛、莫），取三關（瓦橋、易津、淤口），惜乎英年早逝，未克卒成。陳橋受禪後，趙氏一意削平南邊，無暇北顧。太宗繼志，先下北漢，〔註63〕正式與契丹決裂，然太平興國四、六兩年（979、981A. D.）進兵伐遼，先後敗於高梁河、歧溝關，趙氏氣燄為之一窒。自是，宋室外交主和怯戰，邊防嚴守勿攻之態勢逐漸成立，真宗景德元年（1004A. D.），澶州之役雖有勝機，仍以「納幣讓名」議和收場，最足以證此。是盟，殆即宋、遼外交史上最重要之里程碑，由此至女真興起百餘年間，雙方互通慶弔，爭執雖時有所聞，然大體仍維持一承平局面，此自仁宗朝以下文風丕盛，人才輩出之遠因，即《通鑑》之得以見諸天壤，實亦有賴於此。

2. 西——西夏

西夏李氏，本屬黨項部族，介於吐蕃、吐谷渾之間，有橫山、平夏兩部之分。唐末，平夏酋長拓跋思恭鎮夏州，以討黃巢有功賜姓李，自此直傳至宋，皆受中國羈縻。太宗太平興國七年（982A. D.），有李繼捧者率族人入朝，帝賞賜豐厚並賜名趙保忠，唯其族弟繼遷不服，結契丹以為奧援，誘保忠復成邊寇，繼遷之孫元昊更建夏改元，叛服無常，宋之西疆自此多事。平心而論，夏之國力不獨未能侔於遼，即趙宋亦有以過之，韓琦、范仲淹之靖邊有功可證，〔註64〕然縱觀當日對應之策，

〔註62〕《宋史》173／4160〈食貨志〉上一。

〔註63〕北漢乃《後漢》宗室劉崇於後周太祖廣順元年（951A. D.）所建，都於河東晉陽，後淪為契丹附庸。

〔註64〕《宋史》485／13997夏國傳上亦稱：「元昊雖數勝，然死亡、創痍者相半，人困於點

則始終一味退讓，納幣以籠絡，割地以厭貪，與前者並無二致，頗失「以大事小」〔註65〕之義。

（二）內 政

前述已及，自唐玄宗天寶之變至宋太宗平定北漢（755～797A. D.）兩百餘年間，率為群雄攻伐、民生困頓之黑暗時期，故趙氏立國之初，師法西漢文、景之故智，趙普、王旦、李沆等人相繼為相，〔註66〕安反側、貴清靜，與民蕃息，以解昔日倒懸之苦。

再者，唐末以來藩鎮割據之禍已深為趙氏寒心，故匡胤即位之始，即思有以因應之道，約而言之，不過八字——強幹弱枝、重文輕武。建隆之初（960～62A. D.），杯酒而釋石守信、王審琦等兵權，〔註67〕擇精歸於中央，號為「禁軍」，並以更戍法使將、兵不得比姦；又定兵、民分班奏報樞密之制，其意無非挑動猜心，使朝廷盡知彼此；另知州之外，別置通判，不相統屬，亦主制衡之意，……凡此種種，皆所以防地方之專擅也。《宋史》、職官志云：

> 宋初革五季之為患，召諸鎮節度會于京師，賜第以留之，分命朝臣出守列郡，號權知軍州事，軍謂兵、州謂民政焉。〔註68〕

趙氏不欲武人復熾，朝臣自以文人為主，於是士大夫分布朝野，典兵蒞民之際，不獨力矯前代殺伐之氣，宋代政風亦因之特富學術興味，柳詒徵即直指其治為「士大夫之政治」也。〔註69〕

由是觀之，前述外內諸策實提供有宋一朝文人政治、文化鼎盛之絕佳背景。雖然，其流浸衍，亦不能免於矯枉過正之弊，甚且趙氏三百年基業（太祖建隆元年960A. D.～衛王昺祥興二年1279A. D.）所以常處風雨飄搖之中，實亦肇端於此，何以言之？

（一）就邊政言：宋室以納幣割土易旦夕和平，其忍辱負重之狀雖為吾人所閔；然以金帛資敵，無異飲酖止渴、養虎貽患，〔註70〕況雖如是而邊防猶不可廢，養兵之

集，財力不給，國中為『十不如』之謠以怨之。」蓋西夏之侵宋，兼併雖或不足，困擾則實有餘，徒致兩敗俱傷之局而已。

〔註65〕《孟子》（注疏本2上／31）梁惠王上：「唯仁者能以大事小，……此大事小者，樂天者也：……樂天者，保天下。」

〔註66〕趙普事迹見《宋史》卷二五六，王、李二人則載卷二八二。

〔註67〕詳見《續資治通鑑長編》2／10～11建隆二年追記、《宋史》250／8810石守信傳、涑水紀聞（世界，民國71年4月台三版）1／7。

〔註68〕《宋史》167／3972。

〔註69〕《中國文化史》（正中，民國57年4月台八版）·第十九章政黨政治，頁223。

〔註70〕《遼史》（新校本，鼎文，民國64年10月台初版）60／932〈食貨志〉曰：「至於鄰國歲幣、諸屬國歲貢土宜雖累朝軍國經費多所仰給……。」令人扼腕。

費頗鉅，冗員之弊漸興。常此以往，宋之國庫日絀；徵斂務盡，民之積怨日張，國勢焉得振作？

（二）就內治言：趙氏尊禮文人，固無可厚非，然一則正將鬱抑下僚，無所用力；一則冗官疊牀架屋，事權不一；一則給吏厚祿養廉，所費不貲；一則謀國徒逞議論，疏於遠謀，凡此種種，皆所以減損國力之導因。

是故，《宋史·食貨志序》嘗云：

> 終宋之世，享國不爲不長，其租稅征榷，規橅節目、煩簡疏密，無以大異
> 於前世，何哉？內則牽於繁文，外則撓於強敵，供億既多，調度不濟，勢
> 不得已，徵求於民；謀國者處乎其間，又多伐異而黨同，易動而輕變。殊
> 不知大國之制用，如巨商之理財，不求近效而貴遠利，宋臣於一事之行，
> 初議不審，行之未幾，即區區然較其失得，尋議廢格，後之所議未有以癒
> 於前，其後數人者，又復訾之如前。使上之爲君者莫之適從，下之爲民者
> 無自信守，因革紛紜，非是貿亂，而事弊日益以甚矣。世謂儒者論議多於
> 事功，若宋人之言食貨，大率然也。〔註71〕

此論雖主食貨，然其剖析因果之寥寥數筆，頗有點睛之妙。即當日慶曆新政之范仲淹、熙豐變法之王安石亦具如是巨眼，惜乎正落入前論之時代陷阱中，不克自拔。且後者與溫公論爭最屬，《通鑑》之出於此時，勢必不免牽涉其中，當屬可信之推論。

二、經濟背景

唐自安史之亂後，經濟重心移往東南半壁之勢漸成；五代之亂，江淮雖分爲（吳）南唐、吳越、南漢、閩、楚五國，然論爭戰，不及河朔、關中慘烈；較享國，皆能緜歷數十寒暑，〔註72〕故變動極少而民力未喪。趙氏底定天下後，一則與民生息，一則即借重江淮之經濟畜養國力、富裕民生，其所以定都汴京，實出於國防與經濟之雙重考量也。〔註73〕馬端臨云：

> 宋興而吳、蜀、江南、荊、湖、南粵相繼降附，祖宗因其畜守以恭儉簡易。
> 方是時，天下生齒尚寡而養兵未甚蕃，任官未甚冗、佛老之徒未甚熾，外
> 無夷狄金繒之遺，百姓各安其生，不爲巧僞放侈，故上下給足，府庫羨溢。

〔註71〕《宋史》173／4156～57。
〔註72〕北國五代長者不及廿年（梁907～23A. D.），短者僅及四年（漢946～50A. D.），而江淮諸邦少者亦有五十年（閩892～946A. D.），多者長達八四年（南唐892～975A. D.、吳越895～978A. D.）。
〔註73〕江淮五國之經濟概況可參見李劍農，《宋元明經濟史稿》（華世，民國70年12月台初版）·第一章宋元明總敘·一經濟領域之重心移於東南，頁1～7。

> 承平既久，戶口歲增，兵籍益廣，吏員益重，佛老夷狄耗蠹中國，縣官之
> 費數倍昔時，百姓亦稍縱侈，而上下始困於財矣。〔註74〕

此說最足以道破宋世由富轉貧之關鍵──國防、官僚體制之先天缺陷，乃至縣官、
民風日趨侈靡，國庫提襟見肘，局面遂一發不可收拾。〔註75〕

雖然，趙宋一朝之經濟形勢較諸前代仍有長足進步，譬如：就農業而言，宋初
諸帝均能認知此一立國根本，太宗循後周世宗均田三法，致戶口增羨，野無曠土者
議賞，伐棗剝桑者重罰太宗體恤民瘼，嘗言：「朕每念耕稼之勤，苟非兵食所資，固
當盡復其租稅。」真宗尚且為天下選占城旱稻、醫牛古方以勸農，〔註76〕其後諸帝
亦能因之勿替，故累世而生齒益蕃，闢田日廣，據《宋史·食貨志》引天聖（仁宗
1023～31A. D.）國史計墾田數：

開寶（太祖968～75A. D.）末：2,952,732.6頃
至道二年（太宗996A. D.）：3,125,251.25頃
天禧五年（真宗1021A. D.）：5,247,584.32頃

另依仁、英兩朝《會計錄》：

皇祐（1049～53A. D.）中：約2,280,000頃
治平（1064～67A. D.）中：約4,400,000頃

乍觀後者似遠不及前，然敘《治平錄》者稱：其數乃就賦租上推所得，而其時賦租
不加者十居其七，然則以率估計：當日天下墾田無虞三千萬頃！〔註77〕立於此繁盛
無比之生產基礎上，趙宋先天之經濟缺陷方得略有紓解！而工商技藝亦因之迭見佳
績，譬如：水利工程之精進〔註78〕、礦冶技術之提升〔註79〕乃至蜀錦、宣紙、杭漆、
景德瓷等手工藝均極負盛名，而商業貿易更稱活躍，城市經濟逐漸定型，各種貨幣
大量流通。〔註80〕隨之商稅所得浸成國用命脈，內則有場務專司，外則置市舶司領

〔註74〕《文獻通考》24／231國用二。
〔註75〕王德毅有〈略論宋代國計上的重大難題〉一文，於冗兵、冗官、宗室、歲幣、官員俸
　　　　祿、郊祀蔭賞六大問題深入探討，義理精賅，足資參詳，收入《宋史研究論集》，第
　　　　二輯（鼎文，民國61年5月台初版），頁287～313。
〔註76〕詳見《宋史》173／4158、4162〈食貨志〉上一。
〔註77〕參見前揭書173／4166。
〔註78〕參見李劍農前引書，第二章宋元明之農業，一南部利用土地範圍之推廣、二灌溉器具
　　　　使用之普及與變化，頁13～36。
〔註79〕《宋史》185／4526〈食貨志〉下七嘗記元豐七年（1078A. D.）天下諸院所得：金100,710
　　　　兩、銀215,385兩、銅14,605,969斤、鐵5,501,697斤、鉛9,197,335斤、錫2,321,898
　　　　斤、水銀100,710兩、朱砂3,646斤14兩。以當日的標準言，其產量的為驚人！
〔註80〕除銅、鐵錢外，宋代已發展出法幣（銀）、交子、錢引、關子、會子、寶鈔等諸色名
　　　　目，參見李劍農前揭書·第四章宋元明之貨幣、一銅錢與鐵錢、二銀由流通現貨進

事，〔註81〕徵斂雖不免苛擾，然大體輕、薄爲之，加以宋人抑商觀念已較前代爲輕，故民生經濟日趨興盛，〔註82〕百姓蕃息年有所加，太祖開寶九年（976A. D.）天下主客戶數不過 3,090,504，眞宗天禧五年（1021A. D.）已達 8,677,677（19,930,320 口），哲宗元祐元年（1086A. D.）更至 17,957,092（40,072,606 口），〔註83〕此即經濟發達若干指標之一。

值此產業結構穩固、民生安定小康之際，如溫公輩知識分子方得逞其才智、嘉惠黎民，如《通鑑》等皇皇鉅著乃能鳩工刊刻、廣爲流傳，故此一經濟因素之導引，亦不容吾人漠視。

三、教育背景

宋代既以文治爲重，則其致力興學、重視科舉自屬情理必然。太祖因後周舊制，立國子監、太學以招納俊乂，其後復有慶曆（仁宗）新政間之大舉興學、熙豐（神宗）變法時之三舍養士乃至崇寧（徽宗）中蔡京之補強三舍法，〔註84〕此皆北宋官學漸密之犖犖大者。若夫私學，則在書院之制，其淵源可上追及唐，至宋尤張而皇之，時有天下四書院之號。〔註85〕南渡之後，由於官學日漸衰落，遂取而代之，穩居主流地位，《宋史》‧尹穀傳嘗載：

> 初，潭士以居學肄業爲重，州學生月試積分高等，升湘西嶽麓書院生；又
> 積分高等，升嶽麓精舍生，潭人號爲「三學生」。〔註86〕

足見其消長之狀。唯縱觀兩宋教育事業之大勢，無論官學、私學；質量、數量；就學、就業，均具見主其事者所投注之心力與財力，故趙宋一朝之文治之所以超越古今，寧爲倖致！然正以其著力教育、青眼文人，讀書登仕遂成彼安身立命之歸宿，

入法幣之經過、三紙幣之產生與演變，頁 77～92。

〔註81〕《宋史》186／4558〈食貨志〉下八：「（開寶）四年（971A. D.），置市舶司於廣州，後又於杭、明州置司。凡大食、古邏、闍婆、占城、勃泥、麻逸、三佛齊諸蕃並通貿易。」

〔註82〕北宋民生富庶之狀，有孟元老《東京夢華錄》一書以爲總結，《四庫提要》70／1475云：「北宋舊人於南渡之後，追憶汴京繁盛，而作此書也。自都城坊市、節序風俗及當時典禮儀衛，靡不賅載。」可以參照。

〔註83〕《宋會要輯稿》（國立北平圖書館影本），〈食貨〉一一，頁 5005～5006。

〔註84〕趙鐵寒有〈宋代的學校教育〉一文，專論北宋三次大舉興學始末、得失，收入《宋史研究集》，第四輯，頁 209～237。

〔註85〕據《文獻通考》46／431 學校七、宋會要輯稿、崇儒二，頁 2188～2189 所載四者爲：白鹿洞、石鼓、應天府、嶽麓，而《玉海》（元慶元路儒學刊本，華文，民國53年1月台初版）112／2141 則去石鼓而加嵩陽。

〔註86〕《宋史》450／13257。

唯揀擇之法未精，進士之門大啓，寖成泛濫之狀，曾鞏嘗述其事：

> 自隋大業中始設進士科，至唐以來尤盛，歲取不過三十人，……至太宗即位，興國二年（977A. D.），以郡縣闕官，旬浹之間拔士幾五百，……八年，進士萬二百六十人。淳化二年（991A. D.），萬七千三百人。〔註87〕

其數雖足以側見宋初教育之盛事，然亦同時彰顯其取士之濫！況當日登士即爲入仕之始，貢舉數興，則人事管道爲之淤塞、政府組織因而膨脹，包拯〈上仁宗乞減冗雜節用度〉云：

> 臣伏見景德、祥符（眞宗）中，文武官總九千七百八十五員，今內外官屬總一萬七千三百餘員，其未授差遣京官使臣及守選人不在數內，較之先朝，纔四十年，已逾一倍多矣。……今天下州郡三百二十、縣一千二百五十，而一州一縣之職素有定額，大率用吏不過五六千員則有餘矣，今乃三倍其多，而又三歲一開貢舉，每放僅千人。復有臺寺之小吏，府監之雜工、蔭序之官、進納之輩，總而計之，不止於三倍，是食祿者日增，力田者日耗，則國計民力安得不窘乏哉！〔註88〕

宋代優禮官吏除俸祿豐厚外，〔註89〕尚得免於賦役，參照前列數字，其財政負荷之重可知。唯吾人於此尚須進一言：包氏所述，純係主其事者識見未遠、執法未周以致，並非教育事業發達必經之途，故不得以此作爲裁抑文治之藉口！

復次，構成宋代教育背景之諸元中，尚有兩項要因爲之推波助瀾——

（一）印刷事業之發達

吾國典籍之制，由竹木而帛楮，自傳寫至石刻，法式雖代有所進，類多曠日耗神，不得大量制作，必待雕板之術興，其勢方易。此法之初起，雖在隋唐之際，〔註90〕然其發達，則遲至五代、北宋之時，此中又以後唐長興馮道監本九經三傳聲名最著。至仁宗慶曆（1041～48A. D.）中，復有布衣畢昇發明膠泥活字，〔註91〕其後更有鉛活字、木活字相繼問世，宋人挾此利器，大量刊布經史文籍，加以校讎考究，不獨爲當世文風命脈所繫，即「宋版」威名至今猶不墜也。

〔註87〕《元豐類稿》（世界，民國 52 年 11 月台初版）49／5～1 貢舉。

〔註88〕《諸臣奏議》（文海，民國 59 年 5 月台初版）101／3387～88。

〔註89〕參見《宋史》卷一七一、七二·〈職官志〉十一、二·奉祿制上、下。

〔註90〕關於雕板之起源，眾說紛紜，唯可信者不出隋唐之際，參見孫毓修，《中國雕板源流考》（《書目類編》本，成文，民國 67 年 7 月台版），頁 1～3；昌彼得〈中國歷代版刻的演變〉，收入《中國圖書文獻學論集》（明文，民國 72 年 9 月台初版），頁 231～233。

〔註91〕詳見沈括《夢溪筆談》（《學津討原》，《藝文百部集成》）18／71～8；《宋朝事實類苑》52／680 板印書籍。

（二）文獻典藏之積累

宋初承五代之弊，公藏圖籍不過萬卷。其後削平諸國，收其典故，並下詔徵購散亡，方漸復前代之舊觀。太宗太平興國三年（978A. D.），建崇文院於左昇龍門北，徙三館〔註 92〕之書實之，又分萬餘卷別爲「秘閣」，以便臨幸觀書、賞賜從臣。此後，文獻四方匯集，至仁宗敕翰林學士張觀等倣《開元四部錄》編《崇文總目》時，著錄已達 30,669 卷之多，今復列《宋史》‧藝文志所載北宋時期官方訪求遺佚圖籍之數量，以見其蒐羅之功與典藏之富：

太祖、太宗、眞宗三朝：3,327 部（39,142 卷）

仁、英二朝：1,472 部（8,446 卷）

神、哲、徽、欽四朝：1,906 部（26,289 卷）

各項間互不相涉、總計達 6,705 部（73,877 卷），其規模如是。〔註 93〕至於私家典藏，一則雕板流行，得書甚易，一則文風周徧，主人雅好，故士大夫聚書蔚然相尚，其知名者，如：江正、宋敏求、王欽臣、李淑、晁公武、陳振孫、葉夢得等人，所藏皆不下萬卷，甚且有過於館閣者，〔註 94〕由此亦可略見當日之盛況。

溫公《通鑑》之得以面世且不朽者，除前述諸背景外，尚得力於累世公私文獻之積累、仁英神三朝之涵容、印刷事業之刊布、後世學者之傳習，諸方誘因匯聚於斯，乃能造就此一堂皇鉅著歷千年而復入吾人手眼，其艱難有如是者！

四、學術背景

趙氏一統宇內之後，獎勵興學，提倡文治，未幾而唐末五代戕害殆盡之學術漸復。縱觀當日思潮，略可分爲理學、致用兩大主流。〔註 95〕前者承自韓愈、李翶之學餘緒，並融合魏晉以來釋道思辨之法而光大之，其勢不獨籠罩兩宋，且下迨元、明，至今猶爲學者所樂道。唯北宋中葉以前，其學猶未大昌，溫公雖有邵雍、張載、二程爲其講友，〔註 96〕《潛虛》爲其著述，然《通鑑》全書的無此道興味，故略而不論。

若夫致用之學，殆爲宋儒之特異於古今者，其產生背景，實即前述政治、經濟

〔註 92〕《宋史》162／3822〈職官志〉二：「國初，以史館、昭文館、集賢院爲三館，皆寓崇
　　　　文院。」此制襲自五代，五代則本於唐人。
〔註 93〕詳見《宋史》202／5033。
〔註 94〕宋代私家藏書之略，可參見柳詒徵《中國文化史》，第十七章雕板印書之盛興，頁 201
　　　　～203；袁同禮〈宋代私家藏書概略〉，收入《文史集林》，第三輯（木鐸，民國 69
　　　　年 11 月台版），頁 165～170。
〔註 95〕沿用蕭公權之説法，詳見《中國政治思想史》，第十四章兩宋之功利思想，頁 479～
　　　　82。
〔註 96〕《宋元學案》7／154 涑水學案表。

諸形勢所致之國勢陵夷。太祖、太宗朝武勇未衰，尚思有所振作；眞、仁之後，遂專以姑息避事，識者洞燭禍端，致用之風大起，譬如：胡瑗教人之法，立經義、治事兩齋，「經義則選擇其心性疏通、有器局可任大事者，使之講明六經；治事則一人各治一事，又兼攝一事，如：治民以安其生、講武以禦其寇、堰水以利田、算曆以明數是也。」〔註97〕；柳開〈上王學士第四書〉亦云：

> 文籍之生于今也久矣，天下有道則用爲常法，無道則存而爲具物，與時偕者也，夫所以觀其德者，亦所以觀其政也。〔註98〕

具見二人爲學用世企圖之強烈。

溫公《通鑑》之屹立於上述學術潮流中，其地位當從兩途予以闡發：

（一）繼承帝王學傳統

趙氏開國已立下文治之規模，不獨菹民取才當歸結於此，即貴爲人主亦須勉力從學，此意既獲諸帝遵循，則帝王學之勃興自屬情理中事，〔註99〕太宗朝李昉等奉敕編撰之《太平御覽》、《太平廣記》、《文苑英華》，眞宗朝王欽若之《冊府元龜》，皆屬箇中之翹楚。《通鑑》初起，雖爲溫公個人之志業，然其後英、神兩朝均寵遇優渥，自選辟官屬、借閱秘書、供給筆繪乃至局隨身轉，莫不聽任隨宜，〔註100〕其書雖有私家面目，與夫官修相去不遠。況溫公於〈進書表〉中已明揭其鑑戒之志：

> 伏望陛下寬其妄作之誅，察其願忠之意，以清閒之宴，時賜省覽，監前世之興衰，考當今之得失，嘉善矜惡，取是捨非，足以懋稽士之盛德，躋無前之至治，俾四海群生，咸蒙其福。〔註101〕

書成之日，復得御序一篇，即《資治通鑑》之名亦係神宗所賜，凡此種種，皆可證本書之帝王學遺緒也。

（二）振興史學傳統

自唐代下至五代宋初，史學步入中衰時期，前者權且不論，北宋初期所以然者，

〔註97〕前揭書 1／17 安定學案。

〔註98〕《河東先生集》（四部叢刊本）5／32。

〔註99〕另有一說謂：歷代官修類書之出於鼎革後者，多著意於延攬勝國衣冠、收拾舊朝人心，如：唐初歐陽詢等之《藝文類聚》、武則天稱帝後張昌宗等之《三教珠英》、宋初李昉等之《太平廣記》、明成祖靖難後解縉等之《永樂大典》、清初蔣廷錫等之《古今圖書集成》均是，說詳胡應麟《少室山房筆叢》（《文淵閣四庫》本）13／（886～1309 九流緒論下。

〔註100〕詳見啓業本《資治通鑑》，頁 9607。此表，據晁說之云：「《資治通鑑》成，范純夫（祖禹）爲溫公草〈進書表〉，簡謝純夫云：『眞得愚心所欲言而不能發者。』」，見《晁氏客語》（《百川學海》新文豐《叢書集成新編》），頁（14～）242。

〔註101〕前揭書，頁 9608。

劉恕嘗剖析其中原因：

> 本朝去古益遠，書益煩雜，學者牽於屬文，專尚《西漢書》；博覽者乃及
> 《史記》、《東漢書》，而近代士頗知唐書，自三國至隋，下逮五代，懵然
> 莫識。承平日久，人愈怠惰，莊子文簡而義明，玄言虛誕而似理，功省易
> 習，陋儒莫不尚之，史學寖微矣！〔註102〕

此風須待中葉之後宋祁、歐陽修始撰《新唐書》，其流乃易；至溫公《通鑑》作成，
此道遂復歸暢茂。如前節所述，就體裁論：《通鑑》不獨身兼通史、編年二祧，且下
開綱目、紀事本末二體，其承先啓後之功世所共睹；就內容言：劉節嘗分宋代史學
爲疑古、考證、古史三派，〔註103〕而溫公《通鑑》與三或多或寡皆有所牽涉：

1. 疑古派：溫公〈疑孟〉、〈史剡〉之作，〔註104〕《通鑑》止起於三家分晉一
   端，實皆應是而爲；
2. 考證派：《通鑑附考異》卅卷無愧於此；
3. 古史派：溫公自作《稽古錄》廿卷，上起羲皇，下銜《通鑑》；劉恕《通鑑
   外紀》復根於是而加評之，體例同於《通鑑目錄》；

凡此中足以展現溫公《通鑑》於學術史中兼容並蓄之集大成地位。

〔註102〕《資治通鑑外紀・序》（《四部叢刊》本），頁（312～）658～59。
〔註103〕《中國史學史稿》十一兩宋史學概觀・乙史學與史學家，頁200～11。
〔註104〕詳見《傳家集》卷七三。

第二章 《通鑑》之編纂

關於《通鑑》成書之始末，本篇擬以兩章進行疏解，其分野則定於是書定稿之日——宋神宗元豐七年（1084A. D.）十一月。〔註1〕本章先敘成書前之諸元：首節為編纂小組之成立與成員，次則編纂之前置作業，再即全書成立之經過。

第一節 編纂小組

或問：《通鑑》之原創始自何人？曰：是必歸之溫公而已矣！何以言之？據劉恕《資治通鑑外紀》序可知，溫公早於仁宗嘉祐（1056～63A. D.）中即有「託始於周威烈王命韓趙魏為諸侯，下迄五代，因丘明編年之體，倣荀悅簡要之文，網羅眾說，成一家書。」〔註2〕之志，並於英宗治平（1064～67A. D.）初寫《通志》八卷〔註3〕，觀其〈進書表〉中所言：「起周威烈王二十三年，盡秦二世三年，《史記》之外，參以佗書，於七國興亡之迹大略可見。」或即今《通鑑》前八卷之雛形也。英宗不愧右文之主，治平三年夏四月，遂命時龍圖閣直學士兼侍講之溫公編次歷代君臣事迹，唯此上下千年、縱橫萬里之大業實「私家力薄，無由可成」〔註4〕故溫公復奏之：

> 其書上下貫串千餘載，固非愚臣所能獨修。伏見翁源縣令，廣南西路經略
> 安撫司句當公事劉恕，將作監主簿趙君錫，皆以史學為眾所推，欲望特差
> 二人與臣同修，庶使早得成書，不至疏略。〔註5〕

〔註1〕〈進書表〉末記，啓業本《資治通鑑》，頁 9608。

〔註2〕《資治《通鑑》外紀》（文淵閣四庫本）序，頁（312～）659。

〔註3〕確實年月已不可考。唯據《傳家集》17／254～55「進通志表」內容推論：時間必在治平之初，而帝於三年即有續編之命，則又在此之前也。

〔註4〕〈進書表〉中語，見啓業本《資治通鑑》，頁 9607。

〔註5〕李燾《續資治通鑑長編》（楊家駱輯本，世界，民國 59 年 9 月壹初版）208／2。另

詔從之，並令按所進八卷編集。其後，君錫以父良規喪不赴命，〔註6〕乃舉時太常博士、國子監直講劉攽代之。至神宗熙寧三年（1070A. D.），又奏請一人——前知資州龍水縣事范祖禹共參其事，〔註7〕編纂小組之成員至此底定。

今依序概述其人之生平、學術如后：

一、司馬光（1019～86A. D.）

（一）生 平

本傳見《宋史》卷三三六。

公名光，〔註8〕字君實，陝州夏縣涑水鄉人，世稱涑水先生。父名池，《宋史》卷二九八別有傳。公生七歲，已凜然若成人，擊甕救兒故事動傳古今可證。〔註9〕仁宗寶元（1038～39A. D.）初，中進士甲科，自此步入仕途。時以池知杭，遂求簽蘇州判官以便奉親，足見其孝。其後，丁內外艱，執喪累年，毀瘠盡禮，至慶曆四年（1044A. D.），始復簽武成軍判官事，並得父執龐籍知遇，他日籍歿，升堂拜其妻如母氏，撫之子若昆弟，足見其賢。此後歷官無數，嘗以并州通判與范鎮上疏仁宗請立嗣，以諫官獨排眾議定英宗生父濮王名號，抗言韓琦刺陝西游勇，戒英宗卻虛妄尊號，〔註10〕皆秉其卓識，戡破俗情，當日直聲已動天下，而其間屢上條陳，縱論天下興革事宜，尤不可勝數，〔註11〕足見其忠。

神宗即位（1067A. D.），頗思振作，用王安石廣行新政，史稱「熙豐變法」。於此，公期期以為不可，疏論無算，又嘗三致書介甫反覆辯難，〔註12〕而介甫亦有〈答司馬諫議書〉以為回應，其間是非本無定論，唯公所言：「介甫固大賢，其失在於用心太過、自信太厚而已。」介甫語：「竊以為與君實游處相好之日久，而議事每不合，所操之術多異故也。」〔註13〕最足以道破其中關鍵。熙寧三年（1070A. D.），終以

李攸《宋朝事實》（聚珍本，藝文《百部集成》）3／11 亦載此奏，唯文字稍異。

〔註6〕趙君錫生平附傳於其父，見《宋史》287／9660～61，唯其中未載此事。

〔註7〕據《傳家集》45／578〈薦范祖禹狀〉（元豐七年（1084A. D.）十二月上），《續資治通鑑長編》212／12 則詳敘「六月」。

〔註8〕明・王士豪、沈紹慶，《光山縣志》（新文豐台版）3／12「宋司馬文正公祠」云：「宋司馬池令光山，生文正公於官邸，遂名曰光。」

〔註9〕釋惠洪《冷齋夜話》（學津討原・藝文百部集成）3／5 記此「活人手段」後，復言：「今京洛間多為小兒擊甕圖。」足見當日已盛稱其事。

〔註10〕詳見《宋史》本傳，頁 10758～10761。

〔註11〕《傳家集》凡八十卷，章奏已達半數之多。

〔註12〕《傳家集》60／719～27。

〔註13〕分見《傳家集》60／720 第一書（熙寧三年 1070A.D.二月廿七日）、《王臨川文集》附沈氏注 73／463。

與當政不合，六上箚子力辭樞密副使，以端明殿學士出知永興軍。次年，判西京留司御史臺，兩任其職；四任提舉崇福宮，凡居洛十五年，不與政事，專在修纂《通鑑》處用心。元豐七年，書成，不獨拜資政殿學士，賞賜金帛甚厚，溫公學術地位之奠立，得力於此書至多，幸與不幸，殊難逆料。

元豐八年三月，神宗崩，哲嗣沖幼，高太皇太后垂簾秉政，起公知陳州，過闕，留爲門下侍郎。次年閏二月，除左僕射，前朝新政一爲更始，威名至於遼、夏。〔註14〕九月，以勞瘁疾歿，年六十八，贈太師、溫國公，賜碑「忠清粹德」歸葬故里。

公一生浮沈宦海，歷仁、英、神、哲四朝，不獨未嘗習染絲毫官僚流風，其公忠體國，不計私利之行，尤非同儕所能企及，〈行狀〉所載〈留臺疏〉、〈病中疏〉〔註15〕本事，已可見其一端；今復別引釋惠洪、徐自明所言事，以誌其餘：

> 山谷言：頃與范內翰純甫（祖禹）同局，純甫多能言溫公事。方公初官時，年尚少，家人每每見其臥齋中，忽蹶起著公服、執手版，危坐久，率以爲常，竟莫識其意。純甫常從容問之，答曰：吾時忽念天下安危事，夫人以天下安危爲念，豈可不敬耶？」〔註16〕

> 光自元祐二年閏二月拜相，至是年九月薨于位，爲相纔半年。光任政踰年而病居其半，每欲以身殉社稷，躬親庶務，不舍晝夜。賓客見其體羸，曰：「諸葛孔明罰二十以上皆親之，以此致疾，公不可以不戒。」光曰：「死生命也。」爲之益力。病革，諄諄不復自覺，如夢中語，然皆朝廷大事也。

> 既歿，其家得遺奏八紙上之，皆手札論當世要務。〔註17〕

公自幼庭訓尚誠，〔註18〕及長，亦能以此自屬，無愧「君實」之字，蘇軾嘗追記公對晁補之（無咎）語：

〔註14〕《宋史本傳》云：「遼、夏使至，必問光起居；敕其邊吏曰：『中國相司馬矣，毋輕生事、開邊隙。』」，見336／10768。

〔註15〕詳見《蘇東坡全集》（世界，民國53年2月台初版）・前集36／428，前者在公居洛後，本絕口不論事，至熙寧七年（1074A.D.）以天下旱蝗求直言，「公讀詔泣下，欲默不忍，乃條陳六事。」大要多在攻詆新政；後者則因元豐五年（1082A.D.）公忽得語澀疾，自疑當中風，乃預作遺表，略如前六事而加詳之，擬授范純仁、范祖禹上之，此表猶見於《傳家集》17／257～61。

〔註16〕《三朝名臣言行錄》731／360引，今本未見。

〔註17〕徐自明《宰輔編年錄》（四庫珍本，商務台版）9／66引李丙《丁未錄》。

〔註18〕邵博《聞見後錄》（《宋元人說部叢書》本）21／1064嘗載一事：「予見司馬溫公親書一帖：『光年五六歲，弄青胡桃，女兄欲爲脫其皮，不得，女兄去，一婢子以湯脫久。女兄復來，問脫胡桃皮者，光曰：自脫也。先公適見，訶之曰：小子何得謾語！光自是不敢謾語』後公以誠學授劉器之（安世）曰：『自不謾語人。』」。

　　　吾無過人，但平生所爲，未嘗有不可對人言耳。〔註19〕

此言見其謙，亦見其自信。唯自信太過而流於固執，亦爲溫公所不免，即以熙豐故事爲論：介甫與公本積時交好，相互推服，〔註20〕徒以所操之術異，所秉之性差，其初尚存公理，終則意氣相爭。〔註21〕於是，朝野唯在君子。小人、新黨、舊族間作無益之爭，而國法興廢之際竟同兒戲，追本溯源，溫公實難盡卸其責，此在當日蘇軾已有「司馬牛」之譏，〔註22〕日後羅從彥、朱熹均嘗持平而論，〔註23〕則公始乎介甫「用心太過」、「自信太厚」，已亦不免陷溺其中矣！

（二）學　術

　　　溫公雖一生從政，然實未嘗一日廢學，朱熹嘗引《呂氏家塾記》云：司馬溫公幼時患記問不若人，群居講習，眾兄弟既成誦游習矣，獨下帷絕編，迨能諷誦乃止，用力久者收功遠，其所精誦乃終身不忘也。溫公嘗言，書不可不成誦，或在馬上，或中夜不寢時，詠其文，思其義，所得多矣。〔註24〕

　　　後說尤是其案牘勞形之餘，學思所以日進之功也。吾人今日所熟知之溫公，大體一由政事、一自《通鑑》而來，唯就後者言：檢討溫公生平著述，實未嘗限於此隅，蘇軾爲溫公作《行狀》時評列廿二種：

1. 《文集》八十卷	2. 《資治通鑑》三百廿四卷
3. 《考異》三十卷	4. 《歷年圖》七卷
5. 《通歷》八十卷	6. 《稽古錄》廿卷
7. 《本朝百官公卿表》六卷	8. 《翰林辭草》三卷
9. 《注古文孝經》一卷	10. 《易說》三卷
11. 《注繫辭》二卷	12. 《注老子道德論》二卷
13. 《集注太玄經》八卷	14. 《大學中庸義》一卷

〔註19〕注17所揭書9／68。

〔註20〕《傳家集》19／292（辭修起居注第四狀）言：「況安石文辭閎富，當世少倫，四方士大夫素所推服。」邵伯溫，《聞見錄》（《宋元人說部叢書》本）12／976亦載公嘗與呂誨共引介甫，及介甫卒，公猶云：「介甫無他，但執拗耳，贈恤之典宜厚。」足見其胸襟畢竟不凡。

〔註21〕《傳家集》17／269（奏彈王安石表）云：「安石首倡邪術，欲生亂階，違法易常，輕革朝典。學非言僞，王制所誅，非曰良臣，是爲民賊。」通篇文字類同於此，雖足以見其謀國之急切，殊非博雅之讜言。

〔註22〕蔡絛《鐵圍山叢談》（《知不足齋叢書》藝文百部集成）3／23。

〔註23〕分見《羅豫章集》（《正誼堂叢書》藝文百部集成）7／7論去新黨‧免役法不當；《朱子語類》123／4749；130／4974兩言免役法之便於東南。

〔註24〕《三朝名臣言行錄》731／360。

15. 《集注楊子》十三卷	16. 《文中子傳》一卷
17. 《河外諮目》三卷	18. 《書儀》八卷
19. 《家範》四卷	20. 《續詩話》一卷
21. 《遊山行記》十二卷	22. 《醫問》七篇

至《宋史·藝文志》，已達三十八種之多，〔註25〕即文淵閣四庫抄錄及存目者，尚計十六種。增減之際，必有散佚、訛託等情事，然以東坡原始資料觀之，溫公學術之廣博、深閎，殆亦無愧於聲名也。

二、劉　恕（1032～78A. D.）

（一）生　平

本傳見《宋史》卷四四四文苑傳。

恕字道原，筠州人。父名渙，與歐陽修同年進士，以不能折腰事上而歸隱廬山。仁宗皇祐元年（1049A. D.），恕舉進士，經義、說書皆列前茅，時溫公正為貢院屬官，二人自此相得。他日，調鉅鹿主簿、和川令，發強摘伏，號為能吏。先是，恕與介甫相善，熙豐之際，欲引置三司條例，恕乃倡言恢張堯舜，條陳新法違眾，勸使復舊，雖稠人廣坐亦不稍假辭色，至介甫變顏如鐵。其後終以氣味相左，出監南康軍酒以奉親，時溫公已至洛，遂數往請益，中嘗道得風疾，右手足盡廢，猶苦學如故。元豐元年（1078A. D.）九月，病卒，年僅四十七，官至秘書丞。

恕為人重意氣，急然諾，屬吏下獄，猶能恤其妻子，而剛直處尤得乃父之風，觀其與介甫相得失可知也。唯其律已亦嚴，絲毫不妄取於人，家素貧，寒多凜冽，溫公強遺衣褲供其南歸，行至穎州即行封還，以公之情同師友，其倔蹇可見。〔註26〕恕又嘗自訟平生有廿失、十八弊，〔註27〕著於書以自策勵，雖終未能改，然其誠信示人處亦無愧於溫公，實一進德君子也。

（二）學　術

恕篤好史學，自曆數、地理、官職、族姓至前代公府案牘皆取以審證，求書不

〔註25〕篇幅頗鉅，不便細列，可參見崔萬秋《通鑑研究》司馬光之著作，頁 7～10。唯該文僅列卅六種，其中：漏列《日錄》三卷（《宋史》156／5106）、《宗室世表》三卷（157／5149）、《投壺新格》一卷（160／5290）。此外，〈宋志〉155／5043 誤列其子康之《無逸講義》一卷，159／5251 復有《司馬先生三十六禽歌》一卷存疑，總計卅八種。

〔註26〕事見《傳家集》68／845 劉道原十國紀年序。

〔註27〕詳見黃庭堅，《山谷集》（摛藻堂四庫薈要）23／（384～）259 劉道原墓誌銘。

遠百里，時名家宋敏求知毫，恕枉道借覽，本傳言：

> 獨閉閣，晝夜口誦手抄，留旬日，盡其書而去，目為之瞖。〔註28〕

足見其用功之勤。故英宗敕溫公自擇館閣長才編次《通鑑》時，即舉恕以應之，而此後諸事亦自證公之巨眼，元祐元年（1086A. D.）溫公〈乞官劉恕一子箚子〉云：

> 臣修上件書，其討論編次，多出於恕，……所以劉攽等眾共推先，以為功
> 力最多。〔註29〕

恕自開局修史起即與其事，後溫公出知永興軍，神宗特許以書局自隨，恕尋亦赴南康軍。二人雖隔兩地，然恕即詔許即官修書，遂再三奔波其間，故至卒前皆可視同在局，凡十二年。

除助修《通鑑》外，恕私著亦頗豐，且與《通鑑》均有莫大關係，惜或當日未成，或後世之佚，溫公所列之《十國紀年》四十二卷、《包羲至周厲王疑年譜》一卷、《共和至熙寧年略譜》一卷、《資治通鑑外紀》十卷，〔註30〕而今惟存《外紀》一種，良可慟矣！

三、劉　攽（1022～88A. D.）

（一）生　平

本傳見《宋史》卷三一九附兄劉敞傳後。

攽字貢父，臨江新喻人，學者稱公非先生。自少從其兄敞為學，仁宗慶曆四年（1044A. D.）兄弟同科進士，仕於州縣廿年，始為國子監直講。其後，與安石得失之間幾同於劉恕，乃出判泰州，更歷官無數，終召拜中書舍人。晚困風疾，元祐四年（1089A. D.）卒，得年六十七。

攽為人疏儁，不修威儀，好諧謔，〔註31〕數用此招怨，終不能改，其仕途所以更調頻繁，或亦職是之故。唯其玩世不恭之餘，方寸間仍不失其道，如：治曹時，法尚寬平，務在不撓，且曰：「民不畏死，奈何以死懼之！」〔註32〕以是，盜賊衰息，民風趨靜。至於抗言變法、忤逆當道，姑不論是非如何，其公忠秉學之風骨，實無愧於天地，固不可與俳優並論也。

〔註28〕《宋史》444／13119。
〔註29〕《傳家集》53／658。
〔註30〕仝注26。
〔註31〕《宋人軼事彙編》9／433～39 輯二四條貢父故事，類多詼諧奇趣。
〔註32〕《宋史》319／10388。

（二）學　術

敞未冠而通五經，與兄敝一時知名，沈喆曰：

> 國朝六經之學，蓋自賈文元（昌朝）倡之，而劉原父（敝）兄弟爲最高。
> 〔註33〕

當日評價如是。唯其尤雅善史學，兩漢特精，其治學之法見於〈與王深甫論史書〉：

> 古者爲史，皆據所聞見實錄事迹，不少損益有所避就也，謂之傳信。惟仲
> 尼作春秋，乃諱國惡耳。夫春秋，聖人所特作，以見一王之法，不當引爲
> 史例。然其諱國惡，猶但使隱者顯之，大者微之，率皆有文以起焉，不昧
> 昧都爲藏匿，使不可知也。後之史官不達此意，猥自託於聖人，以是爲史，
> 未嘗直書，上則顧時君忌諱，退又惡斥言當世權勢大人罪過，改之易之，
> 以就美好，悅生者而背死人，不顧是非，故賢士大夫之事業有不記者焉！
> 僕不自料，常欲矯正此弊。〔註34〕

據事直書，不少隱飾，此不獨深爲溫公所倚，即衡諸今日，又何以過之？《通鑑》
《史記》、前後漢間長編全出敞手，定本即達六十卷之多，其功亦復不小。惜自入局
以來，輾轉州郡、京師不已，且未嘗居洛，與溫公幾屬神交，故《通鑑》成書之得
力未可言多，然唯此適見溫公之取才與敞之學思覃精也。

除前修外，據宋志則敞尚有《東漢刊誤》四卷，〔註35〕文集《彭城集》五十卷、
《五代春秋》十五卷、《內傳國語》廿卷、《經史新義》七卷、《詩話》兩卷、《漢官
儀》三卷、《芍藥譜》三卷，就中以史學居多，亦足以印證前說也。

四、范祖禹

（一）生　平

本傳見《宋史》卷三三七附叔祖范鎮傳後。

祖禹字夢得，蓋以生時鄧禹入母夢而得名，復一字淳甫（純父、淳父、淳夫），
〔註36〕成都華陽人。幼孤，叔祖鎮撫育成人，常器之爲「天下士」。仁宗嘉祐八年

〔註33〕《寓簡》（知不足齋叢書・藝文百部集成）2／6。

〔註34〕《彭城集》（《聚珍版叢書》藝文百部集成）27／1。

〔註35〕據《本傳・〈藝文志〉》203／5086則作《漢書刊誤》，唯復見《西漢刊誤》一種，下
　　　注：「不知作者」。其間是非未可遽斷，參見王毅〈劉敞的史學貢獻〉，收入《宋史研
　　　究論集》，第二輯（鼎文，民國61年5月台初版），頁48～52。

〔註36〕費袞《梁谿漫志》（《知不足齋叢書》藝文百部集成）3／9：「范淳父內翰之母夢鄧禹
　　　來而生淳父，故名祖禹，字夢得。溫公與之帖云：『按鄧仲華傳，仲華內文明，篤行
　　　淳備，輒欲更表德曰淳備，既協吉夢，又可止訛，且與令德相應，未審可否？』次
　　　日，復一帖云：『昨夕再思，淳備字太顯而盡，不若單字淳，臨時配以甫、子而稱之。』」

（1063A. D.）舉進士甲科，授知資州龍水縣事，時溫公與鎮最稱莫逆，〔註37〕祖禹復坐犯仁宗邸諱，遂因之入局編修《通鑑》，首尾凡十五年，不事進取，公倚爲左右手，晁說之云：

> 溫公在洛，應用文字皆出公手。……溫公事無大小，必與公議；至於家事，公休〔註38〕亦不自專，問於公而後行。公休之卒，公哭之慟，挽詩曰：『鮑叔深知我，顏淵實喪予！』〔註39〕

此中足見兩家情誼。祖禹後爲呂公著婿，又與富弼、文彥博、二程、王安國諸人皆有交誼，師友之輔，曠絕當代。

《通鑑》成書之後，溫公與韓絳共薦祖禹爲秘書省正字，宦游至此方興。在朝前後凡十一年，歷官甚夥，論諫之疏數上，皆文字精粹、義理精賅，晁說之嘗記之：

> 純夫元祐末，與東坡數上疏論事，嘗約各草一疏上之，東坡訪純夫，求所作疏先觀，讀盡遂書名於末云：『某不復自爲疏矣！』純夫再三求觀，竟不肯出，云：『無以易公者！』東坡別作一條和純夫月研詩云：『上書掛名豈待我，獨立自可當雷霆。』蓋紀實也。〔註40〕

東坡之推許可見，其尤可貴者，祖禹雖爲溫公所薦，然立朝之日，一秉忠誠，不立黨、不入黨，此當日自號君子者所不及。所惜者，新黨人物仍視之如寇讎，元祐八年（1093A. D.）高太皇太后崩，新、舊兩黨勢力爲之消長，祖禹立身有節，無所指摘，遂以昔時編修神宗實錄「用意增損」、「多失事實」爲名，於紹聖元年（1094A. D.）十二月謫往永州，轉歷賓州、化州，時所受移官劄子竟皆白文，足見兩黨相爭純屬意氣，乃置國家於不顧。元符元年（1098A. D.），卒於貶所，享年五十八。

祖禹天性淳厚，頗應乎其字，所以然者，得自叔祖鎮撫育，加以往來皆當世名公儒臣，薰化再三，門風自是不凡。平居恂恂，口不言人過，然遇事之際，則進退有節、是非的分，故講筵推爲第一，東坡嘗云：

> 范淳夫講說爲今經筵講官第一，言簡而當，無一冗字，無一長語，義理明

　　按：鄧禹，東漢光武雲臺廿八將之一，本傳具范曄《後漢書》卷十六。

〔註37〕《蘇東坡全集》（世界，民國53年2月台初版）前集39／447范景仁墓誌銘：「熙寧，元豐間，士大夫論天下賢者，必曰君實、景仁，……二公蓋相得歡甚，皆自以爲莫及，曰：吾與子生同志，死當同傳，而天下之人亦無敢優劣之者。二公既曰史相爲傳，而後死者則誌其墓，故君實爲景仁傳，……君實之沒，軾既狀其行事以授景仁，景仁誌其墓。」

〔註38〕溫公子康，字公休，本傳附溫公傳後。

〔註39〕《晁氏客語》（《百川學海》，新文豐叢書集成新編），頁243。

〔註40〕前揭書，頁242。

白而成文燦然，乃得講師三昧也。〔註41〕

此非積學進德無以致之，誠《孟子》「法家拂士」之上選，〔註42〕惜乎湮沒於當日黨爭之非理性洪流中，茲可痛矣！

（二）學　術

祖禹自入局至成書十五年間，不事進取，祗以此為論，已非他人所及。《通鑑》唐紀不過八十卷，然時距宋猶近，史料尚多，歷朝實錄、正史別史外，各家《文集》、筆記、雜錄倘悉加綜覽，為數在三、四千卷間，據溫公與宋敏求書〔註43〕推算，其長編不下八百卷，而此部皆祖禹職司所在，其用心之鉅，自可想見。

除輔佐溫公，助修《通鑑》外，祖禹亦因是另成《唐鑑》十二卷，深明唐三百年治亂，以此知名於時。〔註44〕其史觀大體與《通鑑》同型，而特重議論，明揚褒貶，其用世之意，宜自祖禹勝任講筵中體會，故宋高宗嘗軒輊《通鑑》、《唐鑑》云：

> 讀《資治通鑑》，知司馬光有宰相度量；讀唐鑑，知范祖禹有臺諫手段。

〔註45〕

其論雖難免以文範人，然亦足見兩家取向之同科也。此外，又有《仁皇政典》六卷、《帝學》八卷，亦皆寓褒貶於故事，所以開陳治道、辨析事宜也。

上述，即《通鑑》編纂小組諸公之生平、學思梗概。唯檢溫公《傳家集》中，尚有二人眷顧非常：

一、司馬康

本傳附溫公傳後。

康為溫公獨子，入局年月已不可考，唯據進書表後所列纂者名銜，康雖列名於首，〔註46〕然前述三人（除溫公外）均作「同修」，而其為「檢閱文字」。且諸家記全書分工事皆未嘗及之，足見康之所事，果止於檢校而已。

〔註41〕李廌《師友談記》（文淵閣四庫本），頁（863～）174。

〔註42〕《孟子注疏》12下／244。

〔註43〕高似孫《緯略》（《守山閣叢書》藝文百部集成）12／10。

〔註44〕注21揭書4／3：「（祖禹子溫）一日，遊大相國寺，諸貴璫蓋不辨有祖禹，獨知有唐鑑，見溫，輒指目相謂曰：『此唐鑑兒也！』」；又《三朝名臣言行錄》13之1／517引祖禹遺事云：「元祐中，客有見伊川先生者，几案無他書，唯印行《唐鑑》一部，先生謂客曰：『自三代以後，無此議論！』崇寧中，沖（祖禹子）見欒城先生於潁昌，欒城曰：『老來不欲泛觀書，近日且且看《唐鑑》！』」諸人推重如此。

〔註45〕張端義《貴耳集》（津逮祕書本，藝文百部集成）上／5。

〔註46〕依次為：司馬康、范祖禹、劉恕、劉攽。除溫公係謙牧殿後外，餘當按年齒為序。

二、黃庭堅

本傳見《宋史》四四四文苑傳。

元祐元年（1086A. D.）溫公上〈乞黃庭堅同校《資治通鑑》箚子〉〔註47〕，蓋《通鑑》書成鏤版之際，雖已有康、祖禹先行奉旨校定，然一則聖旨催逼甚急，一則祖禹已受命再修《神宗實錄》，備辦不及，故溫公復請以時秘書省校書郎黃庭堅助其事。《傳家集》、《通鑑》道及庭堅者，別無所見，則其與編纂工作之相涉，恐亦止此。至於獎諭詔書〔註48〕後所列張耒等十人，除康、祖禹、庭堅外，雖有「校對」、「校定」之銜，然溫公公私著述皆無所見，恐僅止於具名，可置而勿論矣。

第二節　前置作業

以《通鑑》如是鉅製，其編纂之始，勢必千頭萬緒，諸如史觀之釐定、史料之取裁、撰述之分工等前置作業，自當妥爲擘畫，用收愼始之功也。唯其處置得宜、總裁一家，故能免於隋、唐以來設館修史之弊。〔註49〕今爲一一述之：

一、動　機

由前節可知，《通鑑》與溫公實有莫大關聯，兩者相得而益彰，固不可妄加裁斷也。今分析溫公撰述之初意，復可歸納爲四途：

（一）嗜　史

據行狀，公「七歲聞講左氏春秋，大愛之，退爲家人講，即了其大義，自是手不釋書。」〔註50〕足見其於史學頗自夙慧。〈進書表〉復云：「凡百事爲，皆出人下，獨於前史，粗嘗用心，自幼至老，嗜之不厭。」〔註51〕其中固見其嗜史之殷，而自信之強，亦可體會。故公自仁宗皇祐四年（1052A. D.）除史館檢討修日曆始，即悠游半生於其中，且平生文字尤好援引古人故事以爲談論，則《通鑑》構思之縝密，良有以也。

（二）壯　志

〔註47〕《傳家集》51／646。

〔註48〕啓業版《資治通鑑》，頁 9609～9610。

〔註49〕官修之弊，學者多有所論，其中尤以劉知幾「五不可」之說最稱精當——擱筆相視，含毫不斷，視聽不該，簿籍難見；取嫉權門，見仇貴族；十羊九牧，其令難行；務相推避，徒延歲月。詳見《史通》（釋評本 20／700-02 外篇・忤時第十三。）

〔註50〕《蘇東坡全集》前集 36／420。

〔註51〕啓業本《資治通鑑》，頁 9607。

溫公究天人、通古今之志淵源甚早，據劉恕《資治通鑑外紀·序》言，可追溯至嘉祐（1056～63A. D.）中，而〈進書表〉亦云：

> 每患遷、固以來，文字繁多，自布衣之士，讀之不徧，況於人主，日有萬機，何暇周覽！臣常不自揆、欲刪削冗長，舉撮機要，專取國家盛衰，繫生民休戚，善可為法、惡可為戒者，為編年一書。〔註52〕

其志如是，故於《通鑑》未成之始，即有《通志》八卷、《歷年圖》五卷之作，前者已詳於前節，至於後者，或為《通鑑》編次之綱領也，溫公嘗自敘其體例云：

> 光頃歲讀史，患其文繁事廣，不能得其綱要，又諸國分列，歲時先後參差不齊，乃上采共和以來，下迄五代，略記國家興衰大迹，集為五圖。每圖為五重，每重為六十行，每行記一年之事。其年取一國為主，而以朱書，他國元年綴於其下，蓋欲指其元年以推二、三、四、五，則從可知矣。凡一千八百年，命曰：「歷年圖」。〔註53〕

此編後收為《稽古錄》前十六卷，卷尾猶存溫公於治平元年（1064A. D.）所上之〈進表書〉，足證為《通志》並世之作，且係溫公壯志之酬也。

（三）鑑　戒

《通鑑》之名雖為神宗御賜，然英宗制敕之始，即思編次歷代君臣事迹，恢宏下世帝王志氣；而溫公草創之初，實亦恪遵此道，務在著明君臣之理，故於史實全視之開展，或力有未洽；而究鑑戒功能之發揮，則許為巨擘。此意於〈進書表〉中已實指之，乃本書之「靜態」面目。非但如是；《通鑑》編纂係逐紀進講，溫公每因事陳戒，因以收借古諷今之效，〔註54〕此又其「動態」面目之呈現也。

（四）上　助

溫雖著意於斯，畢竟私家力薄，若非英、神兩代右文之主，《通鑑》書成之日恐猶未可期。今歸納二帝於成書之功在——

1. 英　宗

（1）敕撰。

（2）命溫公自選辟官屬，於崇文院置局，許借龍圖、天章閣、三館、秘閣書籍，

〔註52〕仝上。

〔註53〕《傳家集》71／877 記《歷年圖》後，唯據治平元年定本（附於《稽古錄》），其起訖已如後之《通鑑》矣！

〔註54〕茲舉畢沅《續資治通鑑》所載三例以明之：66／1617 熙寧元年（1068A. D.）藉蘇秦、張儀「利口覆邦」評新黨、67／1662 熙寧二年藉蕭規曹隨論變法、67／1679 藉三代納諫貶王（安石）、呂（惠卿）。

賜以御府筆墨繪帛及御前錢以供果餌，以內臣爲承受。〔註55〕

2. 神　宗

（1）賜穎邸舊書 2,402 卷。〔註56〕

（2）公出居洛，仍聽以書局自隨，給之祿秩，不責職業。〔註57〕

（3）賜序、題名。〔註58〕

《左氏春秋》論不朽者三，曰：立德、立功、立言。〔註59〕溫公言行除立功未有定論外，他皆了無所愧。唯其所以然者，絕非力強所致，故論《通鑑》成書之始，倘非確有證據，固不得遽斷爲「冀望不朽」之作，若夫陳明銶所謂：

> 編撰《通鑑》之於司馬光，正是他脫離現實政治以求自我保全的一種手段，
> 也是他維持與皇帝之關係，並表明對皇帝效忠之情的媒介。〔註60〕

其說唯就〈進書表〉中所見忠君之忱，推論至此，孤證難據，今檢列他證如下：

（一）溫公去朝居洛，實出於不與新黨共天下之心，未可囿於「保全」一途；果如是，大可持金守默甚而依違從之，不必迂曲如是。更退一步言，遠居洛，編《通鑑》即足以卻傾危者之忮害乎？介甫明理君子，公居洛十五年，未受絲毫迫蹙，「保全」之論從何說起？

（二）溫公忠君之言行終始如一、內外均致，本傳、《傳家集》中未見憂懼之情，不必刻意「表明」。

是故，此項推論猶待斟酌也。

二、史　料

有關論《通鑑》之史料者，大抵集中於來源、數量與分布三途：

（一）來　源

以見存之文獻分析，《通鑑》成書所需之史料來源，大致不出三途：

1. 英宗許借之館閣書籍；

2. 神宗穎邸舊藏之書籍；

3. 私家藏書：宋代經濟景觀極稱富庶，印刷事業尤其發達，遂致書籍成本大爲

〔註55〕仝註 51。

〔註56〕註 50 同揭書 36／431。

〔註57〕仝註 51。

〔註58〕註 51 同揭書，頁 33～37。

〔註59〕《左傳注疏》35／609。

〔註60〕《資治通鑑的史學》（上），頁 47。

降低，私家藏書蔚爲風尙。遠者毋論，即溫公獨樂園聚書已出五千卷；〔註61〕而劉恕尤勤於記覽，嘗就宋敏求家讀鈔旬日，盡其書而去，〔註62〕據蘇頌所言，宋氏家藏達數萬卷，且校定最號精密，〔註63〕而溫公與次道頗見交好，〔註64〕則《通鑑》編纂之始當亦得力焉。是故，私家藏書之於《通鑑》，殆亦不可輕忽。

（二）數　量

以《通鑑》涵蓋十七史，一三六二年之體製觀之，其基本素材之規模不難想見。然《通鑑》書末並未詳列參據資料，故數世以來，學者莫衷一是，今略舉其中犖犖大者以見其一隅。唯圖籍詳目所占篇幅甚鉅，故僅列各家所稱數量，以見其參引圖書之豐。

1. 高似孫：226 種；〔註65〕
2. 《四庫提要》：322 種；〔註66〕
3. 張須：301 種；〔註67〕
4. 崔萬秋：275 種；〔註68〕
5. 李美月：360 種；〔註69〕

其中以張、李二家所列皆據《考異》，最爲可信；然恐亦以此局限特甚。是故，多寡之間，實無由遽斷。

（三）分　布

《通鑑》有關圖書詳目既無由考訂，則史料各部採摭之眞迹亦復難斷，唯就大體而言，當不出章太炎所謂：

> 統觀《通鑑》所采：西漢全采《史》、《漢》，東漢采《漢書》十之七八，
> 魏晉至隋采正史者十之六七，唐則采正史者十不及五，溫公於《舊唐書》

〔註61〕《傳家集》71／876 獨樂園記（熙寧六年 1073A.D.作）：「熙寧四年，迁叟（按：溫公晚號。）始家洛。六年，買田二十畝於尊賢坊北，闢以爲園，其中爲堂，聚書出五千卷，命之曰：讀書堂。」

〔註62〕詳見《傳家集》68／845 劉道原〈十國紀年序〉。

〔註63〕《蘇魏公文集》（道光重刊本，博愛，民國 49 年 4 月台初版）。

〔註64〕據《緯略》12／10～1 所引公與次道書觀之，語氣至爲親摯、交誼當亦匪淺。

〔註65〕《史略》4／131～21《通鑑》參據書。唯高氏另撰《緯略》12／11～1 則作二百二十二家，然該處未列詳目，故不從。

〔註66〕《提要》117／1012《資治通鑑》提要，唯該處未見書目，不知數字何由而生，或謂係援引《緯略》，而誤「二」作「三」。

〔註67〕《通鑑學》，第三章《通鑑》之史料及其鑑別，頁 38～71。

〔註68〕《通鑑研究》，《通鑑》之藍本參考資料，頁 38～62。

〔註69〕李著《《通鑑考異》引書考》。本篇係晚近轉精之作，所列皆本自《考異》，並與高、崔、張氏書對勘，其中以《考異》未見而三書猶列者計十四種，最具價值。

亦不甚滿意。至五代則全據薛史。〔註70〕
茲據文獻見存數量之分布言，此說當距事實不遠。

三、取　裁

　　《通鑑》之初意，既以資治鑑戒爲宗旨，則史料去取之際，自必別有短長，況篇幅所限，亦不得盡數羅致也。今欲窮究其中所以取裁之道，首當以溫公自言者爲準，如：

　　　　(一)《通鑑》‧魏文帝黃初二年（221A. D.）：「臣今所述，止欲敘國家之興衰，
　　　　　　著生民之休戚，使觀者自擇其善惡得失，以爲勸戒，非若春秋立褒貶之
　　　　　　法，撥亂世反諸正也。」〔註71〕

　　　　(二)〈進書表〉：大意如前，而文字小異。〔註72〕

　　　　(三)溫公〈答范夢得〉：「詩賦若止爲文章，詔誥若止爲除官及妖異止於恠誕、
　　　　　　詼諧止於取笑之類，便請直刪無妨。或詩賦有所譏諷，詔誥有所戒諭，
　　　　　　妖異有所儆戒，詼諧有所補益，並告存之。」〔註73〕

是故，溫公去取之準則，純爲翼護風教之心；籠罩之範疇，多屬關涉政治之事。以此爲中心，成二九四卷堂皇鉅著，其內容或誠如胡三省所言：

　　　　溫公作《通鑑》，不特記治亂之迹而已，至於禮樂、曆數、天文、地理，

　　　　尤致其詳。讀《通鑑》者，如飲河之鼠，各充其量而已。〔註74〕

然其中割捨亦復不少，張須嘗歸納而列之四：不別正閏、不信虛誕、不書奇節、不載文人。〔註75〕此意不必穿鑿求之，則大體近於事實。

四、分　工

　　以《通鑑》所綱紀之年月、人事而言，其著手之初，勢必先行釐定權責，各司所職，藉以收綱舉目張之效也。今欲明《通鑑》分工之實，首當著晁說之之言：

　　　　予遊溫公之門，與公之子康公休締交義篤，公休嘗相告曰：「《資治通鑑》

　　　　之成書蓋得人焉，《史記》前後漢則劉貢甫，自三國歷七朝而隋則劉道原，

〔註70〕《國學略説》史學略説，頁 117。
〔註71〕啓業本《資治通鑑》69／2187。
〔註72〕前揭書，頁 9607。
〔註73〕《傳家集》63／778。
〔註74〕《通鑑》212／6759 唐玄宗開元二年（724A. D.）‧胡注。
〔註75〕此意多已見於前人，譬如：不載文人已見於《日知錄》27／764～65、不書奇節早記
　　　　之《郡齋讀書志》5／146，詳見《通鑑學》第四章《通鑑》史學之一斑，頁 91～101。

唐迄五代則范純甫。此三公，天下之豪英也。」〔註76〕

其後胡三省注《通鑑》，亦采其說。〔註77〕至全祖望〈《通鑑》分修諸子考〉乃大反前說，〔註78〕其論據即爲前引之溫公〈答范夢得〉帖：

> 請從高祖初起兵修長編，至哀帝禪位而止，其起兵以前、禪位以後事，於今來所看書中見者，亦請令書吏別用草紙錄出，每一事中間，空一行許素紙，隋以前者與貢父，梁以後者與道原，令各修入長編中。

全氏於是推論：「貢父所修，蓋自漢至隋，而道原任五代明矣！」殊不知此帖本出於始修長編之際，其後（熙寧三年 1070A.D.十月），放被劾出知泰州，此議遂破，故仍以晁、胡所主爲是。〔註79〕

若夫二劉一范其間輕重之較，亦爲歷代學者聚訟之焦點——

（一）有推道原者：如張須。〔註80〕其證在溫公〈乞官劉恕一子箚子〉、劉義仲《通鑑問疑》，〔註81〕然前者以所求在彼，自必張皇其功；後者爲人子之作，說服力終隔一層；

（二）有推祖禹者：如聶崇歧。〔註82〕其三證——唐史龐雜、道原早卒、祖禹久在，雖均極入理，然猶未足證祖禹之功必凌駕道原久上；（三）有推貢父者：如錢穆。〔註83〕未審何據。

是故諸家之說各有所長，亦執於一偏，實則三人職各有專司，缺一不可，徒然妄斷高下，是爲無益之論。

第三節　成書經過

《通鑑》成書，據見存史料擬測，其歷程，大致可畫分爲四：

一、定長曆

〔註76〕《景迁生集》（文淵閣《四庫》本）17／（1118～）339 送王性之序。

〔註77〕胡氏所言：漢則劉攽，三國迄於南北朝則劉恕，唐則范祖禹。隋五代獨闕而不言，未知何故，詳見啓業本《資治通鑑》，頁 29。

〔註78〕《鮚埼亭集》（華世，民國 66 年 3 月台初版）外編 40／1250～51。

〔註79〕其間論證以王德毅〈司馬光與《資治通鑑》〉最稱精詳，參見華世版《中國史學史論文選集》，頁 524～529。

〔註80〕《通鑑學》第二章《通鑑》編集始末，頁 35～36。

〔註81〕前者見《傳家集》53～658，後者見問疑，頁 1480～82。

〔註82〕《宋史叢考》，《資治通鑑》和胡注，頁 389。

〔註83〕《中國史學名著》2‧司馬光《資治通鑑》，頁 218。

編年史首重曆法，倘稍見差舛，史實因果相淆之禍尤不堪設想。故修書之始，勢必羅致曆算長才，詳加考定，庶不致有所疏失。溫公當日，適有劉義叟者，「精算術，兼通大衍諸曆。及修唐史，令專修律曆、天文、五行志。」〔註84〕溫公於其著述嘗借重焉：

> 故崇文院檢討劉義叟，徧通前代曆法，起漢元以來爲長曆，臣昔嘗得其書，
> 今用義叟氣朔并閏及采七政之變著於史者，置於上方。〔註85〕

目錄係《通鑑》全書綱領，足見溫公之信託。至於所以采用之故，一則固爲劉氏之才，一則據胡三省言，蓋崇邵雍之學也：

> 《皇極經世書》不能違義叟曆，及其（邵雍）來居於洛而溫公亦奉祠，以
> 書局在洛，相過從稔，又凥所敬者也，余意其講明之間必嘗及此，而決於
> 用義叟曆。〔註86〕

劉曆規範千年人事，溫公據考百代疑闕，於是事理疑釋，年月歸一，其功不在助纂諸公之下。

二、擬叢目

李燾《續資治通鑑長編》乾道四年（孝宗 1168A. D.）〈進書表〉云：

> 臣竊聞司馬光之作《資治通鑑》也，先使其僚採摭異聞，以年、月、日爲
> 叢目，叢目既成，乃修長編。〔註87〕

所謂叢目，即將上述採摭所得隨時排比，務求博觀，並因之編次一精要之大綱。以唐事爲例，溫公〈答范夢得〉帖云：

> 夢得今來所作叢目，方是將實錄書目標出，其實錄中事應移在前後者，必
> 已注於逐事下訖。自《舊唐書》以下，俱未曾附注，如何遽可作長編也。
> 請且將新、舊《唐書》紀志傳及統紀補錄，并諸家傳記小說以至諸人文集
> 稍干時事者，皆須依年月注所出篇卷於逐事之末。……但稍與其事相涉
> 者，即注之過多不害。〔註88〕

此意正道中叢目兩大特徵之——「務博」。另今存之溫公手澤中，有永昌元年（晉元帝，322A. D.）稿一種，凡四百五十三字，今稍錄其辭：

> 永昌元年，春正月，乙卯改元。王敦〔既與朝〕按：原稿三字塗去將作亂，謂長史

〔註84〕《宋史》432／2838〈儒林傳〉二。
〔註85〕《資治通鑑》目錄‧序，頁1。
〔註86〕《通鑑》1／36周安王二十五年（377B. C.）注。
〔註87〕《文獻通考》193／1637。
〔註88〕《傳家集》63／777。

謝鯤云云，體，戊辰云云，隗稱臣輒云云，退沈充云云，……〔註89〕

與今本《通鑑》對照，皆若合符節〔註90〕。下文中所謂「云云」者，即各方史料之片斷，意謂：此稿適呈現叢目之另一特徵——求簡。

三、修長編

長編者，即將前述叢目「云云」者予以補足、修飭並聯貫之，故其篇幅理當擴充數倍有餘，溫公嘗揭示其法云：「寧失於繁，毋失於略。」〔註91〕今復以唐事例之，溫公嘗與宋次道書，曰：

> 某自到洛以來，專以修《資治通鑑》爲事。……唐文字尤多，託范夢得將諸書依年月編次爲草卷，每四丈截爲一卷，自課三日刪一卷，有事故妨礙則追補。自前稍始刪到今，已二百餘卷，至大曆（代宗，766～79A. D.）末年耳，向後卷數又須倍此，共計不減六、七百卷，更須三年，方可粗成編。〔註92〕

草卷者，長編之別名也。今本唐紀凡八十卷，而長編已達八百卷，以此率之，則《通鑑》定稿前之長編當不下三千卷之譜，其功偉矣！

又編纂原則雖在「去略就繁」，然固不以此已足，舉凡史料之剪裁、史實之考證等事，實亦因之進行初期汰選，前引溫公〈答祖禹帖〉云：

> 其修長編時，請據事目下所該新、舊紀志傳及雜史、小說、文集盡檢出一閱，其中事同文異者，則請擇一明白詳備者錄之；彼此互有詳略，則請左右采獲，錯綜銓次，自用文辭修正之，一如左傳敘事之體也。

是故，定本一言之立，其出處或至三、四，此於《考異》中已可略見端倪也。

四、總成書

以三千卷之長編視二九四卷定本，其刪削之功可謂鉅矣，馬端臨嘗引李燾言：

> 溫公與范太史議修唐紀，初紀爲八十卷，此帖云已及百卷，既而卒爲八十卷，刪削之功盛矣。卷數細事，前輩相與平章猶嚴若此，則其他肯輕下筆哉？〔註93〕

卷數雖非細事，然廿卷間猶斟酌若此，果見其自課之嚴。或問其主事者何人？據前

〔註89〕啓業本《資治通鑑》著之書前。
〔註90〕參見《通鑑》92／2892～2909。
〔註91〕《傳家集》63／778。
〔註92〕《緯略》（《守山閣叢書》藝文百部集成）12／10～11。
〔註93〕《文獻通考》193／1634。

引溫公與〈宋次道書〉觀之，當全出公一人之手，劉恕之子羲仲亦云：

> 道原在書局，止類事迹勒成長編，其是非予奪之際，一出君實筆削。〔註94〕

是故劉恕、劉攽、范祖禹所任者「博」，溫公則總之以精，前者惟恐一書未采，後者獨懼一事見誣，二者雖取向有異，其功實相輔以成。徒以定稿權責操諸溫公，然則全書毀譽自亦由溫公一人承受，張須嘗言：

> 它實在是先以在個人指導下的集體合作做成粗的坯子，再以個人獨修來完成精的產品。〔註95〕

溫公一身當此重任，猶未敢稍作懈怠，馬端臨引其父廷鸞〔註96〕之言曰：

> 張新叟言，洛陽有《資治通鑑》草藁盈兩屋，黃魯直閱數百卷，迄無一字草書。見李巽岩集〔註97〕

所言「草藁」未知究屬叢目、長編抑或刪削後待謄清之草本，然據前述永昌元年之手迹體察，全篇作字方整，未嘗稍露縱逸之態，此一則固爲溫公誠篤性情之發露，一則亦足以見其任事之莊重，故〈進書表〉所言：「臣之精力，盡於此書。」〔註98〕以溫公十九寒暑勞瘁之狀衡之，實非虛語。

元豐七年（1084A.D.）十一月，全書告成、進御，神宗至爲寶重，〔註99〕金帛之外，溫公晉資政殿學士，祖禹爲秘書省正字，〔註100〕劉恕早卒，乃依黃鑑、梅堯臣例官其子羲仲爲郊社齋郎；〔註101〕劉攽則坐廢黜不及，賞賜亦稱豐贍。

縱觀此歷十九寒暑、蘊四公心血所成之三百卷鉅著，其得以面世，殊非易事。張須嘗探究其中因緣，約之爲四：

一、溫公與介甫有君子之爭，而無忮害之意，故編纂前後，除劉攽以私德受劾外，諸人皆未更罹迫害；

二、英、神二宗皆右文之主，眷顧始終未衰；

〔註94〕《通鑑》問疑，頁1480。

〔註95〕《通鑑學》再版自序三，頁6。

〔註96〕宋末賢相，本傳見《宋史》卷四一四。

〔註97〕仝注10。

〔註98〕啓業本《資治通鑑》，頁9608。

〔註99〕邵博《聞見後錄》（《宋元人說部叢書》本）21／1065嘗記其事云：「元豐末，司馬文正公《資治通鑑》成，進御。丞相王珪、蔡確見上，問何如，上曰：『當略降出，不可久留。』又咨嘆曰：『賢于荀悅《漢紀》遠矣！』罷朝，中使以其書至政事，每葉縫合以睿思殿寶章。睿思殿，上禁中觀書之地也。舍人王震等在省中，從丞相來觀，丞相笑曰：『君无近禁臠！』以言上所愛重者。」

〔註100〕《傳家集》卷四五有〈薦范祖禹狀〉一書，詳述其中始末。

〔註101〕詳見《傳家集》53／658乞官劉恕一子箚子。

三、溫公嗜之以爲終身大業，尤以居洛十五間，杜門修撰，半生精力盡粹于斯；

四、助修諸公皆天下之士，十九年間，非獨逞記覽之長才，其遠聲利之途、絕聞達之想，尤非俗士所及；

此論深切著明，實爲溫公、《通鑑》千古之知音。〔註102〕

唯考《通鑑》成立之前後，亦非全然無所挂礙，如：《致堂讀史管見》述後唐莊宗同光三年（925A. D.）曆法差舛〔註103〕之因云：

> 司馬氏六任冗官，皆以書局自隨，歲月既久，又數應詔上書論新法之害，小人欲中傷之，而光行義無可訾者，乃唱爲浮言，謂書之所以久不成，緣書局之人利尚方筆墨、繒帛及御府果餌、金錢之賜耳。既而承受中貴人陰行檢校，乃知初雖有此旨，而未嘗請也。光於是嚴課程、省人事，促修成書，其表有云：「日力不足，繼之以夜，簡牘盈積，浩如淵海，其間抵梧，不敢自保。」今讀其書，蓋自唐及五代采取微冗，日月或差，良有由也。

小人之諑，拙劣已甚，然溫公寧自責而不欲落人口實，其行義有如是者。至於《通鑑》成書之後，又有蔡卞毀板之議，其事周輝言之最詳：

> 了齋陳瑩中爲太學博士，薛昂、林自之徒修正錄，皆蔡卞之黨也。競尊王荊公而排擠元祐，禁戒士人不得習元祐學術。卞方議毀《資治通鑑》板，陳聞之，因策士題，特引序文，以明神宗有訓。于是林自駭異，而謂陳曰：「此豈神宗親制耶？」陳曰：「誰言其非也？」自又曰：「亦神宗少年之文耳。」陳曰：「聖人之學，得于天性，有始有卒，豈有少長之異乎？」自辭屈愧嘆，遽以告卞。卞乃密令學中敞高閣，不敢復議毀矣。〔註104〕

《通鑑》於浩劫之餘，得以見存，固後學之幸也。

書成進御後，元豐八年（1085A. D.）九月十七日，聖旨復命重行校定；元祐元年（1086A. D.）十月十四日，下杭州鏤板，此即《通鑑》最初之刻本，惜已久佚。宋室南渡後，又有紹興二年（宋高宗1132A. D.）七月初一日開雕之餘姚刊本，此本今已散亂未全，唯雙鑑樓傳增湘七合一「百衲本」尚存一百七十六卷。〔註105〕此後，

〔註102〕《通鑑學》第二章《通鑑》編集始末，頁26～27；32。

〔註103〕《通鑑》273／8933：「夏四月，癸亥朔，日有食之。……自春夏大旱，六月，壬申，始雨。」《致堂管見》28／8～1：「自春夏大旱，至六月甲午雨，凡七十五日乃霽，百川皆溢。按：四月癸亥朔，則六月無甲午日。」甲午‧癸亥既爲此疑重心，今本《通鑑》乃未著明，未知胡氏所見維何。

〔註104〕《清波雜志》（四部叢刊本）9／50。

〔註105〕詳見章鈺〈胡刻《通鑑》正文校宋記述略〉，收入啓業本《資治通鑑》，頁12～15。又據柴德賡言，今日北平圖書館藏有，姑存其說，詳見《《資治通鑑》介紹》，《通鑑》的版本，頁44。唯此書係書賈雜湊之作，本文見柴著《古籍舉要》（漢京741030

因溫公、《通鑑》之盛名，各種重刻、覆刻本相繼面世，其知名者，如宋廣都費氏進修堂本、元興文署本、明杭州孔天胤本、清鄱陽胡克家覆元本等〔註106〕是皆《通鑑》所以傳世之功臣。

今日所見，除若干原刻影印本及白話本外，以北京大學歷史系教授共同點校、重排之新本備受矚目，該書之長有五：

一、加注西曆；

二、依年、月逐條排比；

三、依時、事各自提行；

四、臣光曰暨諸家史論獨立；

五、博採歷代刻本、校者之菁華；

其中雖訛誤難免，終不負「後出轉精」之名。

總之，以《通鑑》如是之堂皇巨著，其成、傳詎為易事，寧非上述編纂諸公、卓識之士乃至校刊名家協力經營所致，較諸古今無數久已湮沒之亡典舊章，何其幸也！

台版）‧下編編年類‧一，《資治通鑑》，頁213～238。

〔註106〕國立中央圖書館俱見度藏，除費氏本闕卅九卷外，竝為足本。

第三章 《通鑑》之今貌

本章旨在探討今本《通鑑》之全貌，首節綜論該書體例，繼則分疏正文外之四大羽翼及注釋，末節則爲本篇主題——臣光曰暨諸家史論之概況。

第一節 全書之體例

《通鑑》以二九四卷統攝一三六二年間人事，欲條理暢然、循文知義，勢必發凡起例，預設若干書法，因之以貫串全篇，用收提挈之功也。唯溫公見存文字中並未明言《通鑑》義例所在，而後學窮究此一課題者，當推劉義仲《通鑑問疑》、司馬伋《通鑑前例》爲先河。前者，以「事」爲主體，就溫公與道原反覆論難之十四事，區分爲正統、文字、曆法、史實、典章五部，其中前二部、六事即可見《通鑑》義法之部分面目。後者，據胡三省言，係溫公從曾孫伋爲妄人所誤之作，除正文外，復收得於三衢學官之與祖禹二帖、錄自高文虎之與道原十一帖，此其僅見之「網羅功夫」。〔註1〕唯今本所見，雖以「例」爲主體，然乏史實旁證爲之血肉；又原錄二家書帖，唯范氏存焉；且據伋自言：

> 曾大父溫國文正公作書之例，或因或倣，皆有所據。遺薰中遭散亂，所藏僅存，脫略已甚，先後無敘，改注重複。伋撮取分類爲三十六例，其間或書年而不書事，或書事而不著年，或書年書事而不實其數，伋皆不敢增也；或文全而字闕減者，伋亦從而闕之；或事欲詳見而旁附其文者，伋則因其

〔註 1〕啓業本《資治通鑑》附錄，〈《通鑑》釋文辨誤〉，頁 187～188。唯王鳴盛於此說則大不以爲然，其論點爲：伋爲公之曾孫，此書非附會之作，然其據前代刻本多闕「從」字，所錄范帖眞確可信以駁胡說，似仍不足以服人。文見《十七史商榷》100／1143〈《通鑑》前例〉。

文而述之，萬一有助於觀覽云。〔註2〕

所敘與分十二類、幾無年事記載之今本面目絕異，足證是書已非原刻之舊，故《四庫提要》稱：

> 其書雜出南渡後，恐不無以意增損，未必盡光本旨。〔註3〕

上述二篇，雖屬前修未密之作，然其開山地位已屹不可搖；此後，轉精之作日進，加詳之法屢興，至張須以年、人、事三理綱紀諸法，可謂集大成之作，迄今未有能越其藩籬者。〔註4〕唯以篇旨所在，本節主於略述全書體要，無暇且不必錙銖相較，故僅志其得名、斷代、紀年、分卷四端，其餘體例無關乎「臣光曰」者，姑置之。

一、得　名

如前所述，溫公治平（1064～67A. D.）初曾上《通志》八卷，是爲《通鑑》之前身；其三年，受敕編次歷代君臣事迹，除自辟官屬外，公復奏請：

> 頃臣曾以戰國時八卷上進，幸蒙賜覽。今所奉詔旨，未審令臣續成此書，或別有編集？若續此書，欲乞亦以《通志》爲名。〔註5〕

詔從之。令接所書八卷編集，俟書成，取旨賜名。治平四年（1067A. D.）十月九日，溫公初進讀，神宗面賜御序，〔註6〕並題名《資治通鑑》，令候書成日寫入。序中嘗道及所以題名之由：

> 荀卿有言：「欲觀聖人之迹，則於其粲然者矣，後王是也。」若夫漢之文、宣，唐之太宗，孔子所謂「吾無間焉」者。自餘治世盛王，有慘怛之愛，有忠利之教，或知人善任、恭儉勤畏，亦各得聖賢之一體，孟軻所謂「吾於武成取二三策而已」。至于荒墜顚危，可見前車之失；亂賊姦宄，厥有履霜之漸。詩云：「商鑑不遠，在夏后之世。」故賜其書名曰《資治通鑑》，以著朕之志焉耳。〔註7〕

此名雖爲神宗御賜，然衡諸溫公「鑑戒」之初旨，並無牴牾之處。

若夫此四字之精義，當以王夫之所闡者最稱淋漓，辭曰：

> （一）資治：曰資治者，非知治亂而已也，所以爲力行求治之資也。……得可資，失亦可資也；同可資，異亦可資也。故治之所資，惟在一心，而

〔註2〕《資治通鑑釋例·後序》（311～）318。
〔註3〕《四庫提要》47／1016。
〔註4〕詳見《通鑑學》第五章《通鑑》之書法，頁102～118。
〔註5〕李燾《續資治通鑑長編》（楊家駱輯，世界，民國53年9月台初版）208／2。
〔註6〕「治平」本英宗年號，帝於是年正月崩，神宗依例於次年方得改元，故仍之。
〔註7〕啓業本《資治通鑑》，頁34。

史特其鑑也。

（二）通：君道在焉，國是在焉，民情在焉，邊防在焉，臣誼在焉，臣節在焉，士之行己以無辱者在焉，學之守正而不陂者在焉。雖扼窮獨處，而可以自淑，可以誨人，可以知道而樂，故曰通也。

（三）鑑：論鑑者，於其得也，而必推其所以得；於其失也，而必推其所以失。其得也，必思易其迹而何以亦得；其失也，必思就其偏而何以救失，乃可爲治之資，而不僅如鑑之徒懸於室，無與炤之者也。〔註8〕

是故，船山復綜而言之：

鑑之者明，通之也廣，資之也深，人自取之，而治身治世，肆應而無窮。
〔註9〕

此論純就義理鋪張，雖於《通鑑》之史學面目未見點染，然其「人性史」、「政治史」之取向，〔註10〕不獨冥合溫公撰述之初衷，其功復見於——將《通鑑》之資治功能由現實反映提升至義理衍發，可謂溫公千古之解人矣。

二、斷　代

此一課題有上、下限兩端：

（一）上限：周威烈王廿三年（403B. C.）

夷考乙部上古史成例，其首事書法，殆有三途：

1. 起自三皇：古史湮鬱已久，年月不辨、眞僞難知。《通鑑》編年爲史，考實特詳，蓋兩皆相妨；

2. 起自春秋：此《史記・十二諸侯年表》書法。唯溫公尊聖宗經之意忒甚，雅不欲損益夫子、褻瀆《春秋》；〔註11〕

3. 起自戰國：《史記・六國年表》取周元王元年（475B. C.），而溫公則採七三年後之三家分晉。其所持之理由，除經不可瀆、周禮崩潰外，〔註12〕自朱熹

〔註8〕「鑑」字之定，又有說謂：北宋避太祖匡胤祖「敬」諱，則係屬同音之「鏡」字亦與其中，說詳陳垣《史諱舉例》（文史哲，民國63年9月台初版），頁154。

〔註9〕《船山鑑論》卷末1113～15叙論四。

〔註10〕此一特徵，林安梧論述精詳，參見《王船山人性史哲學之研究》（東大，民國76年9月台初版）・第二章人性史哲學之建立，頁25～43。

〔註11〕《資治通鑑外紀・序》云：「恕蒙辟實史局，嘗請於公曰：『公之書不始於上古或堯舜，何也？』公曰：『周平王以來事包《春秋》，孔子之經不可損益！』曰：『何不始於獲麟之歲？』曰：『經不可瀆也！』恕乃知賢者著書尊避聖人也，如是儒者，可以法矣！」，見頁（312～）659。

〔註12〕前因詳上注，後因參見《通鑑》〈韓趙魏立爲諸侯1／1／2・臣光曰〉。

以下諸家多謂係承受《左傳》而來；〔註13〕
是故，《通鑑》敘事之始，實有其特殊背景之認定，斷非偶然取裁、倉促綴編也。

（二）下限：後周世宗顯德六年（959A. D.）

考溫公編纂之初，除《通志》八卷外，尚有《歷年圖》五卷之作，其書進於英宗治平元年（1064A. D.），體例近似今見之《資治通鑑目錄》，而起訖時段亦吻合於定本《通鑑》，足證此意早在擘畫之中。至於所持之理由，見存史料並未明言，唯吾人就內外情勢、古今成例竊擬溫公所以未嘗續宋之故有三：

1. 事涉本朝，多所忌諱；
2. 國史修撰，自有專司；
3. 柴趙易姓，正為更始；

縱觀上述，前後限斷皆言之成理，即以後者之避諱說為論，其所占分量實非特大，益溫公治本朝史之成就亦屬有目共睹，即今見者尚有《國朝百官公卿表大事記》四卷（收為《稽古錄》16～20卷）、《涑水紀聞》十六卷二種，況以溫公一生抗言變法之風骨、向稱誠篤之性格，「避諱」一說實難盡釋吾人之疑！是故，全書首尾既已各自成理，固不得復以「闕漏」視之。

三、紀　年

編年為史，其紀年書法尤為大宗，然以原非本篇要旨所在，故僅及其外圍條例三：

（一）爾雅示歲

古者紀年之法，著於《爾雅》，而干支惟以紀日。〔註14〕溫公好古稱勝，遂援此歲陰、歲陽之制，置諸各卷其首，今詳列名目如后：

> 太歲在甲曰閼逢，在乙曰旃蒙，在丙曰柔兆，在丁曰強圉，在戊曰著雍，在己曰屠維，在庚曰上章，在辛曰重光，在壬曰玄黓，在癸曰昭陽，歲陽。
> 太歲在寅曰攝提格，在卯曰單閼，在辰曰執徐，在巳曰大荒落，在午曰敦牂，在未曰協洽，在申曰涒灘，在酉曰作噩，在戌曰閹茂，在亥曰大淵獻，

〔註13〕晦庵先生《朱文公文集》（明嘉靖本，光復台版）81／7跋《通鑑紀事本末》：「至同馬溫公受詔纂述《資治通鑑》，……雖託始於三晉之後，而追本其源，起於智伯，上系左傳之卒章，實相授受。」他如林之奇《拙齋集》（文淵閣《四庫》本）12／（1140～）454論《通鑑》與左氏相接、王鳴盛《十七史商榷》100／1141綴言二，《資治通鑑》上續左傳……皆同此意。

〔註14〕顧炎武《日知錄》21／570～573〈古人不以甲子名歲〉論述最稱精詳。然張須引趙曾儔〈干支紀歲古證十八事〉駁之，見《通鑑學》第五章《通鑑》之書法，頁107。趙文猶未檢得，姑存之。

在子曰困敦，在丑曰赤奮若。〔註15〕

譬如：首卷下「起著雍攝提格」、「盡玄黓困敦」，意謂：自戊寅至壬子；末卷下「起著雍敦牂」、「盡屠維協洽」，意謂：自戊午至己未，全書大體類是。

（二）專取後號

　　為求整齊，《通鑑》紀年有一法存焉，曰：凡年號皆以後來者為定。於是，一年之內，惟宗其主，年號不致錯落，敘事亦歸同途。唯此法亦有所窮，洪邁示之云：

> 隋煬帝大業十三年（617A. D.），便以為恭皇帝上，直至下卷（一八三）之末；恭帝立，始改「義寧」；後一卷，則為唐太祖。益凡涉歷三卷，而煬帝固存，方書其在江都時事。〔註16〕

邁例此凡五，皆拘於格律而遠於事實之弊也。

（三）不立僭偽

　　正閏之爭，自漢興以來，擾攘中國達兩千年，其間諸色索虜、島夷、正統、僭偽等名目紛至沓來，唯見其私己之偏辭，少有大公之至論也。獨溫公能跳脫此一藩籬，於正閏之際，但據其功業之實而言之，周、秦、漢、晉、隋、唐六朝皆嘗混壹九州，自無可疑；其餘地醜德齊、本非君臣者，率以列國之法處之，唯──天下離析之際，不可無歲、時、月、日以識事之先後。據漢傳於魏而晉受之，晉傳於宋以至於陳而隋取之，唐傳於梁以至於周而大宋承之，故不得不取魏、宋、齊、梁、陳、後梁・後唐、後晉、後漢、後周年號，以紀諸國之事，非尊此而卑彼，有正閏之辨也。〔註17〕

　　意謂：《通鑑》紀年之法，純屬史筆斷續之慮，並無政治褒貶之謀也。

四、分　卷

　　《通鑑》正文共計十六紀，都為二九四卷，其進御之法，據李燾云係每修一代史畢而上，〔註18〕故遂逐一翻檢卷首溫公題銜，並與本傳相參校，則各紀定稿前後，亦足推知厓略矣，下詳之：

（一）周紀五卷、秦紀三卷

　　此八卷係《通志》之定本，原書表上於奉敕編撰之先，而今本題銜為御史中丞，則係治平四年（1067A. D.）夏四月前事。〔註19〕

〔註15〕《爾雅注疏》6／95～96 釋天第八。

〔註16〕《容齋續筆》（大立，民國70年7月台景初版）4／261～262《資治通鑑》。

〔註17〕《通鑑》〈劉備即帝100／69／2187・臣光曰〉。

〔註18〕《宋朝事實》（聚珍版叢書・藝文百部集成）3／12。

〔註19〕顧棟高《司馬溫國文正公年譜》4／7。

（二）《漢紀》六十卷

　　前漢卅一卷，題銜「翰林學士」，後漢廿九卷，則作「翰林學士兼侍讀學士」，
　　此溫公治平四年九月至熙寧三年（1070A. D.）九月〔註20〕間職銜也。

（三）魏紀十卷

　　題銜仍作「翰林學士兼侍讀學士」。

（四）《晉紀》四十卷

　　一至卅二卷題作「權判西京留司御史臺」，餘卷則爲「提舉嵩山崇福宮」。前者
　　始於熙寧四年夏四月癸丑，溫公自此居洛；後者唯知在六年間，餘則已不可考。

　　〔註21〕

（五）宋紀十六卷、齊紀十卷、梁紀廿二卷、陳紀十卷

　　皆提舉崇福宮時所進。

（六）隋紀八卷

　　仝前。

（七）唐紀八十一卷〔註22〕

　　仝前。

（八）後梁紀六卷、後唐紀八卷、後晉紀六卷、後漢紀四卷、後周紀五卷〔註23〕

　　仝前。

　　總之，溫公居朝五年，所成者周、秦、漢、魏四朝，計七十八卷；居洛十四年，
纂成晉、宋等十二朝，計二一六卷，此溫公總纂《通鑑》分卷之大要。

第二節　書成之羽翼

　　《通鑑》上下千年、縱橫萬里，都爲三百之數，編纂諸公有大力焉。然其間一
事複出，固難詳敘本末；一事未明，勢必翻檢通篇，故《通鑑》書成之日，《考異》、
《目錄》亦同時面世，〔註24〕即所以救其弊也。如是體裁，曠絕古今，實《通鑑》
雖瑕疵不免猶受知於史學界之主因也。員興宗云：

〔註20〕前揭書5／38：「（九月）癸丑，罷翰林學士，以端明學士出知永興軍。
〔註21〕前揭書6／6；10。
〔註22〕據《文獻通考》193／1634引李燾言唐紀爲八十卷，未知係燾舉其成數，抑或曰後所
　　　　增。
〔註23〕李攸《宋朝事實》3／12：「元豐七年十二月戊辰，端明殿學士司馬光上《資治通鑑》
　　　　五代紀三十卷。」今見則作廿九卷，其故當與前注同轍。
〔註24〕〈進書表〉，見啓業本《資治通鑑》，頁9607～9608。

爲編年、爲總目、爲《考異》，此《通鑑》傑然於諸史之中，所以資治者
歟？〔註25〕

實則除此兩大羽翼外，溫公尙有《資治通鑑舉要曆》、《稽古錄》之作，二者雖非與
前書並時所爲，然均與《通鑑》有莫大關涉，其地位較諸前書亦未見遜色，今爲一
一述之：

一、《目錄》卅卷

據溫公所序，本書身負三大功能：

（一）正　曆

公云：「故崇文院檢討劉羲叟徧通前代曆法，起漢元以來爲長曆，臣昔嘗得其書，
今用羲叟氣朔并閏及采七政之變者，置於上方。」〔註26〕此等功夫，與前述編纂《通
鑑》之「定長曆」法實異曲而同工，所以立編年史之丕基也，故胡三省嘗云：「前代
曆法之更造，天文之失行，實著於目錄上方，是可以凡書目錄觀邪？」〔註27〕

（二）通　檢

公云：「編年之書，雜記眾國之事，參差不齊，今倣司馬遷年表，年經而國緯之，
列於下方。」意謂：《目錄》之於《通鑑》，猶如十表之於《史記》，其「略舉事目」、
「年經國緯」，皆「以備檢尋」也。〔註28〕

（三）提　要

公云：「敘事之體太簡，則首尾不可得而詳；太煩，則義理汩沒而難知，今撮新
書精要之語，散於其間。」此等功夫，近乎提要，其內容實皆溫公撰述之精義所在，
故錢大昕嘗稱之：「司馬溫公《通鑑》目錄極簡括，而多采君臣善言。」〔註29〕

二、《考異》卅卷

章學誠云：

由漢氏以來，學者以其所得託之撰述以自表見者，益不少矣，高明者多獨
斷之學，沈潛者尚考索之功，天下之學術不能不具此二途。〔註30〕

《考異》之作以此說方之，最足以展現溫公學力之精湛。蓋高明者尙通，沈潛者貴

〔註25〕《九華集》（文淵閣四庫本）11／（1158～）86《資治通鑑策》。
〔註26〕《資治通鑑目錄·序》，頁1，下引仝。
〔註27〕《新註資治通鑑·序》，見啟業本《資治通鑑》，頁29。
〔註28〕仝注1。
〔註29〕《十駕齋養新錄》（世界，民國52年4月台初版）18／2364《通鑑》多采善言。
〔註30〕《文史通義》（校注本5／477）內篇五·答客問中。

密，視諸《通鑑》，取材可考者已近四百種，〔註31〕其餘蒐而未采、采而復削者又未可知，非考索精者孰若是？一事複見、數理糾結，其或取一、或兩存甚而俱廢，皆有賴高明之獨斷，溫公之學於是乎在。

其書原爲單行，〔註32〕自胡三省作注始有散入正文之例，〔註33〕此法雖利於研讀，然或不免於失眞，何以言之？民初葉廷琯據單行本以校胡注，除得「胡注移置《考異》」、「胡注失收《考異》」二失外，尚見「閉城門大搜」、「楊雄待詔」二事芟正文留《考異》例，〔註34〕其故或在：《通鑑》書成後，溫公猶事芟裁，致偶爲疏漏者，以是知單行本之不可盡廢。

至若《考異》書法，據張須歸納，凡「參取眾書而存長」、「兩存」、「兩棄」、「兩疑而節取其要」、「存疑」、「兼存或說於《考異》」六者，〔註35〕除前述足以考見《通鑑》原貌之功能外，復有三長即緣此六法而衍生者：

（一）引外史異說，使正文更形突顯。

（二）陳原始出處，勵後學續加推究。〔註36〕

（三）存史料片斷，導亡佚復見天壤。

三、《稽古錄》廿卷

是書雖晚至哲宗元祐元年（1086A. D.）始行進御，〔註37〕然就其內容觀之，則泰半爲溫公舊作，〔註38〕蓋全書可分爲三部——

（一）自伏羲至周威烈王廿二年（404B. C.），卷一——十一中：

全書唯此爲新作。內容大抵雜鈔《尚書》、《國語》、《史記》而成，其卷一至九皆上古三代帝紀，屬傳記體；卷十至共和元年（841A. D.）後，始以編年體行之。

〔註31〕參前章・第二節・二史料。

〔註32〕蘇軾〈溫公行狀〉錄此作：《資治通鑑》三百廿四卷，《考異》三十卷，證此。

〔註33〕注4同揭書・文，頁30。

〔註34〕《吹網錄》2／13；14；1～2。

〔註35〕《通鑑學》，第三章《通鑑》之史料及其鑑別，頁67～69，論證豐贍，唯以非本篇大旨所在，茲不詳錄。

〔註36〕此道最足以觀取溫公之磊懷，《四庫提要》47／1014：「修史之家，未有自撰一書，明去取之故者；有之，實自光始。」胡注即嘗據考異以糾正文之謬，非磊落如溫公者，孰能爲之？

〔註37〕〈進書表〉末溫公題銜作「左僕射兼門下侍郎」，此元祐元年閏二月庚寅朔後事，見顧棟高《年譜》8／10。該表《傳家集》未錄，乃見於黃庭堅《山谷集》（摛藻堂四庫薈要本）20／（384～）213，題爲「代司馬丞相進《稽古錄》表」。

〔註38〕其成書始末，《傳家集》52／647〈乞令校定《資治通鑑》所寫《稽古錄》劄子〉（元祐元年10月86A. D.）所言最詳。

（二）自周威烈王廿三年至後周顯德六年（959A. D.），——卷十六：

　　據卷十六所錄之〈進書表〉（後序）知：此即溫公於治平元年（1064A. D.）所進之《歷年圖》。〔註39〕其猶可稱說者：其各代遞嬗之際，溫公皆著「臣光曰」一篇，總論其歷世行政得失，與夫處《通鑑》者，雖文字未必雷同，其含蘊適足互補。

（三）自宋太祖建隆元年至英宗治平四年（1067A. D.），——卷二十：

　　卷廿末附記「右臣於神宗皇帝時所進〈國朝百官公卿表大事記〉」，據李燾序言係溫公於熙寧二年（1069A. D.）請撰，元豐四年（1081A. D.）表成，凡十卷。〔註40〕內容大抵北宋立國百年之政經大事，敘筆較《歷年圖》尤密，唯並無「臣光曰」一例。

　　除第一部外，其餘皆嘗單行，〔註41〕然或即以本書之面世，後代簿錄遂不復分載。縱觀全書，大體以《歷年圖》為中心，除共和以前採傳記體外，皆年經國緯，類同於《目錄》，其功能自亦相近，朱熹云：

　　　　《稽古錄》有不備者，當以《通鑑》補之。溫公作此書，想在忙裏作成，
　　　　元無義例。閎祖〔註42〕

此等具年表作用之體裁，如是已足，未知朱子夫復何求。雖然，其推重之意未嘗稍減：

　　　　溫公之言如桑麻穀粟。且如《稽古錄》極好看，常思量教太子、諸王，恐
　　　　《通鑑》難看，且看一部《稽古錄》。人家子弟若先看得此，便是一部古
　　　　今在肚裏了。學蒙

　　　　《稽古錄》一書，可備講筵官僚進讀，小兒讀六經了，令接續讀去亦好。

　　方子〔註43〕

四、《通鑑舉要曆》八十卷

　　本書今佚，據朱熹〈《資治通鑑》舉要曆後序〉記是書之纂意云：

　　　　熹竊聞之，《資治通鑑》之始奏篇也，……然公之意，猶懼夫本書之所以
　　　　提其要者有未切也，於是乎有《目錄》之作，以備檢尋；既又懼夫目之所
　　　　以周於事者有未盡也，於是乎有是書之作，以見本末。〔註44〕

〔註39〕參見前章・第二節，一動機。
〔註40〕《文獻通考》202／1689引李燾序云。
〔註41〕蘇軾〈司馬溫公行狀〉分錄《歷年圖》七卷、《稽古錄》二十卷、《本朝百官公卿表》
　　　　六卷，足證。
〔註42〕《朱子言類》331／5147。
〔註43〕前揭書331／5146～47。
〔註44〕《晦庵先生朱文公文集》（明嘉靖本，光復台版）76／10，另75／23《資治通鑑》
　　　　綱目序〉亦嘗著此意。

故是書之出必晚於《通鑑》。朱子又言：

> 顧以成之之晚，既未及以聞于上，而黨論既作，科禁日繁，則不得以布
> 于下。

故晚至孝宗淳熙九年（1182A. D.）始有公從孫伋出家藏本覆刻，此即朱子之所憑見。惜乎自此而下，其迹復隱矣！

《通鑑》書成已晚至元豐七年十一月，次年即徵公為門下侍郎，元祐元年（1086A. D.），始得疾；閏二月，除左僕射，在相六月，力疾從公；九月丙辰朔，薨。當此公私倥傯之際，乃有八十卷之作，其鞠躬盡瘁行誼，實無愧於孔明也。至於全書內容、體例，朱熹〈後序〉並未詳載然其既以「曆」為題，則體例或與前述《目錄》、《歷年圖》同屬年表性質之通檢，〔註45〕又據朱子〈後序〉云：

> 蓋公之所以愛君忠國、稽古陳謨之意，丁寧反復至於再三而不能已者，尤
> 於此書見之。

衡諸《目錄》摘要之法，亦可為之想見也。

《通鑑》除上述溫公自作之四大羽翼外，〔註46〕後學衛護之功亦復不少，唯其中得以許之為羽翼者，首推胡三省之注。

三省字身之，浙江天台人，宋、元史俱無傳，其生平可參見陳垣〈胡三省生卒行歷考〉，〔註47〕此未便贅述。

考《通鑑》之往，非自三省始，溫公及門高第劉安世已著《音義》十卷，其書至南宋末葉佚失，〔註48〕即胡氏得見者，已凡三：

一、海陵本：託名於溫公子康所作；

二、史炤本：南宋蜀人史炤所作；

三、龍爪本：廣都費氏進脩堂本《通鑑》之附注；

據胡氏考證，其一、三兩本皆蹈襲史注而來，而海陵乃妄託公休之名，尤不容不辨。〔註49〕即以史注為論，胡氏仍多有不愜處，《通鑑新註》及《釋文辨誤》之作，一則固為繼承父志，〔註50〕實亦出於學思所及，有不得不為之是非者。唯按諸本篇主

〔註45〕或謂此即溫公自節《通鑑》本。按：《朱子語類》331／5143：「溫公無自節《通鑑》，今所有者乃偽本，序亦偽作。」朱子既已得見《舉要曆》，乃不指陳其事，足見上說不可從。

〔註46〕張須名之曰「衛星」，見《通鑑學》，再版自序，頁9。

〔註47〕附於陳著《通鑑胡注表微》末。

〔註48〕詳見胡三省〈新註《資治通鑑》序〉引其父論言，啟業本《資治通鑑》，頁29。

〔註49〕詳見〈《通鑑》釋文辨誤後序〉，收入啟業本《資治通鑑》，頁187。

〔註50〕仝注24。

旨，乃獨就《新註》著眼。

《新註》之作，據胡氏自序言，凡歷兩折：

一、寶祐丙辰（四年1256A. D.），出身進士科，始得大肆其力於是書，……依陸德明《經典釋文》，釐為廣註九十七卷，著論十篇，自周訖五代，略敘興亡大致。

二、丙子（端宗，1276A. D.），浙東始騷，……失其書，……亂定反室，復購得他本為之註，〔註51〕始以《考異》及所註者散入《通鑑》各文之下；曆法、天文則隨《目錄》所書而附註焉。汔乙酉（元世祖至元廿二年，1285A. D.）冬，乃克徹編。〔註52〕

至於所註內容自音切斟酌、史事本末、地名同異、州縣離合、制度沿革，幾無所不包，其闡釋細密、考校精詳處，後人鮮有過之，〔註53〕而尤可貴者，釋文之外，每有家國之思含蘊其中，〔註54〕固不得以餖飣之儒方之也。故流風所及，乃能於《通鑑》之外別立一脈，陳景雲《通鑑胡注舉正》一卷、錢大昕《通鑑注辨正》二卷乃至陳垣《通鑑胡注表微》廿篇，皆此中之佼佼者。

胡注之外，非無苦心孤詣者，然或格於一理，如：王應麟《通鑑地理通釋》、吳熙載《通鑑地理今釋》；或周覽未徧，如：劉羲仲《通鑑問疑》、王應麟《通鑑答問》，甚或不過借鑑抒懷而已，如：王夫之《讀通鑑論》、申涵煜《通鑑評語》；抑或因書立意為宗，如：嚴衍《資治通鑑補》。凡此諸學，皆別有所長，未可盡廢，然衡諸本文實多藉力為之，不得謂之羽翼也。

第三節　臣光曰概述

相形之下，吾國史學之異於西方者，其在特重敘事，昌言直書，褒貶自見焉。至於彼方之學，雖亦能編織史實，原本要終，然其重心則歸於歷史解釋。杜維運於此，嘗言：

讀中國之史學作品，所得者為無限之史實：讀西方之史學作品，所得者為種種清晰之概念。〔註55〕

〔註51〕據王國維，《觀堂集林》（烏程蔣氏密韵樓本，藝文，民國47年5月台再版）17／21～22〈元刊本《資治通鑑》音注跋〉考，此本即元刊之文署本。

〔註52〕注24同揭文，頁30。

〔註53〕唯顧炎武，《日知錄》28／814～816《《通鑑》註》歷舉十六事以駁正，可謂三省之諍友。

〔註54〕參見陳垣《通鑑胡注表微》。

〔註55〕《清代史學與史家》（東大，民國73年8月台初版）貳王夫之與中國史學，頁15。

此論係就兩方相對而言，並非全然如是。今考察前代史裁大宗，如紀傳、編年、紀事本末諸體，其專主敘事，固不待言；唯史論一門，沏為專篇，多以褒貶從事，則其中趨於「歷史解釋學」者，亦容或有之。

史論之不等於歷史解釋，在於：

> 春秋筆削，議而不辨，其後三傳異解。《史記》自為序贊，以著本旨，而先黃老、後六經、退處士、進姦雄，班固復議焉，此史論所以繁也，其中考辨史體，如劉知幾、倪思諸書，非博覽精思，不能成帙，故作者差稀；至於品陟舊聞、抨彈往迹，則繳繞史略，即可成文，此是彼非，互滋簧鼓，故其書動至汗牛；又文人立言，務求相勝，或至鑿空生義，僻謬不情。〔註56〕

其在《通鑑》者，有「臣光曰」，有所稱引諸家史論，果能免於右述之弊乎？今依義蘊、淵源、統計、解釋四途，分疏如后：

一、義　蘊

昔日史論自左氏「君子曰」以下，品目繁雜，指涉不一，唯約而言之，則多以「論贊」概稱也。

論贊一體，劉知幾主二義：

（一）辯疑惑、釋凝滯：隨機立說，出必中理；不限篇終，強生其文。

（二）事無重出，文省可知：補敘佚聞以暗寓褒貶，片言如約而諸義甚賅；〔註57〕實則除此補敘、釋疑外，歸納歷代史論中之義蘊所在，大抵尚見月旦、辨證、綜論、原始、抒懷諸端，《通鑑》史論於此，實亦未能過之。至於其中本末精粗，將於本篇第八章「臣光曰文章之分析」之第二節「題旨趨勢」中詳述，茲不贅述。

二、淵　源

此論宜就形式、內容二途，加以分疏：

（一）形　式

1. 位　置

紀傳諸史，自太史公以下，率皆著於篇末，例必有之，遂致本無疑事，強設論以裁之，劉知幾已譏之；編年為史，左氏早有成例，大義所在，辯疑釋滯而已。故其隨機而作，直抒胸臆，非必執於一格。《通鑑》「臣光曰」即法其意，應事興論，

〔註56〕《四庫提要》88／1762 史評類敘。
〔註57〕《史通》（釋評本 4／99～101）內篇、論贊第九。

不限於歲末篇尾，皆溫公心意所成，有以致之，而不泥於成例也。

2. 提　稱

自「君子曰」以下，歷代史論之提稱非一，有自顯姓名者，如袁宏《後漢紀》、裴子野《宋略》；有史館同修，因題「史臣」者，如《晉書》、《隋書》；有別立名目者，如常璩《華陽國志》撰曰、謝承《後漢書》詮曰等，其名萬殊，義則一揆。今復蒐列前十七史論贊提稱如下：

書　　　名	史　論　引　首
1.《史記》	太史公曰、褚先生曰
2.《漢書》	贊曰
3.《後漢書》	論曰
4.《三國志》	評曰
5.《晉書》	史臣曰
6.《宋書》	史臣曰
7.《南齊書》	史臣曰、贊曰
8.《梁書》	史臣曰、陳吏部姚察曰
9.《陳書》	史臣曰
10.《魏書》	史臣曰
11.《北齊書》	史臣曰、贊曰
12.《周書》	史臣曰
13.《隋書》	史臣曰
14.《南史》	論曰
15.《北史》	論曰
16.《舊唐書》	史臣曰、贊曰
17.《新唐書》	贊曰
18.《舊五代史》	史臣曰
19.《五代史記》	無，然多有以"嗚呼"引首者。

《通鑑》論贊除以援引之諸家史評外，例皆提稱「臣光曰」。稱光者，其顯名也；題臣者，雖未必涵圖示「史臣曰」之標識意義，然其「官修面目、私家著述」特質之呈現，亦具體而微矣！

3. 文 字

前代史論之外，又有贊語一體，其在遷、固，皆置之敘傳末，前者散體、後者韻文，不過歷寫諸篇，總敘大旨而已。范曄之後，乃定以「贊」名，分綴各篇，史論簡要之議愈寢矣。何則？究其內容，多屬傳文節錄，了無增廣，即有所異，唯文飾特甚耳，劉知幾譏之再三，非無稽也。〔註58〕溫公「臣光曰」舍此而著力於論斷，可謂善繼者矣。

4. 援 引

此尤為「臣光曰」體之一大突破。蓋前代史論，獨具一家之言，即有徵引，無非補述遺事、徵聖宗經，其如溫公之大量、通篇援引諸史論贊，實具曠絕今古之氣魄，此舉不獨使《通鑑》史論之視野愈加開拓，吾人復得以是知溫公之磊落也。

二、內 容

以《通鑑》前述資治、陳戒之背景推想，「臣光曰」之偏於政治訴求，應屬情理中事；況《通鑑》本為私家撰述，然其史論乃首提以「臣」，此雖或為外在形勢所迫，唯溫公以史資君之情思，允為更充要之前提。

至於《通鑑》「臣光曰」思想脈絡之呈現，將於後述三章逐一闡述。唯就熙、豐政爭中，溫公以秉持之保守色彩而論，其政治主張，勢必持平慎變；而思想淵源，亦當法古敬君，意謂：責之原創性，恐力有未殆也。真象如何，續閱本篇四、五、六章。

三、統 計

概算《通鑑》史論篇章之定數，各家所得不一，今列其六。

（一）柴德賡：臣光曰——一○二；諸家史論——八四。〔註59〕

（二）陳光崇：臣光曰——一一六；諸家史論——九七。〔註60〕

（三）張須：臣光曰——一○三。〔註61〕

（四）潘英：二○○。〔註62〕

（五）伍耀光：一七一。〔註63〕

〔註58〕同上。
〔註59〕《資治通鑑介紹》、（六）《通鑑》的論，頁33。
〔註60〕〈資治通鑑述論〉，歷史研究第十一期，頁53。
〔註61〕《通鑑學》，第四章《通鑑》史學一斑，頁83，唯其於諸家史論僅列子（六家），史（廿二家），集（四家）三部家數，未詳載篇數。
〔註62〕《資治通鑑司馬光史論之研究》——《資治通鑑》之中心思想、目錄，唯其未予分檢，今仍其舊。
〔註63〕《通鑑論》（華聯，民國68年3月台版）、目錄，亦未做分檢。

（六）宋晞：臣光曰──一一○。〔註64〕

　　爲求檢證諸說，本篇撰述之始，嘗將臣光曰暨諸家史論之簡要標記製成「檢索」，附之篇末，以利察覈。今復以此爲準，詳列臣光曰之檢索碼，並將《通鑑》徵引書法之全引（一處一文）、節引（臣光曰所引）二法別製一圖，除將重作計數外，並對若干疑義進行疏解：

（一）臣光曰

　　共計一一九篇，檢索碼如下：

1 2 4 5 6 7 9 12 15 16 17 18 22 23 24 25 26 27 28 29 30 31 33 35 39 40 41 42 43 45 46 48 49 52 53 54 55 57 61 70 71 73 77 83 85 86 87 88 89 90 95 97 100 102 111 117 118 119 120 121 124 125 126 127 129 130 131 134 135 139 141 142 153 154 155 156 158 159 161 162 163 164 165 167 168 169 170 172 173 174 175 176 179 180 181 182 183 185 186 187 188 189 190 191 192 193 194 195 196 197 198 199 200 201 202 203 205 206 207

（二）全引圖：

作者	示處	檢索碼序號	計數	備註
1. 司馬遷	《史記》	3.21.	2	
2. 孟軻	《孟子》	8.	1	
2. 揚雄	《注言》	8.13.14.15.18.21.	6	
4. 荀況	《荀子》	10.11.	2	
5. 賈誼	《新書》	19.	1	
6. 荀悅	《漢紀》	20.28.37.50.56.58.59.63.	8	
7. 班固	《漢書》	32.34.36.37.38.43.46.47.51.64.65.67.68.69.75.	15	
8. 李德裕	《會昌一品集》	44.	1	
9. 班彪	《漢書》	60.62.66.	3	（一）
10. 權德輿	《權文公文集》	72.	1	（二）
11. 袁宏	《後漢紀》	74.81.84.	3	
12. 范曄	《後漢書》	76.78.82.	3	
13. 華嶠	《漢後書》	79.	1	（三）
14. 仲長統	《昌言》	80.	1	（四）

〔註64〕《司馬光史論》（中央文物供應社，民國43年10月台版）、目錄，未錄諸家史論。

15. 徐眾	《三國評》	91.	1	
16. 孫盛	《三國異同評》	92.99.104.109.112.	5	
17. 習鑿齒	《漢晉春秋》	93.94.96.107.115.116.	6	
18. 魚豢	《魏略》	98.	1	
19. 陳壽	《三國志》	101.103.106.110.113.	5	
20. 傅玄	《傅子》	105.	1	
21. 袁準	政論	108.	1	
22. 虞喜	《志林》	114.	1	
23. 荀崧	《晉書》	122.	1	（五）
24. 干寶	《晉紀》	123.	1	
25. 崔鴻	《十六國春秋》	128.132.	2	（六）
26. 蕭方寺	《三十國春秋》	133.	1	
27. 裴子野	《宋略》	136.137.140.143.144.145.147.148.149.150.151.	11	
28. 沈約	《宋書》	138.148.150.152.	2	
29. 李延壽	《南史》	146.160.	2	
30. 蕭子顯	《南齊書》	157.	1	
31. 顏之推	《顏氏家訓》	166.	1	
32. 陳嶽	《唐統紀》	171.178.	2	
33. 柳芳	《唐歷》	177.	1	
34. 蘇冕	《唐會要》	184.	1	
35. 歐陽修	《五代史記》	204.205.	2	

（一）彪嘗撰《史記後傳》六五篇，〔註65〕子固、女曹大家繼承而成今本百篇《漢書》。

（二）德輿文集今已散佚，本文唯見諸《文苑英華》、《唐文粹》等書，然〈宋志〉猶著錄該集五十卷，〔註66〕則溫公當親見也。

（三）〈宋志〉已未見錄，今得之於陳壽《三國志》裴松之注，如此者尚有：徐眾、孫盛、〔註67〕習鑿齒、魚豢、傅玄、〔註68〕袁準、虞喜。

〔註65〕史通（釋評本 12／396）外篇、古今正史第二：「至建武中（光武，25～50A. D.），司徒掾班彪以爲其言（劉向父子等續《史記》者）鄙俗，不足以踵前史；又（揚雄、（劉）歆褒美僞新，誤後惑眾，不當垂之後代者也。於是採其舊事，旁貫異聞，作後傳六十五篇。」

〔註66〕《宋史》（208／5339）〈藝文志〉七。

〔註67〕〈宋志〉（203／5088）所著者《晉陽秋》三十卷，而史論所引五處，皆漢、魏間事，

（四）原書已佚。據《後漢書》本傳，凡卅四篇、十餘萬言；〔註69〕〈宋志〉則僅二卷，該文已見於本傳。

（五）崧未見撰述，此純係自《晉書》中摘引而出。

（六）〈宋志〉雖嘗見載，然原書已佚，端賴《通鑑》得以稍存梗概，如此者尚有：裴子野、陳嶽、柳芳。

（三）節引圖

作　者	示　處	檢索碼序號	計　數	備　註
1. 荀況	《荀子》	9.83.135.	3	
2. 揚雄	《法言》	16.25.48.	4	16 中複引之
3. 司馬遷	《史記》	29.	1	
4. 李德裕	《會昌一品集》	33.	1	
5. 曹丕		33.	1	（一）
6. 杜牧	樊川《文集》	95.	1	
7. 劉詢		130.	1	即漢宣帝。（二）
8. 孫盛	異同雜語	131.	1	
9. 劉向	新序	131.	1	（三）
10. 左丘明	國語	153.	1	
11. 孟軻	《孟子》	183.	1	
12. 范質	五代通錄	205.	1	（四）
13. 古語		135.156.173.191.	4	

（一）丕有〈太宗論〉之作，唯據《三國志》裴注所引，並無類似文字；〔註70〕即嚴可均輯佚之二條《典論》文字，亦自出入，〔註71〕俟考。

（二）此論暗引漢宣帝地節三年（67B. C.）春三月詔，並稍作修飾。〔註72〕

（三）記李克問對事，除此處外，亦見於《淮南子》〈道應訓〉、《韓詩外傳》卷十、《呂氏春秋》〈離俗覽・適威〉，唯以前者文字最近於《通鑑》原文，故取之。

（四）溫公實未明揭出處，胡注亦未加注，唯以質有《五代通錄》，所論馮道亦

其間差舛，猶未可知。

〔註68〕〈宋志〉（205／5208）已錄《傅子》五卷（晉傅玄撰），亦屬溫公親炙之書。

〔註69〕范曄《後漢書》79／1657。

〔註70〕三國志 2／108 魏文紀注。

〔註71〕全上古三代秦漢三國六朝文 88／547～48，轉引自《太平御覽》。

〔註72〕《通鑑》25／808 見載此詔。

屬五代中人，故推論至此。

四、解　釋

（一）格　式

　　《通鑑》史論雖有臣光曰與諸家史論之別，然後者大體已由溫公逕行剪裁，其今貌既出於溫公之授意，則其指涉自同乎《通鑑》之總籌，二者已渾然爲一矣！

（二）計　數

　1. 就全引言

　　（1）臣光曰：一一九篇

　　（2）諸家史論：九九篇，卅五家。

　　總計二〇七處，二一八篇。〔註73〕

　2. 就節引言

　　總計廿一處、十三家。

（三）分　布

　　由於《通鑑》所採因事立論之書法，二百篇分布極不均勻，有一卷七篇者（卷十一），有十四卷中未見一篇者（卷二四九～六二）。

（四）頻　率

　　其名列前茅者：班固、裴子野、荀悅、揚雄，其中班、荀係保守派史學大家，而揚則爲溫公傾服之人，〔註74〕三人之獨得青睞，良有以也，至於裴書，宋志猶錄，〔註75〕而劉知幾記前代公論謂其高於沈約《宋書》，〔註76〕然尚不以釋此疑，溫公他處文字亦未見逆及，眞象尚待查考。

　　《通鑑》論贊無論就質、量而言，皆屬曠絕古今之盛事，唯以溫公雅意貫串其間，褒貶取捨自爲定論。故歷代毀譽參半，各自成理。今欲燭照其中得失、利害，以爲進取應世之資，首當研治精覈，俾能無愧乎古人、無厚誣其事，請於後述三章致力焉。

〔註73〕其中十一處爲雙篇連書，參檢索碼 8.15.18.21.28.37.43.46.148.150.205。
〔註74〕溫公別有《法言》、《太玄之注》，《潛虛》之作，皆與其人有關。
〔註75〕《宋史》203／5088〈藝文志〉二。
〔註76〕史通（釋評本 12／411）外篇，古今正史第二。

第四章 「臣光曰」所呈現之思想脈絡（一）
——權力中樞之關係

　　國史自秦一統以迄清，政制率以「君主」爲依歸，故權力中樞止於君臣，動力行徑乃由上發，而政治思想多與現實相應也。其間或有一二名家稍見突破，然終未能擺落風潮，行諸當世。溫公自十五歲受補郊社齋郎〔註1〕始，宦海浮沈數十年，自不免爲此傳統所籠罩，故其論政，亦根於此。本章概分二節：首論君，次述臣。若夫君臣相應之理，由於原始材料不足，乃屬之於末，期以重現溫公政治思想之根源所在。

第一節　君　道

　　溫公論政，有一「道」存焉，楚襄王迎婦於秦9／4／121・臣光曰：

　　……嗚呼，楚之君誠得其道，臣誠得其人，秦雖強，烏得陵之哉！善乎荀

　　卿論之曰：「善用之則百里之地可以獨立，不善用之則楚六千里而爲讎人

　　役，故人主不務得道而廣有其勢，是其所以危也。」〔註2〕

此中吾人已見溫公予人主之地位。唯雖揭「道」名而言未盡，體用之際，多所蒙昧，今由二百篇中略加爬梳，歸納而得其六理，逐臚列如後：

一、禮

　　禮爲溫公政論之根本所在，以爲：人主因「禮」而守位，唯其有天下，君德、政體方顯其義。故首敘此說。爲著明其理，今分敘成四：

〔註1〕《司馬溫公年譜》1／45明道二年（1033A. D.）癸酉・公年十五歲。
〔註2〕《荀子集解》3／250仲尼篇第七。

（一）起　源

《稽古錄》太昊伏羲氏 1／7·溫公自注云：

> 惟天生民有欲，無主乃亂，必立聰明之君長以司牧之。

節度使由軍士廢立 187／220／7064·臣光曰：

> 夫民生有欲，無主則亂，是故聖人制禮以治之。自天子、諸侯至於卿、大
> 夫、士、庶人，尊卑有分，大小有倫，若綱條之相維，臂指之相使，是以
> 民服事其上而下無覬覦，其在《周易》：「上天、下澤、履。」〈象〉曰：「君
> 子以辨上下，定民志。」〔註3〕此之謂也。……

「民生有欲，無主則亂」八字〔註4〕經此運用，不僅「禮」得著根，人主亦因是獲
不可超拔之位。

（二）名　分

本源既定，亟思鞏固。溫公循孔子正名之義，特重名分之辨，《通鑑》始自周天
子承認三家分晉，二百篇首著名分說，其中深意，不可不察。文見韓、趙、魏立爲
諸侯 1／1／2·臣光曰：

> 臣聞天子之職莫大於禮，禮莫大於分，分莫大於名。何謂禮？紀綱是也。
> 何謂分？君、臣是也。何謂名？公、侯、卿、大夫是也。
>
> 夫以四海之廣，兆民之眾，受制於一人，雖有絕倫之力、高世之智，莫敢
> 不奔走而服役者，豈非以禮爲之綱紀哉！是故天子統三公，三公率諸侯，
> 諸侯制卿大夫，卿大夫治士庶人。貴以臨賤，賤以承貴。上之使下猶心腹
> 之運手足，根本之制支葉，下之事上猶手足之衛心腹，支葉之庇本根，然
> 後能上下相保而國家治安。故曰天子之職莫大於禮也。
>
> 文王序易，以乾、坤爲首。孔子繫之曰：「天尊地卑，乾坤定矣。卑高以
> 陳，貴賤位矣。」〔註5〕言君臣之位猶天地之不可易也。春秋抑諸侯，尊
> 周室，王人雖微，序於諸侯之上，以是見聖人之於君臣之際未嘗不惓惓也。
> 非有桀、紂之暴，湯、武之仁，人歸之，天命之，君臣之分當守節伏死而
> 已矣。是故以微子而代紂則成湯配天矣，以季札而君吳則太伯血食矣，然
> 二子寧亡國而不爲者，誠以禮之大節不可亂也。故曰禮莫大於分也。夫禮，
> 辨貴賤，序親疏，裁群物，制庶事，非名不著，非器不形；名以命之，器
> 以別之，然後上下粲然有倫，此禮之大經也。名器既亡，則禮安得獨在哉！

〔註3〕《周易注疏》2／40。
〔註4〕《尚書注疏》8／110 商書·仲虺之誥第二。
〔註5〕《周易注疏》7／143 繫辭上。

昔仲叔于奚有功於衛，辭邑而請繁纓，孔子以爲不如多與之邑。惟名與器，不可以假人，君之所司也，政亡則國家從之。〔註6〕衛君待孔子而爲政，孔子欲先正名，以爲名不正則民無所措手足。〔註7〕夫繁纓，小物也，而孔子惜之；正名，細務也，而孔子先之，誠以名器既亂則上下無以相保故也。夫事未有不生於微而成於著，聖人之慮遠，故能謹其微而治之，眾人之識近，故必待其著而後救之；治其微則用力寡而功多，救其著則竭力而不能及也。易曰：「履霜堅冰至。」書曰：「一日二日萬幾。」〔註8〕謂此類也。故曰分莫大於名也。……

又記郭解事37／18／606‧引班固曰：

古者天子建國，諸侯立家，自卿大夫以至於庶人，各有等差，是以**民服事其上而下無覬覦**。……

班氏此說，實出於春秋時晉師服〔註9〕。層層轉來，吾人乃知溫公之持此甚堅，一則固是生當宋代君主專制政體臻於完成之日，一則亦在前有所本也。唯其如此，孟子「以德抗爵」、「以卿易君」之論自難爲其所喜〔註10〕，此或〈疑孟〉之作〔註11〕，二百篇中少引孟論之故也。

（三）本 末

溫公禮說於建構之始，殆本（禮意）、末（禮文）並重，其論在唐太宗與群臣論樂174／192／6051‧臣光曰：

……夫禮樂有本、有文：**中和者，本也；容聲者，末也；二者不可偏廢**。先王守禮樂之本，未嘗須臾去於心；行禮樂之文，未嘗須臾遠於身。興

〔註6〕《左傳注疏》25／422 成公二年。
〔註7〕《論語注疏》13／115〈子路〉第十三。
〔註8〕《周易注疏》1／19 坤卦初六爻辭；《尚書注疏》4／62 虞書‧皋陶謨第四。
〔註9〕《左傳注疏》5／97 桓公二年。
〔註10〕孟子說分見 4 上／73 公孫丑上、10 下／188 萬章下；溫公駁論則存〈疑孟〉中，見《傳家集》73／895 孟子將朝王、73／896 齊宣王問卿。
〔註11〕元‧白珽《湛淵靜語》（知不足齋叢書‧藝文百部集成）2／145 有一說謂：「或問倪公思曰：『司馬溫公乃著疑孟，何也？』答曰：『蓋有爲也。當是時，王安石假孟子大有爲之說欲人主師尊之，變亂法度，是以溫公致疑於孟子，以爲安石之言未可盡信也。』」《四庫提要》122／2435 於此則持保留態度：「謂光疑孟由安石異議相激而成，不爲無見。必以爲但因大有爲之語，則似又出於牽合，非確論也。」按：〈疑孟〉之作，據《傳家集》卷七十三所載，大抵介於元豐五至八年間（1082～85A.D.），時當安石用事之際，故謂之安石所激，或非空穴來風。然以溫公所持名分說與孟學抑君說相較，固知二人學本逕庭，溫公疑孟乃理之所必然，果不必泥於「大有爲」說也。

於閨門，著於朝廷，被於鄉遂比鄰，達於諸侯，流於四海，自祭祀軍旅至於飲食起居，未嘗不在禮樂之中。如此數十百年，然後治化周浹，鳳凰來儀也。苟無其本而徒有其末，一日行之而百日捨之，求以移風易俗，誠亦難矣。……夫禮，非威儀之謂也。然無威儀則禮不可得而行矣；樂，非聲音之謂也，然無聲音則樂不可得而見矣。譬諸山，取其一土一石而謂之山則不可，然土石皆去，山於何在哉？故曰「無本不立，無文不行。」〔註12〕……

（四）功　用

揆諸前說，吾人可知：禮之起在人，本末、名分亦終須落在「人」上，故說禮不可無「用」。溫公贊禮之「用」見於叔孫通制禮 75／11／375・臣光曰：

> 禮之為物大矣！用之於身，則動靜有法而**百行備**焉；用之於家，則內外有別而**九族睦**焉；用之於卿，則長幼有倫而**俗化美**焉；用之於國，則君臣有敘而**政治成**焉；用之於天下，則諸侯順服而紀綱正焉；豈直几席之上、戶庭之間得之而不亂哉。……

此論與前述名分、本末說連成一氣，而其植根處：小至家國，大及天下，莫不以「禮」為尊也。

如是觀之，推禮說為溫公政論之本，應非過言。此說別有一證，記衛嗣君事 11／4／133・引《荀子》曰：

> 成侯、嗣君，聚斂計數之君也，未及取民也。子產，取民者也，未及為政也。管仲，為政者也，未及修禮也。故修禮者王，為政者強，取民者安，聚斂者亡。

按：此論見王制第九（《集解》5／310）。荀卿將四治道概評為亡、安、強、王，而以修禮契合其最高理想，溫公引此，心意洞然。

二、仁（義）

《稽古錄》11／42 論周道緜緜之因曰：「植本固而發源深也！昔周之興也，禮以為本，仁以為源，自后稷以來，至於文武成康，其講禮也備矣，其施仁也深矣。」是知：「禮」之外，溫公又特意揭「仁」。仁之一道，本孔子所倡，自《孟子》特標「義」出，後學乃多連文，溫公於此，曾不致疑。《通鑑》2／64 嘗載：

> 初，孟子師子思，嘗問牧民之道何先。子思曰：「先利之。」孟子曰：「君子所以教民者，亦仁義而已矣，何必利！」子思曰：「仁義固所以利之也。

〔註12〕《禮記注疏》23／449〈禮器〉第十。

上不仁則下不得其所，上不義則下樂爲詐也，此爲不利大矣。故《易》曰：
『利者，義之和也。』又曰：『利用安身，以崇德也。』〔註13〕此皆利之
大者也。

5／2／64臣光曰：

子思、孟子之言，一也。夫唯仁者爲知仁義之利，不仁者不知也。故孟子
對梁王直以仁義而不及利者，所與言之人異故也。

子思之言，仁義與利渾然一體；孟子之「利」義，則偏於私、小一端，故其中有待
疏通之處，溫公能道其「一」，可謂善讀者矣。

吾人以爲：溫公說禮，大體偏於政，唯仁（義）主於民。民者，國之本也，故
「仁（義）」亦爲溫公政論之大宗。即如：

1. 漢高拒殺秦王 19／9／298・引賈誼曰：

秦以區區之地致萬乘之權，招八州而朝同列，百有餘年，然後以六合爲家，
殽、函爲宮。一夫作難而七廟墮，身死人手，爲天下笑者，何也？仁義不
施而攻守之勢異也。

按：此論摘自〈過秦論〉〔註14〕，亦爲《稽古錄》11／45所引。《致堂讀史管見》1
／32以爲係脫胎於陸賈「湯武逆取而順守」之說，唯於此不表贊同：「秦以詐力取，
既得之，必無能施仁義之理，蓋已收其效，肯以爲非耶，直謂仁義不施可矣。」夫
秦以法家立國，其亡國之因亦非一，而賈、胡乃至溫公逕以仁義攻之，是諸公儒家
根柢之發露耳。

2. 記戚夫人事 30／12／410・臣光曰：

爲人子者，父母有過則諫；諫而不聽，則號泣而隨之。〔註15〕安有守高祖
之業，爲天下之主，不忍母之殘酷，遂棄國家而不恤，縱酒色以傷生！若
孝惠者，可謂篤於小仁而未知大誼也。

高后遇戚夫人以「人彘」，誠人間慘事；漢惠知母所爲，亦人子之所難堪，然溫公責
之以大誼——恤國、主天下，仁之眞義由是得顯。

此外，韓範諫裕阢廣固 134／115／3627・臣光曰中既痛裕「不於此際旌禮賢俊，
慰撫疲民，宣愷悌之風，滌殘穢之政，使群士嚮風，遺黎企踵，而更恣行屠戮以快
忿心」，遂知其不能一四海之因，固在「雖有智勇而無仁義」〔註16〕；後周世宗毀

〔註13〕《周易注疏》1／12乾卦文言；8／169繫辭下。
〔註14〕賈誼《新書》（四庫善本叢書・藝文，民國54年）1／125過秦上。
〔註15〕《禮記注疏》5／95曲禮下。
〔註16〕《致堂管見》9／585乃以爲：「劉裕非有弔民伐罪之意，爲晉復境之略也。假仗民威，

佛鑄錢 206／292／9530・臣光曰則以帝「不愛其身而愛民」許其「仁」〔註17〕上兩例順逆互見，而皆歸本於民，溫公仁（義）說，由是可體。

儒學自孟、荀以下特重王霸之辨，有宋一朝尤其興盛，溫公於此，專主「王霸無異道」，漢宣貶儒 49／27／881・臣光曰：

> 王霸無異道。昔三代之隆，禮樂、征伐自天子出，則謂之王。天子微弱不能治諸侯，諸侯有能率其與國同討不庭以尊王室者，則謂之霸。其所以行之也，皆**本仁祖義**，任賢使能，賞善罰惡，禁暴誅亂，顧名位有尊卑，**德澤有深淺，功業有鉅細，政令有廣狹耳**，非若白黑、甘苦之目反耳。……

《傳家集》74／911 迂書・道同亦謂：

> 合天下而君之之謂王，王者必立三公。三公分天下而治之，曰二伯一公，處乎內皆王官也。周衰，二伯之職廢，齊桓、晉文糾合諸侯以尊天子，天子因命之為侯伯，修舊職也。伯之語轉為霸，霸之名自是興。自孟、荀以下，皆曰由王道而王，由霸道而霸，**道豈有二哉，得之有淺深，成功有小大耳**。〔註18〕

相較之下，一出仁義，一本禮職，此固溫公「本禮源仁」說之再見。

三、信

溫公王霸論以二者唯淺深、小大之殊，「而後世學者乃更以皇帝王霸為德業之差，謂其所行各異道，此乃儒家之末失也。」〔註19〕然其間分限，言來含混，未易明辨，必待樂毅攻齊 10／4／127・引《荀子》曰始得疏解：

> ……用國者義立而王，信立而霸，權謀立而亡。
>
> 挈國以呼禮義而無以害之。行一不義，殺一不罪，而得天下，仁者不為也。
> 擽然扶持心國，且若是其固也。之所與為之者之人，則舉義士也。之所與
> 為布陳於國家刑法者，則舉義法也。主之所極然，帥群臣而首嚮之者，則
> 舉義志也。如是，則下仰上以義矣，是基定也。基定而國定，國定而天下

張其功烈，脅服遠近，以圖篡耳，是以既克廣固，肆行誅殺。亦由天資鷙猛，輕狡無行，又不知書，故不能勉於仁義之近似者而致然也。」此說或更趨完瞻。

〔註17〕《通鑑》292／9530 後周世宗顯德二年：「上謂侍臣曰：『卿輩勿以毀佛為疑。夫佛以善道化人，苟志於善，斯奉佛矣，彼銅像豈所謂佛邪！且吾聞佛在利人，雖頭目猶捨以布施，若朕身可以濟民，亦非所惜也。』」。

〔註18〕唯此見，故溫公刺孟、荀羞稱五霸為「隘」（《傳家集》74／911 迂書・母我知）；孟子「假仁為霸」有疑（《傳家集》73／897 疑孟・堯舜性之也湯武身之也五霸假之也），唯《致堂管見》2／120 因擁孟，遂譏其「篤行力學而不知道」，其間是非有如此者。

〔註19〕《傳家集》61／739 答郭長官純書。

定，故曰：以國濟義，一日而白，湯武是也，是所謂義立而王也。

德雖未至也，義雖未濟也，然而天下之理略奏矣，刑賞已諾信於天下矣，臣下曉然皆知其可要也，政令已陳，雖覩利敗，不欺其民；約結已定，雖覩利敗，不欺其與；如是，則兵勁城固，敵國畏之；國一綦明，與國信之；雖在僻陋之國，威動天下，五伯是也，是所謂信立而霸也。

挈國以呼功利，不務張其義，齊其信，唯利之求；內則不憚詐其民而求小利焉，外則不憚詐其與而求大利焉。內不修正其所以有，然常欲人之有，如是，則臣下百姓莫不以詐心待其上矣。上詐其下，下詐其上，則是上下析也。如是，則敵國輕之，與國疑之，權謀日行而國不免危削，綦之而亡，齊湣、薛公是也。……是無他故焉，唯其不由禮義而由權謀也。……

按：此論原出王霸第十一（《集解》7／380）。荀卿向以禮、義連文，等似於《孟子》之「仁義」，是爲荀學德目之要，落於政論，即是「以德論政」。至取「信」許霸，專在理略、刑賞上立論，雖未棄德義，實已漸入統治技術之層次，此「以術論政」也。唯二者不過進程有別，絕非純粹之對立，溫公引此而無疑，意即將霸道止於「信」，「義」以上屬之王也。

溫公「信」說最深切著明處，見商鞅變法4／2／48・臣光曰：

夫信者，人君之大寶也。國保於民，民保於信：非信無以使民，非民無以守國。是故古之王者不欺四海，霸者不欺四鄰，善爲國者不欺其民，善爲家者不欺其親。不善者反之，欺其鄰國，欺其百姓，甚者欺其兄弟，欺其父子。上不信下，下不信上，上下離心，以至於敗。所利不能藥其所傷，所獲不能補其所亡，豈不哀哉？……

取「信」在使民、守國，是見其理念已偏入技術層次，非獨霸道必備，即王道亦不可或缺。維是之故，溫公論政多有以此權衡者：

（一）齊滅17／7／234・臣光曰論六國覆滅之因：

……曏使六國能以信義相親，則秦雖強暴，安得而亡之哉！……

（二）劉備去荊州93／65／2083・引習鑿齒曰：

劉玄德雖顛沛險難而信義愈明，勢偪事危而言不失道。追景升（劉表）之故，則情感三軍；戀赴義之士，則甘與同敗。終濟大業，不亦宜乎。

按：此論原出習氏《漢晉春秋》，已佚，今見陳壽《三國志》32／743蜀書劉備傳裴松之注引。

（三）唐與薛延陀和親176／197／6201・臣光曰：

孔子稱去食、去兵，**不可去信**。〔註20〕唐太宗審知薛延陀不可妻，則初勿
許其婚可也；既許之矣，乃復恃強棄信而絕之，雖滅薛延陀，猶可羞也。
王者發言出令，可不慎哉！

（四）唐憲宗誘殺王弁、郫人 192／241／7773・臣光曰：

……惜夫！憲宗削平僭亂，幾致升平，其美業所以不終，由苟徇近功**不敦
大信故也**。

（五）後周世宗勸後唐修守備 207／294／9600・臣光曰論柴榮功治：

……世宗以信令御群臣，以正義責諸國，……書曰：「無偏無黨，王道蕩
蕩。」又曰：「大邦畏其力，小邦懷其德。」〔註21〕世宗近之矣。

唯其重信，故溫公特疾殺降！二百篇中凡三見：

（一）傅介子殺樓蘭王 45／23／773・臣光曰：

……今樓蘭王既服其罪〔註22〕，又從而誅之，後有叛者，不可得而懷矣。
必以為有罪而討之，則宜陳師鞠旅，明致其罰。今乃遣使者誘以金幣而殺
之，後有奉使諸國者，復可信乎？且以大漢之強而為盜賊之謀於蠻夷，不
亦可羞哉！論者或美介子以為奇功，過矣！

柏楊於此，嘗以道德、法理、政治三途肯定溫公之言，洵為允當，〔註23〕而船山鑑
論 4／87 乃大贊「詎不偉哉」，其理云：「夷狄者，殲之不為不仁，奪之不為不義，
誘之不為不信。何也？信義者，人與人相於之道，非以施之非人者也。」以船山身
罹晚明劇變，發為此論，可以想見！唯平心究竟，則不宜作如是褊狹觀者。

（二）記交趾事 104／70／2231・引孫盛曰：

夫柔遠能邇，莫善於信。呂岱師友士輔，使通信誓；徵兄弟肉袒，推心委
命，岱因滅之以要功利，君子是以知呂氏之祚不延者也。

按：此論原出《三國異同評》，已佚，今見陳壽《三國志》49／981 吳書士燮傳裴松
之注引。

（三）唐武宗斬劉稹諸將 198／248／8011・臣光曰：

董重質之在淮西，郭誼之在昭義，吳元濟、劉稹如木偶人在伎兒之手耳。
彼二人始則勸人為亂，終則賣主規利，其死固有餘罪・然憲宗用之於前，

〔註20〕詳見《論語注疏》12／107《顏淵》，第十二。
〔註21〕《尚書注疏》12／173 周書，《洪範》，第六；11／161 武成第五。
〔註22〕樓蘭最在西域東陲，當漢、匈奴必爭之地，故其間向背不一，時事本未詳見《通鑑》
　　　23／771 漢昭帝元鳳四年。
〔註23〕柏楊版《資治通鑑》，第七冊，頁 1412。

武宗誅之於後，臣愚以爲皆失之。何則？賞姦，非義也；殺降，非信也。

失義與信，何以爲國？……

船山鑑論 26／934 評溫公之見爲「蔽且愚」，今人如李岳端、湯承業亦多有憾於此〔註24〕，其間曲直，各自有說，難分軒輊，唯由此足見溫公主信之堅矣。

四、遠　謀

孔子喻人：「人無遠慮，必有近憂。」〔註25〕豈獨修身，爲政之道亦然。《傳家集》21／307 收有溫公嘉祐六年（1061A. D.）八月廿七日所上〈進五規狀〉一首，其第三規「遠謀」有云：「今天市井裨販之人，猶知旱則資車，水則資舟，夏則儲裘葛，冬則儲絺綌。彼偷安苟生之徒，朝醉飽而暮饑寒者，雖與之俱爲編戶，貧富必不侔矣。況爲天下國家者，豈可不制治於未亂，保邦於未危乎？」唯遠謀則「重微」，故第四規以名之，其辭曰：「故治之於微，則用力寡而功多；治之於盛，則用力多而功寡。是故聖帝明主，皆消惡於未萌，弭禍於未形；天下陰被其澤，而莫知所以然也。」若夫遠謀、重微，實皆先天下憂事，俗每不見容而目之爲「迂」，溫公固知此，「遠謀規」有云：「夫遠謀則似迂，似迂則人皆忽之。其爲害至慘也，而無切身之急；爲利至大也，而無旦夕之驗，則愚者抵掌謂之迂也，宜矣。」然遠謀因何而迂？其略又當以何爲的？燕滅 16／7／231・臣光曰嘗釋之：

> ……夫爲國家者，任官以才，立政以禮，懷民以仁，交鄰以信：是以官得
> 其人，政得其節，百姓懷其德，四鄰親其義。夫如是，則國家安如磐石，
> 熾如焱火，觸之者碎，犯之者焦，雖有強暴之國，尚何足畏哉？

按：此說亦見諸《稽古錄》11／44，其中禮、仁、信說已見前文，「任官以才」則詳下章首節。當是時，以岌岌之弱燕，抗無厭之強秦，溫公猶侈言如是，謂之爲迂，不亦宜乎？

溫公以「遠謀」責諸人，二百篇中不乏其例，今舉其四：

（一）燕滅 16／7／231・臣光曰：

> 燕丹不勝一朝之忿以犯虎狼之秦，**輕慮淺謀，挑怨速禍**，使召公之廟不祀
> 忽諸，罪孰大焉！而論者或謂之賢，豈不過哉！

（二）漢文逼薄昭自殺 33／36／1169・臣光曰：

〔註24〕李氏說見梁啓超編《中國六大政治家》（正中，民國 52 年 12 月台初版）・第十章衛公之相業四・平定昭義，頁 58。湯氏說見〈李德裕研究〉（政大政研所博士論文，嘉新，民國 62 年 6 月）・第六章削平叛藩、復興唐室・第十節「殺降非信」的再爲商榷，頁 263～268。

〔註25〕《論語注疏》15／139〈衛靈公〉第十五。

……魏文帝嘗稱漢文帝之美，而不取其殺薄昭，曰：「舅后之家，但當養育以恩而不當假借以權，既觸罪法，又不得不害。」譏文帝之**始不防閑**昭也，斯言得之矣。

（三）魏文誅丁儀兄弟 98／69／2177・引魚豢曰：

諺曰：「貧不學儉，卑不學恭。」非人性分殊也，勢使然耳。假令太祖（曹操）**防遏植等在於疇昔**，此賢之心，何緣有窺望乎？

按：此論原出《魏略》，已佚，今見陳壽《三國志》19／506《魏書》任城陳蕭王傳裴松之注引。

（四）拓跋魏六鎮謀反 162／150／4679・臣光曰：

李崇之表，乃所以銷禍於未萌，**制勝於無形**。魏肅宗既不能用，曾無愧謝之言，乃更以爲崇罪，彼不明之君，烏可與謀哉？〔註26〕……

五、明

溫公嘉祐六年（1601A.D.）嘗上〈陳三德上殿箚子〉一奏，文曰：

人君之大德有三：曰仁、曰明、曰武。仁者，非姁煦姑息之謂也；興教化，修政治，養百姓，利萬物，此人君之仁也。明者，非煩苛伺察之謂也；知道義，識安危，別嫌疑，辨是非，此人君之明也。武者，非彊亢暴戾之謂也；惟道所在，斷之不疑，姦不能惑，佞不能移，此人君之武也。故仁而不明，猶有良田而不能耕也；明而不武，猶視苗之穢，而不能耘也；武而不仁，猶知穫而不知種也。三者兼備則國治彊；闕一焉則衰，闕二焉則危，三者無一焉則亡。自生民以來，未之或改也。

按：此箚見《傳家集》20／269，另《稽古錄》16／113 治平元年（1064A.D.）進《歷年圖》序、《傳家集》46／586 元豐八年（1085A.D.）四月十九日所上〈進修心治國之要箚子〉皆揭舉類似諍言，歷仁、英、神、哲四朝而所言不改，是足見溫公持念之堅矣。夫仁之一德，已見前述；武德一體，乃「明」之所必備，蓋知而不斷，烏存其明，故實可合於上。觀溫公定義，除「知道義」一方，皆已近實證操作，知其固與「信」、「遠謀」一流也。

溫公「明」說，依其論點，大體又可分爲兩途：

（一）識大體

〔註26〕李崇納長史魏蘭根議，上表建言「改鎮立州」，其旨在平「府戶」之怨，藉以安邊保國，惜魏主寢其奏，致有六鎮之叛，本事詳見《通鑑》149／4673～74 梁武帝普通四年（拓跋魏孝明帝正光四年・523A.D.）・150／4679 普通五年

溫公於此，嘗有論述，拓跋休拒魏主命 154／138／4338・臣光曰：

> 人主之於其國，譬猶一身，視遠如視邇，在境如在庭。舉賢才以任百官，
> 修政事以利百姓，則封域之內無不得其所矣。是以先王黈纊塞耳，前旒蔽
> 明，欲其廢耳目之近用，推聰明於至遠也。……

唯其如此，魏主行赦以撓法，正落入溫公非仁之「嫗煦姑息」中，乃有「仁之微」、
「非人君之體」加於身，非倖致也。餘外，尚有二例足以加強說者：

1. 趙光奇問對 190／233／7508・臣光曰：

> 甚矣！唐德宗之難寤也。……德宗幸以游獵得至民家，值光奇敢言而知民
> 疾苦，此乃千載之遇也。固當按有司之廢挌詔書、殘虐下民、橫增賦斂、
> 盜匿公財、及左右諂諛日稱民間豐樂者而誅之；然後洗心易慮，一新其政，
> 屏浮飾，廢虛文，謹號令，敦誠信，察真偽，辨忠邪，矜困窮，伸冤滯，
> 則太平之業可致矣。釋此不為，乃復光奇之家：夫以四海之廣，兆民之眾，
> 又安得人人自言於天子而戶戶復其徭賦乎！

2. 後周世宗毀佛鑄錢 206／292／9530・臣光曰：

> ……若周世宗，可謂明矣，不以無益廢有益。

（二）察姦邪

辨姦一道，尤為溫公「明」說之大用處，上官桀譖霍光 44／23／763・引李德
裕曰：

> 人君之德，莫大於至明，明以照姦，則百邪不能蔽矣。……

按：此論出《會昌一品集》・外集 1／41。漢昭能破桀等之譖，李氏譽其使周成王有
慚德，漢高、文、景俱不如，溫公書此，必然之也。此例之外，以「明」論君處尚
夥，今亦舉二例焉：

1. 蕭望之自殺 53／28／902・臣光曰：

> 甚矣！孝元之為君，易欺而難寤也。夫（弘）恭、（石）顯之譖訴望之，
> 其邪說詭計，誠有所不能辨。至於始疑望之不肯就獄，恭、顯以為必無
> 憂，已而果自殺，則恭、顯之欺亦明矣。在中智之君，孰不感動奮發以
> 厎邪臣之罰！孝元則不然，雖涕泣不食以傷望之，而終不能誅恭、顯，
> 纔得其免冠謝而已。如此，則姦臣安所懲乎？是使恭、顯得肆其邪心而
> 無復忌憚者也。

2. 記京房事 57／29／930・臣光曰：

> 人君之德不明，則臣下雖欲竭忠，何自而入乎！觀京房所以曉孝元，可謂
> 明白切至矣，而終不能寤，悲夫！詩曰：「匪面命之，言提其耳。匪手攜

之，言示之事。」又曰：「誨爾諄諄，聽我藐藐。」〔註27〕孝元之謂矣。

按：溫公評漢元之不明除上兩處外，尚見於《傳家集》67／831 評「京房對漢帝」（慶曆五年 1045A.D.作），足見此本溫公早成之定論，而再三攻之處，又知公之痛心也。

六、戒

前述五說，大抵偏於積極諷喻，使人聞而近道；下論則屬消極鑑戒，欲人讀而知儆。其間雖有正反之別，理則唯一——圖君道之完贍也。今理其脈絡而得四：

（一）寵

人生有欲，不能無所偏好，人主因之苟至於寵，則每為禍階。溫公知此，乃發為戒言，隋文大封諸子 170／180／564・臣光曰：

> 昔辛伯諗周桓公曰：「內寵並后，外寵貳政，嬖子配嫡，大都偶國，亂之本也。」〔註28〕人主誠能慎此四者，亂何自生哉！……

其所指涉，無非外戚、嬖臣、宗室而已，《通鑑》三百卷中印證無計，二百篇史論中亦所在多有，今各舉一例：

1. 外戚：王莽逼孝元后 66／36／1169・引班彪曰：

> 三代以來，王公失世，稀不以女寵。及王莽之興，由孝元后歷漢四世，為天下母，饗國六十餘載，群弟世權，更持國柄，五將十侯，卒成新都。……

按：此贊出《漢書》98／1684〈元后傳〉。〔註29〕

2. 嬖臣：劉宋明帝嬖臣盡除 152／134／4211・引沈約曰：

> ……及太宗晚運，慮經盛衰，權倖之徒，慴憚宗戚，欲使幼主孤立，永竊國權，構造同異，興樹禍隙，帝弟宗王，相繼屠勦，實祚夙傾，實由於此也。

按：此論出《宋書》94／2301〈恩倖傳序〉。

3. 宗室：漢武命堯母門 40／22／723・臣光曰：

> 為人君者，動靜舉措不可不慎，發於中必形於外，天下無不知之。當時時也，皇后、太子皆無恙，而命鉤弋之門曰堯母，非名也。是以姦人逆探上意，知其奇愛少子，欲以為嗣，遂有危皇后、太子之心，卒成巫蠱之禍，悲夫！

〔註27〕《詩經注疏》18 之 1／649 大雅蕩之什・抑。

〔註28〕溫公引文乃狐突諫申生（晉文公）語，見《左傳注疏》11／193 閔公二年；原出處應為 7／130 桓公十八年，文曰：「初，子儀有寵於桓王，桓王屬諸周公，辛伯諫曰：『並后、匹嫡、兩政、耦國，亂之本也。』」

〔註29〕《船山鑑論》5／116 尤贊此說，乃謂：「亡西漢者，元后之罪通於天矣。」

按：此論亦見於《傳家集》67／829評「戾太子敗」（慶曆五年1045A.D.作）。

（二）驕

《傳家集》21／307進五規狀、保業：

> 及夫繼體之君，群雄已服，眾心已定，上下之分明，彊弱之勢殊；則中人之性皆以爲子孫萬世，如泰山之不可搖也。於是有驕墮之心生；驕者玩兵惰武，窮泰極侈，神怒不恤，民怨不知；一旦渙然，四方糜潰，秦隋之季，是也。墮者沈酣宴安，慮不及遠，善惡雜揉，是非顛倒；日復一日，至於不振，漢唐之季，是也。二者或失之彊，或失之弱，其致敗一也。

溫公之世，承平已久，此言或有感而發者，然以二百篇中所見，豈獨繼體之君爲然，爲人君者理應一體爲戒也：

1. 貫高謀反 28／12／385・臣光曰：

> 高祖（劉邦）驕以失臣，貫高狠以亡君。使貫高謀逆者，高祖之過也；使張敖亡國者，貫高之罪也。〔註30〕

2. 曹操不納張松 94／65／2095・引習鑿齒曰：

> 昔齊桓一矜其功而叛者九國，曹操暫自驕伐而天下三分，皆勤之於數十年之內而棄之於俯仰之頃，豈不惜乎！〔註31〕

按：此論原出《漢晉春秋》，已佚，今見陳壽《三國志》31／734蜀書劉璋傳裴松之注引。

3. 符堅死 131／106／3348・臣光曰：

> ……堅之所以亡，由驟勝而驕故也。魏文侯問李克，吳之所以亡，對曰：「數戰數勝。」文侯曰：「數戰數勝，國之福也，何故亡？」對曰：「數戰則民疲，數勝則主驕，以驕主御疲民，未有不亡者也。」〔註32〕秦王堅似之矣。

4. 劉宋失淮北四州 149／132／4130・臣裴子野曰：

> 昔齊桓矜於葵丘而九國叛，曹公不禮張松而天下分，一失毫釐，其差遠矣。太宗（宋明帝）之初，威令所被，不滿百里，卒有離心，士無固色，而能

〔註30〕此論導因於漢高辱趙王張敖，趙相貫高等遂謀反以報怨，本末詳見《通鑑》11／379漢高帝七年（200B.C.）。另《傳家集》67／828評「貫高」（慶曆五年1045A.D.作）雖仍主此說，然特張貫之罪，立意與此稍異。

〔註31〕《稽古錄》13／65總評魏政處，另起一說：「惜其狹中多詐，猜忌賢能，此海內所以不盡服也。」可資參考。

〔註32〕事見劉向《新序》（今註今譯本，商務，民國64年4月台初版）雜事第五，頁173～74，此中尚有若干糾葛，詳見第三章・第三節，頁109。

間誠心，布款實，莫不感恩服德，致命效死，故西摧北蕩，寓內褰開。既而六軍獻捷，方隅束手，天子欲貫其餘威，師出無名，長淮以北，倏忽爲戎。惜乎！若以嚮之虛懷，**不驕不伐**，則三叛奚爲而起哉！〔註33〕……

按：此論原出《宋略》，今佚。

（三）狹

睚眦必報，匹夫之行，理國之人，當示天下以廓然，取才納言，而後士從民安，斯足以成太平之業。此下三例，乃反其道而行，非獨帝業不宏，尤見青史之罵名也：

1. 曹魏文帝辱于禁 102／69／2193・臣光曰：

于禁將數萬眾，敗不能死，生降於敵，既而復歸；文帝廢之可也，殺之可也，乃畫陵屋以辱之，斯爲**不君**矣。

漢獻帝建安廿四年（219A. D.）孫權破南略，降于禁；魏文帝黃初二年（221A. D.）八月，又以禁還，此時：

于禁須髮皓白，形容顦顇，見帝，泣涕頓首。帝慰諭以荀林父、孟明視故事，拜安遠將軍，令北詣鄴謁高陵。帝使豫於陵屋畫關羽戰克、龐德憤怒、禁降服之狀。禁見，慙恚發病死。〔註34〕

2. 曹魏文帝崩 103／70／2228・引陳壽曰：

文帝天資文藻，下筆成章，博聞強識，才藝兼該。**若加之曠大之度**，勵以公平之誠，邁志存道，克廣德心，則古之賢主，何遠之有哉！

按：此評出《三國志》2／109《魏書》文帝紀。

3. 劉裕報王謐、刁逵恩仇 133／113／3566・引蕭方等曰：

夫蛟龍潛伏，魚蝦褻之。是以漢高赦雍齒，魏武免梁鵠，安可以布衣之嫌而成萬乘之隙也？〔註35〕今王謐爲公，刁逵亡族，讎恩報怨，何其狹哉！

按：此論原出《三十國春秋》，今佚。

（四）力

帝王之業不出文治、武功二途，溫公權衡之標準，見於唐玄宗詔置太公廟 183／213／6775・臣光曰：

經緯天地之謂文，勘定禍亂之謂武，……古者有發，則命大司徒教士以車

〔註33〕三叛者：薛安都、畢眾敬、常珍奇也，居長淮之北，領四州之地，本爲拓跋魏附庸，後一度降入南朝，惜宋明驕恣，終復北去，本末詳見《通鑑》131～321／4123～30 宋明帝泰始二——三年（466～67A. D.）。

〔註34〕詳見《通鑑》68／2160、69／2192。

〔註35〕此事本末詳見《通鑑》113／3565～66 晉安帝元興三年（404A. D.）

甲，羸股肱，決射御，受成獻馘，莫不在學。[註36] 所以然者，欲其**先禮義而後勇力**也。君子有勇而無義為亂，小人有勇而無義為盜，若專訓之以勇力而不使之知禮義，奚所不為矣。……

準此，項羽裂土分封乃無禮，逐帝自立是不義，故溫公於項羽敗 21／11／354・引太史公曰：

……自矜功伐，奮其私智而不師古，謂霸王之業，欲以力征經營天下。五年卒亡其國，身死東城；尚不覺悟而不自責，乃引「天亡我，非用兵之罪也！」豈不謬哉！

按：此論出《史記》（會注考證本）7／159 項羽本紀。

「禮義」之外，「仁義」是另一正鵠，韓範諫劉裕阬廣固 134／115／3627・臣光曰論裕不能蕩壹四海之故在「雖有智勇而無仁義」[註37]。可知，勇之於武，不可混為一談。戒「力」說至此，又與「禮本仁源」說相應，足見溫公君道論之周嚴也。

第二節　臣　道

傳統政論之權力中樞既定於君臣，則君必求其聖，臣亦勉其賢，聖君賢臣登天下於至治，固人治思想之終極也。溫公既不能出此，則吾人欲求其政論本體之梗概，自當溯此二道以見其端倪。作君之道，已如前述；為使條理清晰，乃仿君道之成例，類分七途：

一、孝

孝為百行之先，五倫其首。十三經中，以區區數章獨占一席之地，前賢心意灼然可見。溫公二百篇中，有一例足以映此，高齊昭帝殂 166／168／5217・引顏之推曰：

孝昭天行至孝，而不知忌諱，乃至於此，良由不學之所為也。

按：此論出《顏氏家訓》（楊家駱編・隋唐子書十種本・世界，民國51年4月台初版）勉學第八・頁16。其因果如下：

帝尋疾崩，遺詔恨不見太后山陵之事，其天性至孝如彼，不識忌諱如此，良由無學所為，若見古人之譏，欲母早死而悲哭之，則不發此言也。

[註36]《禮記注疏》13／259，12／236〈王制〉第五。
[註37] 前二、「仁」說引，見頁67。

此地雖非指涉臣德，然以高演一言之不婉，即予痛斥如是，實則迹其本心，不過以未能終事太后爲憾，意本在孝，而之推、溫公猶求全責備若此，其講求之嚴，由一葉而知秋矣。

有謂「求忠臣於孝子之門」，「忠」本人臣第一要義，而「孝」又爲「忠」之先河，其分量可知。溫公論臣道中，於此頗多闡發：

（一）記靳允事 91／61／1953・引徐眾曰：

> 允於曹公（操）未成君臣；母，至親也，於義應去。衛公子開方仕齊，積年不返，管仲以爲不懷其親，安能愛君！〔註 38〕是以求忠臣必於孝子之門，允宜先救至親。徐庶母爲曹公所得，劉備遣庶歸北，欲爲天下者，恕人子之情也，〔註 39〕曹公亦宜遣允。

按：此論原出《三國評》，已佚，今見陳壽《三國志》14／402《魏書》程昱傳裴松之注引。其本事在：曹操、呂布相攻，時允守范，布獲允母以迫降，允終依操而弗從。全文論點在：人子之情，正愛君之初心，人主理應恕此，意謂「孝先於忠」也。〔註 40〕

（二）記沈勁事 126／101／3199・臣光曰：

> 沈勁可謂能子矣！恥父之惡，致死以滌之，變凶逆之族爲忠義之門。易曰：「幹父之蠱，用譽。」蔡仲之命曰：「爾尚蓋前人之愆，惟忠惟孝。」〔註41〕其是之謂乎？

沈勁之父充嘗隨王敦叛，勁力雪其恥，以身殉洛陽，〔註42〕其忠可表，溫公稱其「能子」，此「移忠作孝」也。

（三）記王儀、嵇康事 119／80／2537・臣光曰：

> 昔舜誅鯀而禹事舜，不敢廢至公也。嵇康、王儀死皆不以其罪，〔註 43〕二子不仕晉室可也；嵇紹苟無蕩陰之忠〔註44〕，殆不免於君子之譏乎？

〔註38〕詳見陳奇猷《韓非子集釋》（華正，民國 71 年 8 月台初版）3／194 十過、15／800 難一；《呂氏春秋集釋》（華正，民國 74 年 8 月台初版）16／969 先識覽第四・知接。
〔註39〕詳見《通鑑》65／2084 漢獻帝建安十三年（208A. D.）。
〔註40〕徐氏此論尚見小疵：首句斷允「於義當去」之故在「於曹公未成君臣」，而後論引管仲評開方「不懷其親，安能愛君」語，則毋論君臣之分是否成就，允皆當去之。如是，前論莫非贅語邪？
〔註41〕《周易注疏》3／58 蠱卦六五爻辭、《尚書注疏》17／253 周書、蔡仲之命第十九。
〔註42〕分見《通鑑》93／2922～29 晉明帝太寧二年（324A. D.）、101／3916～98 哀帝興寧二～三年（364／65A. D.）
〔註43〕分詳《通鑑》78／2463～65 魏元帝景元三年（262A. D.）、80／2536 晉武帝泰始年（274A. D.）。
〔註44〕詳見《通鑑》85／2696 晉惠帝永興元年（304A. D.）。

嵇康不肯污於司馬昭而罹禍，子紹乃仕乎典午之朝，溫公雖許其蕩陰之忠，然字裏行間，不能無憾也。〔註45〕

（四）記李彥珣事 201／281／9191・臣光曰：

> 治國家者固不可無信，然彥珣之惡，三靈所不容，晉高祖（石敬塘）赦其叛君之怨，**治其殺母之罪，何損於信哉？**

二、恥

五倫之中，父子、君臣分列一二，溫公臣德之論尤鍾於此，諸呂謀反 32／13／435・引班固曰：

> 孝文時，天下以酈寄爲賣友。夫賣友者，謂見利而忘義也。若寄父爲功臣而又執劫，雖摧呂祿以安社稷，**誼存君親可也。**

按：此贊出《漢書》41／994 樊酈滕灌列傳，其本事始於周勃劫酈寄父商，使寄紿呂祿，以平諸呂之禍。〔註46〕孟堅、溫公以「誼存君親」釋朋友交「信」之道，足證上論。

存親之道，已見於前；存君之理，在臣知所守，亦即有「恥」。歸納二百篇中溫公論「恥」之精義，殆可分爲二：

（一）不 貳

馮道死 205／291／9510・引歐陽修曰：

> 「禮義廉恥，國之四維，四維不張，國乃滅亡。」〔註47〕禮義，治人之大法；廉恥，立人之大節。況爲大臣而無廉恥，天下豈有不亂，國家豈有不亡者乎？……

按：此論出新五代史 54／611 雜傳序。人臣治事，首重材具，事君則須大節，今標之以四維，是取「德重於才」也。於此，溫公尙且明言：

> ……爲臣不忠，雖復材智之多，治行之優，不足貴也。何則？大節已虧故也。〔註48〕

明於是，則二百篇中屢言「臣道不二」，毋足怪也。今蒐羅其辭如左：

1. 韓・趙・魏立爲諸侯 1／1／3・臣光曰：

〔註45〕《船山鑑論》12／372 嚴責紹乃「刑戮之民」；《致堂管見》6／384 雖亦不加寬貸，然思慮較周，以爲此事在紹「固有釋怨之萌，而會逢（山）濤言之適」。

〔註46〕詳見《通鑑》13／432 漢高后八年（180B.C.）。

〔註47〕清・戴望《管子校正》（四部刊要本，世界，民國 47 年 5 月台初版）1／1・牧民第一・國頌。

〔註48〕馮道死 205／291／9511・臣光曰。

……非有桀、紂之暴，湯、武之仁，人歸之，天命之，君臣之分當**守節伏**
死而已矣。……

2. 蒙恬自殺 18／7／251・臣光曰：

始皇方毒天下而蒙恬爲之使，恬不仁可知矣。然恬明於爲人臣之義，雖無
罪見誅，**能守死不貳**，斯亦足稱也。

3. 唐玄宗悔殺李希烈 186／220／7050・臣光曰：

爲人臣者，策名委質，**有死無貳**。……

4. 馮道死 205／291／9511・臣光曰：

……臣之事君，**有死無貳**，此人道之大倫也。苟或廢之，亂莫大焉。

除外，《傳家集》67／829 評「漢高祖斬丁公」（慶曆五年 1045A.D.作）亦嘗言及：「臣
無二心，古之命也。」足以佐證。

（二）不　尸

人臣雖以「不二」爲美，然佐王成治之責終不可忽，周任有言：「陳力就列，不
能則止。」〔註49〕尸位素餐不僅有損清譽，甚者大傷人主之明，故溫公於其能免於
此者，多予稱揚。今列成例二：

1. 記彭宣事 64／35／1128・引班固曰：

……平當逡巡有恥，……異乎苟患失之者矣！

按：此贊出《漢書》71／1335 雋疏于薛列傳，本事則始於平當病篤猶拒爲子孫受漢
哀無功之封賞〔註50〕。

2. 常袞辭祿 188／225／7247・臣光曰：

君子恥食浮於人：袞之辭祿，**廉恥存焉**，與夫固位貪祿者，不猶愈乎！詩
云：「彼君子兮，不素餐兮。」〔註51〕如袞者，亦未可以深譏也。

此論本事在於袞屢辭御饌、堂封，時人譏其：「朝廷原祿，所以養賢；不能，當辭位，
不當辭祿。」遂以有此。

三、誠

智巧行世，雖算盡機關，常失之輕狡。溫公蹇蹇於德治，故高揭「誠正」，凡逞
智計之人臣，多屬加針砭，以正人主之視聽。今舉三例：

（一）賈捐之謀石顯 55／28／917・臣光曰：

〔註49〕《論語注疏》16／146〈季氏〉第十六。
〔註50〕詳見《通鑑》34／1090 漢哀帝建平三年（4B.C.）。
〔註51〕《詩經注疏》5之3／320 魏風・伐檀。

君子以正攻邪，猶懼不克；況捐之以邪攻邪，其能免乎？

此論導因於捐之與楊興密謀共排石顯，為顯偵知，乃罹反噬之禍。〔註52〕《傳家集》67／831 評「賈捐之」（慶曆五年 1045A.D.）亦主此說。

（二）記劉曄事 105／72／2279‧引傳玄曰：

巧詐不如拙誠，信矣。以曄之明智權計，若居之以德義，行之以忠信，古之上賢，何以加諸？獨任才智，不敦誠愨，內失君心，外困於俗，卒以自危，豈不惜哉！

按：論原出《傳子》，已佚，今見陳壽《三國志》14／415《魏書》本傳裴松之注引。

（三）范曄等謀反 145／124／3920‧引裴子野曰：

……劉弘仁〔註53〕、范蔚宗，皆忕志而貪權，矜才以徇逆，累葉風素，一朝而隕。嚮之所謂智能，翻為亡身之具矣。

按：此論原出《宋略》，今佚。

四、順美匡惡

人臣之職，非獨效忠誠於主上而已，其輔君治世之才，實不可短。班固評西漢清節之士，嘗謂「大率多能自治而不能治人」，〔註54〕字外已有微憾之意。夫治人之道，以臣位而論，當自匡君始，溫公蓋嘗論之：

（一）貢禹論政 52／28／895‧臣光曰：

忠臣之事君也，責其所難，則其易者不勞而正；補其所短，則其長者不勸而遂。……

（二）陳文帝託孤於孔奐 167／169／5255‧臣光曰：

夫人臣之事君，宜將順其美，匡救其惡。〔註55〕……

溫公執此，故凡佐君不得其道者，莫不鳴鼓撻伐，於是貢禹有「烏得為賢」、「為罪愈大」之評〔註56〕，孔奐頓成「姦諛之尤」者矣。

〔註52〕詳見《通鑑》28／916 漢元帝永光元年（43B.C.）。
〔註53〕劉湛，字弘仁，本為（劉）宋領軍將軍，後為彭城王義康上佐，慫恿王謀反，事敗被殺。本末詳見《通鑑》122／3856 宋帝元嘉十二年（435A.D.）、123／3883 元嘉十七年（440A.D.）。
〔註54〕記西漢末世學者去就事 68／37／1196‧引班固曰，此贊原出漢書 72／1349 王貢龔鮑傳。
〔註55〕溫公暗引《孝經》，見《注疏》8／52 事君章第十七。
〔註56〕《船山鑑論》4／108 則大反溫公之說，以為禹乃以所學事主，非激於時事之非者。二公著眼不同，一主守常，一主隨權，乃有如是之異，不必強求高下。

五、同濟王功

人臣苟有報效之心，固是爲君之幸，然祿利之途每陷人於無所不爲，反罹其殃。溫公鑑此，特示人以大局爲重，故凡能忠而無私、讓賢共治者，均予正面之肯定。二百篇中有顯例三：

（一）記湛僧智事 163／151／4727‧臣光曰：

> 湛僧智可謂君子矣！忘其積時攻戰之勞，以授一朝新至之將，**知己之短，不掩人之長**，功成不取以濟國事，**忠且無私，可謂君子矣**！〔註57〕

（二）房玄齡死 177／199／6260‧引柳芳曰：

> 玄齡佐太宗定天下，及終相位，凡三十二年，天下號爲賢相，然無跡可尋，德亦至矣。故太宗定禍亂而房、杜（如晦）不言功，王（珪）、魏（徵）善諫諍而房、杜讓其賢，英（李世勣）、衛（李靖）將兵而房、杜行其道，**理致太平，善歸人主**，爲唐宗臣，宜哉！

按：此論原出《唐歷》，今佚。

（三）記盧懷愼事 181／211／6708‧臣光曰：

> ……夫不肖用事，爲其僚者，愛身保祿而從之，不顧國家之安危，是誠罪人也。賢智用事，爲其僚者，愚惑以亂其治，專固以分其權，媚嫉以毀其功，愎戾以竊其名，是亦罪人也。（姚）崇，唐之賢相，**懷愼與之同心戮力，以濟明皇太平之政**，夫何罪哉！秦誓曰：「如有一介臣，斷斷猗，無他技；其心休休焉，其如有容；人之有技，若己有之，人之彥聖，其心好之，不啻如自其口出，是能容之，以保我子孫黎民，亦職有利哉。」〔註58〕懷愼之謂矣。〔註59〕

六、戒

溫公臣德論主「忠」，故其針砭人臣之際，大體亦以此爲終極目標。二百篇中，粗加爬梳，概分四目：

（一）顛覆宗國

爲人臣子而顛覆宗國，猶喬木已成而棄其根本，其敗亡固不問可知，而其罪尤

〔註57〕譙州刺史湛僧智圍拓跋魏東豫州，司州刺史夏侯夔引兵助之，後魏軍終降於夔，夔以讓僧智，終不受。本末詳見《通鑑》151／4721；4726 梁武帝大通元年（527A. D.）。

〔註58〕《尚書注疏》20／315《周書‧秦誓》，第卅二。

〔註59〕此論導因於盧懷愼與姚崇同時爲相，自以才不及而每事推之，時人乃有「伴食宰相」之譏。溫公不平，爲之辯誣耳，本末詳見《通鑑》211／6708 唐玄宗開元三年（715A. D.）。

不容稍貸也。今於覆宗、滅國各述一例，以示溫公之意：

1. 呂不韋自殺 14／6／219．引揚雄曰：

> 或問：「呂不韋其智乎？以人易貨。」曰：「誰謂不韋智者歟？以國易宗。
> 呂不韋之盜，穿窬之雄乎！穿窬也者，吾見擔石矣，未見雒陽也。」〔註60〕

按：此論出《法言》（《集解》16／639）淵騫第十一。

2. 記韓非事 15／6／221．臣光曰：

> 臣聞君子親其親以及人之親，愛其國以及人之國，是以功名美而享有百福
> 也。今非為秦畫謀而首欲覆其宗國，以售其言，罪固不容死矣，烏足愍哉！

（二）苟免坐觀

以勢而分，「顛覆宗國」為明，「苟免坐觀」為暗；究其本心，則二而一也，故其罪亦在不容誅之列。人臣向受公論之約束，其明揭顛覆之旂者蓋寡，而潛揣僥倖，以圖漁利之賓多，故二百篇中於此濡墨最豐，無乃列四例以明之：

1. 記何曾事 121／87／2742．臣光曰：

> 何曾議武帝（司馬炎）偷惰，取過目前，不為遠慮，知天下將亂，子孫必
> 與其憂，何其明也！然身為僭侈，使子孫承流，卒以驕奢亡族，其明安在
> 哉！身為宰相，知其君之過，不以告而私語於家，非忠臣也。

2. 蘇峻亂後定賞罰 124／94／2920．臣光曰：

> 庾亮以外戚輔政，首發禍機，國破君危，竄身苟免；卞敦位列方鎮，兵糧
> 俱足，朝廷顛覆，坐觀勝負。人臣之罪，孰大於此！〔註61〕……

3. 記謝朏事 156／139／4363．臣光曰：

> 臣聞「衣人之衣者懷人之憂，食人之食者死人之事」〔註62〕二謝兄弟，比
> 肩貴近，安享榮祿，危不預知。為臣如此，可謂忠乎？〔註63〕

〔註60〕呂不韋以邯鄲姬奇計制秦二代，號為仲父，此「以人易貨」也；終以私太后事發而
　　　　免相、出就國（雒陽）、族徙、飲酖死，此「以國易宗」、「未見雒陽」也。本末詳見
　　　　《通鑑》5／183～85周報王五八年（257B.C.）、6／203秦莊襄王三年（247B.C.）、
　　　　6／213～14：216：218～19始皇帝九──十一年（238～236B.C.）。

〔註61〕此論，《致堂管見》8／463亦然溫公之見，以為亮「是孔子所謂無恥者」；《船山鑑論》
　　　　13／407則稍見寬貸，以為亮雖不足辭咎，蓋「謀大而智小」、「志正而術疏」之輩。

〔註62〕淮陰侯答蒯徹之言，惟句首猶提以「吾聞之」，是更有所本也。詳見《史記會注考證》
　　　　本（92／1071）淮陰侯列傳。

〔註63〕蕭齊宣城公鸞欲謀大統，多引名士與策，侍中謝朏雖不從，竟不致力而求外放，且致
　　　　酒遺書其弟吏部尚書瀹曰：「可力飲此，勿豫人事！」。本末詳見《通鑑》139／4363
　　　　齊明帝建武元年（494A.D.）。於此，《致堂管見》11／750持保留態度，以為朏語「當
　　　　在議論之域」，並非懷姦，未可以遽斷以不忠；《船山鑑論》16／542則較溫公尤有過
　　　　之，以為：「非至不仁者，其能若此乎？」

4. 甘露之變 196／245／7916・臣光曰：

　　論者謂（王）涯、（賈）餗有文學名聲，初不知（李）訓、（鄭）注之謀，橫罹覆族之禍。臣獨以爲不然。夫顛危不扶，焉用彼相，〔註64〕涯、餗安高位，飽重祿；訓、注小人，窮姦究險，力取將相。涯、餗與之比肩，不以爲恥；國家危殆，不以爲憂。偷合苟容，日復一日，自謂得保身之良策，莫我如也，若使人人如此而無禍，則姦臣孰不願久哉！一旦禍生不虞，足折刑劇，蓋天誅之也，（仇）士良安能族之哉！〔註65〕

（三）欺罔蔽實

　　溫公臣道既以「忠」爲主，自不容人以「欺罔」竊位盜名，故特疾於此，有二例焉：

1. 竇憲奪沁水公主田 77／46／1494・臣光曰：

　　人臣之罪，莫大於欺罔，是以明君疾之。孝章謂竇憲何異指鹿爲馬，善矣！然卒不能罪憲，則姦臣安所懲哉！〔註66〕……

2. 牛僧孺失勢 194／244／788・臣光曰：

　　……當文宗求治之時，僧孺任居承弼，進則偷安取容以竊位，退則欺君罔世以盜名，罪孰大焉！

此論導因於帝御延英殿問牛相「天下何時當太平」，僧孺對以時已有小康之象，溫公以爲大謬，嘗歸納當日大勢：

　　于斯之時，閹寺專權，脅君於內，弗能遠也；藩鎮跙兵，陵慢于外，弗能制也；士卒殺逐主師，拒命自立，弗能詰也；軍旅歲興，賦斂日急，骨血縱橫於原野，抒軸空竭於里閭。

鐵證如山，吾人不知僧孺將何辭以對？

（四）愛而不忠

　　溫公竭力維護傳統之政治格局，故君要於聖、臣求其忠。忠之一字，固以「愛上不欺」爲第一義，然倘乃不以「義」爲歸，則率皆流於諂佞。溫公欲戒讀者，特於張放哭漢成而死 63／33／1055・引荀悅曰：

〔註64〕《論語注疏》16／146〈季氏〉第十六：「危而不持，顛而不扶，則將焉用彼相矣！

〔註65〕李訓、鄭注發甘露之變以誅宦官，事敗被擒，乃首引鹽鐵使王涯；時宰相賈餗以未能從閹，亦及於禍。溫公以訓、注二人嬖臣干政、所行又多非義，故貶之爲小人，乃有是論。本末詳見《通鑑》245／7910～16 唐文宗太和九年（835A. D.）。

〔註66〕「指鹿爲馬」故事詳見《通鑑》8／292 秦二世皇帝三年（207B. C.）。論本於憲奪田復以「陰喝」逼主，帝覺而舉趙高故事切責之，惟終不繩其罪。本末見《通鑑》46／1493 漢章帝建初八年（83A. D.）。

放非不愛上，忠不存焉。故愛而不忠，仁之賊也。

按：此論出前《漢紀》27／381 孝成皇帝紀四·綏和二年（7B. C.）。考放之行迹，《通鑑》中凡四見：

1. 31／991 漢成帝鴻嘉元年（20B. C.）：記放之家世及受寵之始。

2. 31／1011 漢成帝永始二年（15B. C.）：記帝與放等縱欲無度，致孝元后迫放就國。

3. 32／1034 漢成帝元延元年（12B. C.）：記帝復徵放而后終拒之。

4. 本處。

此中，吾人見漢成之嬖放，而放亦非純然營私求利，徒以溺於私情，不能順美匡惡，遂有「仁賊」〔註67〕之譏，果人臣之殷鑑也。

七、保　身

如前所述，吾人已可略知：溫公之臣道理念，大抵不出一「忠」字。唯時移勢異，未可泥於一隅，「保身」之說，即出於消極衛護忠道、保存士類，而不專以「全身遠害」之外在作爲月旦人物。綜理二百篇中之保身說，大體宜分二途敘之：

（一）避　世

馮道死 205／291／9512·臣光曰：

……臣愚以爲忠臣憂公如家，見危致命，君有過則強諫力爭，國敗亡則竭節致死。智士邦有道則見，邦無道則隱，或滅迹山林，或優游下僚。……

「智士」之德不及「忠臣」；於其所行，溫公又不以爲非，蓋默許之也。今於「滅迹山林」、「優游下僚」各舉一例：

1. 記申屠蟠事 88／50／1823·臣光曰：

天下有道，君子揚于王庭以正小人之罪，而莫敢不服。天下無道，君子囊括不言以避小人之禍，而猶或不免。……夫唯郭泰既明且哲，以保其身；申屠蟠見幾而作，不俟終日，〔註68〕卓乎其不可及已！

漢季黨禍，士林稍有聲望者莫不株連，方之贏秦阬儒，不遑多讓。郭泰、申屠蟠獨樹異幟，或有譏之以「畏死傷仁」者。然觀其後申屠不畏暴權，峻拒董卓之徵〔註69〕，則其所守，固非俗議可侮。唯溫公以其「知幾」爲卓，《船山鑑論》8／266 則以爲

〔註67〕荀悅原作「人之賊也」，溫公改「人」爲「仁」。

〔註68〕評泰八字，見《詩經注疏》183／675 大雅蕩之什·烝民；論蟠八字，則載於《周易注疏》8／171 繫辭下。

〔註69〕詳見《通鑑》59／1906 漢靈帝中平六年（189A. D.）。

不然，蓋漢之不可救、董卓之不可與居，識者皆知，不足爲貴。蟠之不可及者，在「持志定而安土之仁不失」，其說足以補溫公之意。

2. 記蔡廓事 138／119／3752・引沈約曰：

> 蔡廓固辭銓衡，恥爲志屈；豈不知選、錄同體，義無偏斷乎？良以**主闇時難，不欲居通塞之仕**，遠矣哉！〔註70〕

按：此論出《宋書》57／1585 本傳史臣曰。

（二）避 功

傳統政治以「人治」爲主，君權獨大。創業之際，需才孔殷，或得稍抑其勢；一旦主於守成，則臥榻之側豈容他人酣眠？於是「狡兔死」、「走狗烹」也。不賞之功，卒成殺身之痛，向爲人臣心中不解之牢結，是故亂世固宜保身，治世亦需明哲，士類處於當世，其疏離感一至於此。溫公雖力主君聖臣賢，於此亦不能釋懷：

1. 張良引退 23／11／363・臣光曰：

> ……夫功名之際，人臣之所難處。如高帝（劉邦）所稱者，三傑而已：淮陰誅夷，蕭何繫獄，非以履盛滿而不止邪！故子房託於神仙，遺棄人間，**等功名於外物，置榮利而不顧**，所謂「明哲保身」者，子房有焉。

2. 記士孫瑞事 90／60／1939・臣光曰：

> 易稱「榮謙君子有終吉」〔註71〕，**士孫瑞有功不伐，以保其身**，可不謂之智乎！〔註72〕

上述，即二百篇中所見之臣道理念。

附論　君臣相應之理

二百篇中，直接闡述溫公君臣關係論者，凡二見：

一、丙吉死 47／27／872・引班固曰：

> 古之制名，必由象類，遠取諸物，近取諸身。故經謂君爲元首，臣爲股肱，

〔註70〕此論導因於劉宋豫章太守蔡廓以不能悉攬選事，拒受詔徵爲吏部尚書。時制：選舉一事，本由錄事尚書、吏部尚書共司其職，故約乃有「選、錄同體，義無偏斷」之語。本末詳見《通鑑》119／3752 宋營陽王景平元年（423A. D.）。

〔註71〕《周易注疏》2／48 謙卦九三爻辭。

〔註72〕此論本事在士孫瑞嘗與王允誅董卓之謀，事成，允自專其功，後郭汜、李傕爲卓報怨而殺允，瑞乃能免於難。詳見《通鑑》60／1933；1936 漢獻帝初平三年（192A. D.）。唯其後瑞終以衛護漢獻，而爲李傕所殺。見《通鑑》61／1968 興平二年（195A. D.）。

〔註73〕明其一體相待而成也。是故君臣相配，古今常道，自然之勢也。……

按：此贊出《漢書》74／1367 本傳。

二、裴矩諫唐高祖試賄法 173／192／6029・臣光曰：

……君者表也，臣者景也，表動則景隨矣。

此中看似兩方平衡，彼此互動，然以溫公所謂「表動景隨」權之，臣之地位無乃淪為「配君而動」。即以孟堅諸語為論：「一體相待」原係君臣相配、無分軒輊，然其後論譽蕭何、曹參，及等而下之如丙吉、魏相之徒，則指涉處充其量不過「臣配君」而已。是故，溫公君臣相應之理，一言以蔽之，曰：君主臣承。

此一權力型態，不祇發露於上述兩處，實則本章兩節所論，亦無非此格局之具體呈現，蓋：

一、君道論

二體四用說之對象，無非人君之與其國、其民乃至於天。此中，天、國皆非具象；而民者，依其論說，本代「天」而牧，其地位居於下，其動作在於「受」，故君之行徑，大體不受人為之約束。

二、臣道論

諸體用權戒說中，除「保身」一道外，皆屬「忠」之變體，其對象主於君，其動作皆「承君而行」。此一觀念，《傳家集》64／787 功名論（嘉祐二年 1057A. D. 作）所言最著：

自古人臣有功者誰哉？愚以為人臣未嘗有功，其有功者，皆君之功也。何以言之？夫地有草木，天不雨露之，則不能以生；月有光華，日不照望之，則不能以明；臣有事業，君不信任之，則不能以成，此自然之道也。

溫公「君主臣承」觀經後學輾轉傳衍，或有將之與法家「君尊臣卑」觀治於一爐者，此不可不辨：

一、溫公「君主」一論雖排除人君有形之桎梏，然二體四用之說，實乃無形之約束。〔註74〕人君有此，畢竟不容暢所欲為，與「尊君卑臣」理念絕不可混同而論。

二、溫公「臣承」之論，其氣象固不足與君相頡頏，然保身之說，留轉圜餘地；

〔註73〕《尚書注疏》5／74 虞書・益稷第五：「乃賡載歌曰：元首明哉！股肱良哉！庶事康哉！」

〔註74〕余英時以為傳統君權「雖無形式化、制度化的限制」，但仍有：（1）更高的力量：如漢儒之「天」、宋儒之「理」……等。（2）教育的塑造。（3）君權本身形成的傳統。（4）官僚制度等約束力。此中，前二者為儒家所提出，亦即溫公之所本。詳見《歷史與思想》「君尊臣卑」下的君權與相權——「反智論與中國政治傳統」餘論，頁50〜53。

除此而外，見其和衷而非委屈，自不宜目之爲「卑」。

三、二百篇中，尚有一觀念足以證此：

（一）翟才進自殺 61／33／1052・臣光曰：

> 晏嬰有言：「天命不慆，不貳其命。」禍福之至，安可移乎！昔楚昭王、
> 宋景公不忍移災於卿佐，曰：「移腹心之疾，寘諸股肱，何益也！」〔註75〕
> **仁君猶不忍爲，況不可乎！**使方進罪不至死而誅之，以當大變，是誣天也；
> 方進有罪當刑，隱其誅而厚其葬，是誣人也；孝成欲誣天、人而卒無所益，
> 可謂不知命矣！〔註76〕

（二）以災異免徐防 80／49／1571・引仲長統曰：

> 光武皇帝慍數世之失權，忿強臣之竊命，矯枉過直，政不任下，雖置三公，
> 事歸臺閣。自此以來，**三公之職，備員而已，然政有不治，猶加譴責。**……
> 此皆戚宦之臣所致然也，反以策讓三公，至於死、免，乃足爲叫呼蒼天，號
> 咷泣血者矣！……今人主誠專委三公，分任責成，而在位病民，舉用失賢，
> 百姓不安，爭訟不息，天地多變，人物多妖，然後可以分此罪矣。

按：此論原出《昌言》・法誡篇，已佚，今見范曄《後漢書》39／1657 本傳引。由
上述二論，吾人當可想見：溫公之君臣觀雖難免別有重輕，然天人鑑於上，君道
不能跋扈；失職存諸身，人臣乃能受誅，〔註77〕尤非「君尊臣卑」一語足以涵容
也。

時浸於後，百家流衍，率多融通，固難責之以純粹。儒者自荀卿以下，本已稍
涉法家，漸升君位，溫公循此，迹象了然。〔註78〕唯其根本，仍駐足於儒，故此格
局仍屬「聖君賢臣」，與其言「陽儒陰法」，毋寧視爲融合型態，更切事實。

結　語

綜觀右述，吾人於溫公政論之權力中樞結構，可歸納出兩大特色：

〔註75〕晏子語見《左傳注疏》52／905 昭公廿六年，楚昭王事見 58／1007 哀公六年，宋景
公事見《史記會注考證》本）（38／617）宋微子世家。

〔註76〕時熒惑守心，有善星者賁麗議以大臣當之，漢成屬意方進，方進乃無奈自殺，帝秘之，
禮賜異於故事。本末詳見《通鑑》33／1051 漢成帝綏和二年（7B. C.）。

〔註77〕此處純指傳統儒者乃至溫公之理想形式，其現實運作，則未必盡然。古今中外，凡思
維模式轉化爲制度、推行於現實之際，皆不免有所變異。

〔註78〕其最顯明處：二百篇中，採孟荀之說，比率相去甚遠（見第三章、第三節，頁106。）；
「法」之地位，漸獲重視（見第六章・第一、二節。）

一、穩定型之政治觀

君、臣道中，率以「德」爲標榜，而所德者：君在本禮源仁、講信察姦，皆以保業安民爲主，曾無開拓之志；臣則教忠教孝、輔君莅民，亦不以聰明黠智爲優。是皆以柔德當道，專求穩定而已。

二、君主型之操作法

權力中樞內之從屬關係，前論已繁，此不贅述。唯政體操作時，君權未必能膨脹至鉅細躬親之境，故人臣之地位，實仍具其潛在之積極性，此不可不知者。

潛察溫公此等觀念形成之背景，吾人以爲大體出於三方：

一、時代意識之呈現

唐末五代以來，地方割據，軍人專政，宦官攬權，朋黨爭勢……，除外戚之禍稍戢外，傳統政治中之痼疾交相戕害國本，實君不君，臣不臣之時也。自北宋一統，首務即在收束人心，保境安民，則溫公之見固理當然也。

二、思想流變之結果

儒家自荀卿一脈已有「尊君」之意，韓愈以下雖推孟貶荀，然尊君抑民之說竟反其道而大昌。有宋一朝，昌黎居理學先驅之位，溫公大體承此脈絡而來。

三、溫公個人之堅持

此項因素與前二者或互爲因果，不宜獨在，然實亦不容忽視。今以五代馮道其人之月旦爲例：宋初范質以爲「厚德稽古，宏才偉量，雖朝代遷貿，人無閒言，屹若巨山，不可轉也。」〔註79〕而王安石稱其「知道」、蘇軾許爲「盛德」，〔註80〕獨歐陽修、溫公貶之爲無恥之尤者。〔註81〕范質之論或有其個人背景〔註82〕，介甫、東坡皆溫公敵友，所見乃有如是之異，則此項因素之左右，不可等閒視之矣。

〔註79〕馮道死 205／291／9511・臣光曰引，此論出處問題見第三章・第三節，頁 109。

〔註80〕《致堂管見》30／2026 引，此論原出處待查。

〔註81〕205／291／9511・引歐陽修曰、臣光曰，另《傳家集》67／832 評「馮道爲四代相」（慶曆五年 10 月 45A. D. 作）亦主此說。

〔註82〕蓋質之出身頗與馮道近似，其人亦嘗歷事後唐、後晉、後漢、後周、趙宋五朝，故胡注於此論下曰：「夷考范質之爲人，蓋學馮道者也。」；本傳亦載趙光義（宋太宗）語曰：「但欠世宗（柴榮）一死，爲可惜耳！」（《宋史》249／8796）。

第五章 「臣光曰」所呈現之思想脈絡（二）
——政體運作之技術

前章所述，乃溫公政論之上層關係；以下兩章，則將就下層建築——政體實際操作時之各項關鍵分別論列。

夷考近世思潮，其關乎政體操作方式者，大體傾向「三權分立」。民國肇建，中山先生特參照舊史儀軌，創爲五權，殆亙古未有之發明也。今欲論溫公之政體運作觀，亦宜循此格局，使前賢遺惠知所興革，得以重庇後人，遂將此一下層建築概分行政、立法、司法、取才、監察五端。

溫公儒學根柢深厚，故論政主「人治」，「取才」一項，尤爲其政論之基礎所在；而「法」者，雖已爲溫公接納，仍非其政論所本，僅止於維持儒學政體之運作，故吾人又可將上述五端概分爲技術、規範兩大範疇。本章即先於「運作之技術」層次著手，首論取才，次述行政，以期重現溫公之政論之風貌。

第一節 取才理念

爲求思路明晰起見，吾人於此又可再理出四部：

一、中心思想——人治論

溫公承自原始儒家，其中心思想大抵以「德」治天下，故爲政特「重人而輕法」，此本在情理之中。劉邵奉敕作考課法 111／73／2329・臣光曰：

> 爲治之要，莫先於用人，而知人之道，聖賢所難也。〔註1〕是故求之於毀

〔註 1〕此語脫胎於《尚書》皐陶謨：「皐陶曰：『都！在知人，在安民。』禹曰：『吁！咸若時，惟帝其難之。』」。詳見《注疏》4／60虞書・第四。

譽，則愛憎競進而善惡混殽；**考之於功狀，則巧詐橫生而眞僞相冒。……**
雖詢謀於人而決之在己，雖考求於迹而察之在心，研覈其實而斟酌其宜，
至精至微，**不可以口述，不可以書傳也，安得豫爲之法而悉委有司哉？**〔註
2〕或者親貴雖不能而任職，疏賤雖賢才而見遺；所喜所好者敗官而不去，
所怒所惡者有功而不錄；詢謀於人，則毀譽相半而不能決，考求其迹，則
文具實亡而不能察。雖復爲之善法，繁其條目，謹其簿書，安能得其眞
哉？……

由此足見溫公否定「考課法」之價值，即使此法濫殤於唐、虞之初，而好古如溫公
者，仍不稍加辭色：

> ……或曰：考績之法，唐、虞所爲，京房、劉邵述而修之耳，烏可廢哉？
> 曰：唐、虞之官，**其居位也久，其受任也專，其立法也寬，其責成也遠。**
> 是故鯀之治水，九載績成弗成，然後治其罪；禹之治水，九州攸同，四隩
> 既宅，然後賞其功。〔註3〕非若京房、劉邵之法，校其米鹽之課，責其旦
> 夕之效也。事固有名同而實異者，不可不察也。考績非可行於唐、虞而不
> 可行於漢魏，由京房、劉邵不得其本而奔赴其末也。

果如溫公所論而加之以四限，則考課之法恐名存而實亡也。是故溫公理想中之政體，
殆爲「人治」氣氛所籠罩，不特人君擇才，即百官取吏亦復如是：

> ……或曰：人君之治，大者天下，小者一國，內外之官以千萬數，考察黜
> 陟，安得不委有司而獨任其事哉？曰：非謂其然也。凡爲人上者，不特人
> 君而已：太守居一郡之上，九卿居屬官之上，三公居百執事之上，皆用此
> 道〔註4〕以考察黜陟在下之人，爲人君者亦用此道以考察黜陟公卿太守，
> 奚煩勞之有哉！……

由是觀之，溫公之政體結構概念，略可繪成一「金字塔」圖形，有別於以法治爲中
心所形成之「同心圓」結構。

此種「任人輕法」之政體結構概念，不特呈現於二百篇中，亦可見諸溫公他處

〔註2〕胡注：「溫公之論善矣，然必英明之君，然後能行之。自漢以下，循名責實，莫孝宣
若也。宣帝之政，非由師傅之諭教、公輔之啓沃也。公所謂不可以口述，不可以書
傳，其萬世之名言也歟！」按：溫公本意乃謂取才之際，其損益精微處，有口述、
書傳所不能盡者，身之遂以此盡棄師輔之襄佐，落入神秘主義窠臼，未免解釋太過。
夫漢宣之識，固有出於天縱者，然若非師輔啓沃之有日，諭教之殷勤，將何以致之
哉？況溫公於此，何嘗有其意？身之失讀矣。
〔註3〕「九載績用弗成」語出《尚書》堯典，見《注疏》2／26虞書第一；「九州攸同，四
隩既宅」則出〈禹貢〉，見《注疏》6／90夏書第一。
〔註4〕此道者，至公至明也。詳後，頁167。

著述，今聊舉數例如下：

（一）《傳家集》25／355 論財利疏（嘉祐七年 1062A.D.七月上）：

> 然則爲今之術奈何？曰：在隨材用人而久任之，在養其本原而徐取之，在減損浮冗而省用之。

（二）《傳家集》54／661 乞以十科舉士劄子（元祐元年 1086A.D.上）：

> 臣竊惟爲政之要，莫如得人。百官稱職，則萬務咸治。

（三）《傳家集》三勤論 65／802：

> 故爲人君者，謹於擇吏而已矣，他奚足事哉！

（四）《稽古錄》歷年圖序 16／113：

> 夫國之治亂，盡在人君。人君之道有一……何謂人君之道一？曰：用人是也。

（五）《潛虛》‧行圖‧11 元下解曰：

> 任人，治亂之始也。〔註5〕

另東坡〈司馬溫公行狀〉亦嘗記之：

> 公以爲治亂之機，在於用人，邪正一分，則消長之勢自定。每論事，必以人物爲先。〔註6〕

此中尤見溫公言行之合一也。

二、處理原則

　　天之生才，本無治亂之別，繫於人主識之與否；亦非獨鍾其德，端視爲君趨於何好。溫公於此，嘗以漢武前後治道闡明之，漢武帝下罪已詔 42／22／742‧臣光曰：

> 天下信未嘗無士也！武帝好四夷之功，而勇銳輕死之士充滿朝廷，闢土廣地，無不如意。及後息民重農，而趙過之傅教民耕耘，民亦被其利。此一君之身趣好殊別，而士輒應之，誠使武帝兼三王之量以興商、周之治，其無三代之臣乎？

是故風行草偃之際，治亂由此分野。然人生有欲，雖明主終不能免，溫公借箸代籌，諷之以善道，其論點見諸二百篇者，歸納爲三：

（一）至公至明

〔註5〕《宋元學案》8／168 涑水學案下引。
〔註6〕《蘇東坡全集》（重排本，世界，民國53年2月台初版）‧前集36／429。

　　「人治」既爲溫公政體結構之維繫，則主其事者之心態維何，實此一金字塔成敗之關鍵，故溫公本諸夫子「政者正也」之旨〔註7〕，力主取才必先「正己」之說，記石顯事 58／29／934・引荀悅曰：

> ……夫要道之本，正己而已矣。平直眞實者，正之主也。故德必核其眞，然後授其位；能必核其眞，然後授其事；功必核其眞，然後授其賞；罪必核其眞，然後授其刑；行必核其眞，然後貴之；言必核其眞，然後信之；物必核其眞，然後用之；事必核其眞，然後脩之。故眾正積於上，萬事實於下，先王之道，如斯而已矣！

按：此論出《前漢紀》22／309 孝元皇帝紀中・永光元年（43B.C.）。

　　其言晐而言簡，溫公猶恐讀者不能察其風旨，故又嘗引申其意，一則正面釋之以「至公至明」，一則反面戒之以「親疏、貴賤、喜怒、好惡」，其辭見：

1. 劉邵奉敕制考課法 111／73／2329・臣光曰：

> ……要之，其本在於至公至明而已矣。爲人上者至公至明，則群下之能否焯然形於目中，無所復逃矣。苟爲不公不明，則考課之法，適足爲曲私欺罔之資也。何以言之？公明者，心也；功狀者，迹也。己之心不能治，而以考人之迹，不亦難乎？爲人上者誠能不以親疏貴賤異其心，喜怒好惡亂其志；欲知治經之士，則視其記覽博洽，講論精通，斯爲喜治經矣；欲知治獄之士，則視其曲盡情僞，無所冤抑，斯爲善治獄矣；……至於百官，莫不皆然。〔註8〕……

2. 崔祐甫用人涉親故 189／225／7258・臣光曰：

> 臣聞用人者，無親疏、新故之殊，惟賢、不肖爲察。其人未必賢也，以親故取之，固非公也；苟賢矣，以親故而捨之，亦非公也。夫天下之賢，固非一人所能盡也，若必待素識熟其才行而用之，所遺亦多矣。古之爲相者則不然，舉之以眾，取之以公。眾曰賢矣，己雖不知其詳，姑用之，待其無功，然後退之，有功則進之；所舉得其人則賞之，非其人則罰之。進退賞罰，皆眾人所共然也，己不置毫髮之私於其間。苟推是心以行之，又何遺賢曠官之足病哉！

（二）德重於才

〔註7〕《論語注疏》12／109《顏淵》，第十二。

〔註8〕《致堂管見》8／346 於此雖贊以「至當之論」，然猶謂：「今直以公明爲美，而無去邪私、開暗蔽之術，是猶語人以飯可以療饑，而不教之耕稼也。」遂揭示「清心寡欲」一法以補之，差可觀矣。

　　用心以德、以才本當無所偏執，唯儒家高倡「德治」，溫公本之，亦以是爲宗，三家滅智氏2／1／14・臣光曰：

　　……夫才與德異，而世俗莫之能辨，通謂之賢，此其所以失人也。夫聰察強毅謂之才，正直中和謂之德。才者，德之資也；德者，才之帥也。雲夢之竹，天下之勁也；然而不矯揉，不羽括，則不能以入堅。棠谿之金，天下之利也，然而不鎔範，不砥礪，則不能以擊強。是故才德全盡謂之「聖人」，才德兼亡謂之「愚人」；德勝才謂之「君子」，才勝德謂之「小人」。凡取人之術，苟不得聖人、君子而與之，與其得小人，不若得愚人。何則？君子挾才以爲善，小人挾才以爲惡。挾才以爲善者，善無不至矣；挾才以爲惡者，惡亦無不至矣。愚者雖欲爲不善，智不能周，力不能勝，譬如乳狗搏人，人得而制之。小人智足以遂其姦，勇足以決其暴，是虎而翼者也，其爲害豈不多哉！夫德者人之所嚴，而才者人之所愛；愛者易親，嚴者易疏，是以察者多蔽於才而遺於德。……故爲國爲家者苟能審於才德之分而知所先後，又何失人之足患哉！

此論基礎本爲才德相應，然溫公爲救俗識之「蔽於才而遺於德」，乃在君子、小人之間，親愛、嚴疏之際，定其先後，遂成今日面目。是故吾人不可不知：溫公取人雖偏於「德」，然「才」亦非可盡棄。此等論述，《傳家集》中亦頗見之，今略述其二：

1. 20／302 論選舉狀（嘉祐六年 1061A.D.八月二十一日上）：

　　竊以取士之道，當以德行爲先，其次經術，其次政事，其次藝能。

2. 64／796 才德論（慶曆五年 1045A.D.作）：

　　世之所謂賢者何哉？非才與德之謂邪？二者殊異，不可不察。所謂才者存諸天，德者存諸人。……存諸天者，聖人因而用之；存諸人者，聖人教而成之。雖然，自非上聖，必有偏也。原於才者，或薄於德；豐於德者，或殺於才。鈞之不能兩全，寧舍才而取德。

　　《通鑑》兩百篇史論內展現此一取才理念處甚夥，惟其中予以正面教訓者，當屬記卓茂事70／40／1285・臣光曰最爲著明：

　　……光武即位之初，群雄競逐，四海鼎沸，彼摧堅陷敵之人，權略詭辯之士，才見重於世，而獨能取忠厚之臣，旌循良之吏，拔於草萊之中，寘諸群公之首，宜其光復舊物，享祚久長，蓋由知所先務而得其本原故也。〔註9〕

────────────────────────

〔註9〕《稽古錄》13／62 總評東漢之政時，亦以擢茂事贊光武「有帝王之遠略。」

若夫因反證以興鑑戒者，其事亦眾，如：穰侯敗 12／5／163・臣光曰評范雎為「傾危之士」；劉宋文帝誓容彭城王義康 142／123／2889・臣光曰評劉湛為「貪人」；蕭齊竟陵王子良死 155／139／4353・臣光曰評王融為「輕躁之士」；蕭梁太子統見疑於武帝 164／155／4809・臣光曰戒遠詭誕之士。此輩非盡媚上取容，然人主用之，或絕母子之親、失兄弟之歡、虧君臣之義，其禍不一而足。究其本原，皆取用之際未審其德故所致，此溫公所深痛者。

（三）用人不疑

取才既定，自當全心委之，然後上下相輔，何事不成！若乃時存防賊之志，示人以狹，試問掣肘之餘，何事可成？故溫公於此，特主「盡信」之說，今有二例焉：

1. 苻健戒太子以漸除群臣 125／100／3147・臣光曰：

> ……知其不忠，則勿任而已矣；任以大柄，又從而猜之，鮮有不召亂者也。

2. 劉裕疑王鎮惡 135／118／3714・臣光曰：

> 古人有言：「疑則勿任，任則勿疑。」裕既委鎮惡以關中，而復與（沈）田子有後言，是鬪之使亂也。〔註10〕惜乎，百年之寇，千里之土，得之艱難，失之造次，使豐、鄗之都復輸寇手。《荀子》曰：「兼并易能也，堅凝之難。」〔註11〕信哉！

凡上所述，即溫公由上及下之取才理念，今欲一言以蔽之，則當取《傳家集》64／787〈功名論〉中所謂：「天下烏有無士之國哉？患在人主知之不明、用之不固、信之不專耳！」最能達意。

三、人才自處之道

上以及下，謂之取才；下以應上，謂之用世，兩下參合，人治之論盡矣。縱觀溫公論用世之道，大體處於被動地位，意即：人才動止皆以「禮」循行，其出處一事，盡操諸人君之手，而不得有所逾越，殆與前章「臣道」觀冥合。今檢其說以證之：

（一）記韓非事 15／6／221・引揚雄曰：

> ……君子以禮動，以義止，合則進，否則退，確乎不憂其不合也。夫說人而憂其不合，則亦無所不至矣。……

按：此論出《法言》（義疏 9／317）問明第六。

〔註10〕鎮惡本王猛之子，以克長安有功，素為南人所忌，故裕還朝之際以「猛獸不如群狐」私語田子，致後鎮惡遭誣殺，長安復陷赫連夏之手。本末詳見《通鑑》118／3712～16；3720～22 晉安帝義熙十三——四年（417～18A.D.）。

〔註11〕荀子原作：「兼并，易能也。唯堅凝之難焉。」見集解 10／503 議兵第十五。

（二）范曄等謀反 145／124／3920・引裴子野曰：

> 夫有逸群之才，必思沖天之據；蓋俗之量，則僨常均之下。其能守之以道，
> 將之以禮，殆為鮮乎！……

按：此論原出《宋略》，今佚。其中「道」所指涉為何？依其本事，則無非忠君戒逆
一類，是合於溫公之前論也。

四、歷代取才制度平議

歷朝典章人物，雖與世推移，然其功過留諸青史，雖百代猶不磨滅。溫公秉其
卓識，於前代晉用制度之犖犖大者，迭有評議：

（一）戰國養士制度

孟嘗君以養士知名 6／2／78・臣光曰：

> 君子之養士，以為民也。易曰：「聖人養賢，以及萬民。」〔註12〕夫賢者，
> 其德足以敦化正俗，其才足以頓綱振紀，其明足以燭微慮遠，其強足以結
> 仁固義，大則利天下，小則利一國。是以君子豐祿以富之，隆爵以尊之，
> 養一人而及萬人者，養賢之道也。……

觀其所舉德、才、明、強四端，無非致治之道，自君以下，本當一體遵行，此溫公
「人治」金字塔之維繫也。唯其如此，孟嘗雖有士三千，其間不乏雞鳴狗盜之才，
然以溫公之權衡之，乃「姦人之雄」，毋足怪也。

（二）漢代察舉制度

記樊英事 83／51／1648・臣光曰：

> 古之君子，邦有道則仕，邦無道則隱。隱非君子之所欲也，人莫己知而道
> 不得行，群邪共處而害將及身，故深藏以避之。王者舉逸民，揚仄陋，固
> 為其有益於國家，非以徇世俗之耳目也。是故有道德足以尊主，智能足以
> 庇民，被褐懷玉，深藏不市，則王者當盡禮以致之，屈己以下之，虛心以
> 訪之，克己以從之，然後利澤施於四表，功烈格於上下。蓋取其道不取其
> 人，務其實不務其名也。……若乃孝弟著於家庭，行誼隆於鄉曲，利不苟
> 取，仕不苟進，潔己安分，優游卒歲，雖不足以尊主庇民，是亦清脩之吉
> 士也，王者當褒優安養，俾遂其志。……

此論重申「取德重才」、「尊主庇民」，唯其中已滲入「保身」之理念〔註13〕，故除
要求人主修德清政之外，為臣與否雖終不免控馭於人君，然尚容許稍有出入，即所

〔註12〕《周易注疏》3／69 頤卦彖辭。
〔註13〕參見第四章・第二節，頁 85~6。

謂「清脩之吉士」也。

（三）魏晉九品制度

魏取陳群「九品中正」之制，原在理才，無尊門地，然末流所趨，伊於胡底！《通鑑》二百篇史論本已惜墨如金，然於蒐檢相關文字，竟達三處四篇之多，足見溫公鳴鼓之意。今依其篇旨，區分爲二：

1. 理念層次

記王僧達事 148／128／4038・引沈約、裴子野曰：

> ……魏武始立九品，蓋以論人才優劣，〔註14〕非謂世族高卑。而都正俗士，隨時俯仰，憑藉世資，用相陵駕，因此相沿，遂爲成法。周漢之道，以智役愚；魏晉以來，以貴役賤，士庶之科，較然有辨矣。古者，德義所尊，無擇負販；苟非其人，何取世族！名公子孫，還齊布衣之伍；士庶雖分，本無華素之隔。自晉以來，其流稍改，草澤之士，猶顯清途，降及季年，專限閥閱。自是，三公之子，傲九棘之家；黃散之孫，蔑令長之室，轉相驕矜，互爭銖兩，唯論門戶，不問賢能。……

按：沈氏說見《宋書》94／2301 恩倖傳序；裴氏說原出《宋略》，今佚。兩論手法各異，對比鮮明。前者概述因果，寓褒貶於其中；後者揭竿直起，撻伐見諸顏色。唯對勘二論大旨，其「取賢能」、「疾門地」之理念，則一也。此外，更有一論言之最爲著明，拓跋魏孝文帝以門地取士 158／140／4396・臣光曰：

> 選舉之法，先門地而後賢才，此魏晉之深弊，而歷代相因，莫之能改也。夫君子、小人，不在於世祿與側微，以今日視之，愚智所同知也。當是之時，雖魏孝文之賢，猶不免斯蔽，故夫明辨是非而不惑於世俗者誠鮮矣。

2. 技術層次

時弊不獨在理念上，即實際操作中，亦不爲溫公所喜。劉宋孝武帝分選曹權 147／128／4036・引裴子野曰：

> 官人之難，先王言之，尚矣。周禮，始於學校，論之州里，告諸六事，而後貢于王庭。其在漢家，州郡積其功能，五府舉爲掾屬，三公參其得失，尚書奏之天子。一人之身，所閱者眾，故能官得其才，鮮有敗事。魏、晉易是，所失弘多。夫原貌深衷，險如谿壑，擇言觀行，猶懼弗周；況今萬品千群，俄折乎一面；庶僚百位，專斷於一司。於是囂風遂行，

〔註14〕據《通鑑》記載，應作「魏文」，詳見 69／2178 魏文帝黃初元年（220A. D.）。至於其制立意之始及末流之弊，則見 81／2587 晉武帝太康五年（284A. D.）。

不可抑止，干進務得，兼加諂瀆，無復廉恥之風、謹厚之操，官邪國敗，
不可紀綱。……

按：此論原出《宋略》，今佚。考溫公政體結構概念，在：分層負責、輕法重人、唯德是與，而當世選望專集於散騎常侍、吏部尚書等少數官署，一司一人，兼以需才孔急，其不泥於考課功狀，求之毀譽也難矣。

復次，溫公總評歷代取才制度之脈絡已如上述，唯其中有一大憾，乃吾人所深惜者：養士、察舉、九品諸制大體已涵蓋《通鑑》斷代之絕大部分，然隋唐以下新興之科舉一制，不獨影響深遠，實亦如溫公等知識份子安身立命之所在。可怪者，二百篇中未見論述，即《通鑑》本文於該制之濫觴、流衍、因革亦未著痕跡——

一、若謂溫公特意貶抑，則其史識猶待商榷不論，亦與往例不合；〔註15〕

二、若謂溫公無意疏漏，此理之所不容，況《傳家集》中於科舉一制之修正意見頗多；〔註16〕

三、若謂其無關「敘國家之興衰，著生民之休戚，使觀者自擇其善惡得失，以為勸戒」〔註17〕而弗載，則更屬無稽之談，姑不顧上述已見之「養士」諸制論說，即循溫公「人治」理念以思之，此說亦凡此種種，其間消息，令人費解！

第二節　行政理念

朱子嘗謂：「讀史，當觀大倫理、大機會、大治亂得失。」〔註18〕此語堪為《通鑑》二百篇史論之最佳注腳。蓋溫公所述，本在隨機而發，秉念雖堅，卻非系統化之論著；又以體裁所限，僅能作原則性之提示，而其中又以開展實際操作技術之「行政」理念為然。

今歸納二百篇中之行政理念為：教化、內政、外交、軍事、經濟五端，並依溫公輕重之意，概述如后：

〔註15〕二百篇史論苟欲行褒貶之事，皆必深切著明，斷無橫加抹殺之理，前述魏晉九品之制即為明證。

〔註16〕茲舉五例，以見溫公攻擊時弊、改革科考之苦心：（1）30／415 貢院定奪科場不用詩賦狀（治平元年 1064A.D. 四月十四日上）（2）40／517 議貢舉狀（熙寧二年 1069A. D. 五月上）（3）54／661 乞以十科舉士劄子（元祐元年 1086A.D.）（4）54／662 起請科場劄子（全上）（5）56／677 乞先行經明行修科劄子（全上）。

〔註17〕劉備即帝 100／67／2187・臣光曰。

〔註18〕《朱子語類》11／312 學〈五〉・讀書法〈下〉。

一、教　化

　　夫子答冉有治民之法，曰庶、曰富、曰教，〔註19〕此循序創業之途也。守成之主，於休養生息之際，則唯「教」是賴，此長治久安之道也，故曹操拒正位97／68／2173・臣光曰：

　　　　教化，國家之急務也，而俗吏慢之；風俗，天下之大事也，而庸君忽之。
　　　　夫惟明智君子，深識長慮，然後知其為益之大而收功之遠也。……

執此權衡，其總論東漢興衰之關鍵，遂曰：

　　　　……光武遭漢中衰，群雄麋沸，奮起布衣，紹恢前緒，征伐四方，日不暇給，乃能敦尚經術，賓延儒雅，開廣學校，脩明禮樂，武功既成，文德亦洽。繼以孝明、孝章，遹追先志，臨雍拜老，橫經問道。……自三代既亡，風化之美，未有若東漢之盛者也。及孝和以降，……政治雖濁而風俗不衰，至有觸冒斧鉞，僵仆於前，而忠義奮發，繼起於後，隨踵就戮，視死如歸。夫豈特數子之賢哉？亦光武、明、章之遺化也。當是之時，苟有明君作而振之，則漢氏之祚猶未可量也。……以魏武之暴戾強伉，加有大功於天下，其畜無君之心久矣，乃至沒身不敢廢漢而自立，豈其志之不欲哉？猶畏名義而自抑也。〔註20〕由是觀之，教化安可慢，風俗安可忽哉！

此外，尚有劉曜陷長安123／89／2836・引干寶曰一論足與前文相對應：

　　　　……夫基廣則難傾，根深則難拔，理節則不亂，膠結則不遷。昔之有天下者所以能長久，用此道也。周自后稷愛民，十六王而武始君之，其積基樹本，如此其固。今晉之興也，其創基立本，固異於先代矣。加以朝寡純德之人，鄉乏不貳之老，風俗淫僻，恥尚失所。學者以莊、老為宗而黜六經，談者以虛蕩為辯而賤名檢，行身者以放濁為通而狹節信，進仕者以苟得為貴而鄙居正，當官者以望空為高而笑勤恪。……禮法刑政，於此大壞，「國之將亡，本必先顛。」〔註21〕其此之謂乎！……

按：此論原出《晉紀》總論，已佚，今見昭明文選49／686。

　　復次，溫公重「風教」之理念，尚有一處，近似反常之發露者：《通鑑》191／6007唐高祖武德九年（626A. D.）記玄武門之變前李靖、李世勣行止，有《考異》曰：

〔註19〕詳見《論語注疏》13／116〈子路〉第十三。
〔註20〕《致堂管見》5／318似不以為然。蓋操其時特未稱帝耳，餘如出警入蹕、服冕車駕、立太子、設旌旗，均已等同於漢獻；實則二公論點本屬同軌，唯致堂誅心特甚，致有如是之異耳。
〔註21〕《左傳注疏》11／188閔公元年。

（唐）《統紀》曰：「秦王（李世民），不知所爲。李靖、李（世）勣數言大王以功高被疑，靖等請申犬馬之力。」劉餗《小說》：「太宗將誅蕭牆之惡以主社稷，謀於衛公靖，靖辭；謀於英公徐勣，勣亦辭。帝由是珍此二人。」〔註22〕二說未知誰得其實，然劉說近厚，有益風化，故從之。

史事定奪，本在求眞，闕疑傳疑斯可矣；苟欲行褒貶之事，贊論中自可任意揮灑，溫公遽以「有益風化」裁斷糾紛，實難免於後學之譏。唯吾人於此，適足以見溫公風教理念之鞏固，《通鑑》勸戒企圖之獨尊也。

詳究二百篇中之風教觀，大體可分爲二：

（一）尊 儒

《傳家集》42／538 論風俗劄子（熙寧二年 1069A.D.六月上）：

> 臣聞國之政治，在於審官；官之得人，在於選士；士之嚮道，在於立教；
> 教之歸正，在於擇術。

依溫公之意，學術實政治風教之根本所在。然其擇術維何？曰：尊儒宗經而已。時至趙宋，專制政體已漸趨完瞻，當世之學與原始儒家，面目雖自有別，神髓卻非殊途。溫公之見，遠則觀其君道諸說〔註23〕，近則檢其漢、晉經治禮壞之論，儒家根柢顯矣。

儒家特重現實精神，唯其如此，舉凡語涉虛無、教近誣罔者，皆在排抵之列。二百篇中，其事數見：

1. 老 莊

劉宋文帝立四學 141／123／3868・臣光曰：

> 易曰：「君子多識前言往行以畜其德。」孔子曰：「辭，達而已矣。」〔註24〕然則史者，儒之一端；文者，儒之餘事。至於老、莊虛無，固非所以爲教也。夫學者所以求道，天下無二道，安有四學哉！

此論導因於宋文使雷次宗、何尚之、何承天、謝元分立儒、玄、史、文四學，〔註25〕文中「尊儒排道」之意具見。夫如是，乃知前引〈論風俗劄子〉終以老、莊敗俗毀

〔註22〕檢《舊唐書》102／3174、《新唐書》132／4523 本傳，劉餗並無此作，新、舊〈唐志〉亦不見載；可見者，唯《直齋書錄解題》11／307、《郡齋讀書志》13／358、《文獻通考》215／1756、《宋史・藝文志》206／5220 四處，而其中《通考》所引晁、陳二氏說又謂乃劉宋、蕭齊聞人殷（或作商）芸所撰，則三家見本與溫公所據又名同實異。惜乎〈宋志〉所見，惟存其目，眞象如何，猶待查考。

〔註23〕參見第四章・第一節。

〔註24〕分見《周易注疏》3／68 大畜象辭、《論語注疏》15／247 衛靈公第十五。

〔註25〕詳見《通鑑》123／3868 宋文帝元嘉十五年（408A. D.）。

學，實非一時之意，其辭曰：

> 伏望朝廷特下詔書，以此戒勵內外公卿大夫，仍指揮禮部貢院，豫先曉示
> 進士：將來程試，若有僻經妄說，**其言涉老莊者，雖文辭高妙，亦行黜落，**
> **庶幾不至疑誤後學、敗亂風俗。取進止。**

2. 方 技

記寇謙之事 139／119／3762・臣光曰：

> 老、莊之書，大指欲同死生，輕去就；而爲神仙者，服餌修鍊以求輕舉，
> 鍊草石爲金銀，其爲術正相戾矣。是以劉歆《七略》敍道家爲諸子，神仙
> 爲方技。其後復有符水、禁呪之術，至謙之遂合而爲一，至今循之，其詭
> 甚矣！崔浩不喜佛、老之書而信謙之之言，其故何哉！昔臧文仲祀爰居，
> 孔子以爲不智，〔註26〕如謙之者，其爲爰居亦大矣。詩三百，一言以蔽之，
> 曰「思無邪」。〔註27〕君子之於擇術，可不慎哉！

老、莊虛無，固已不爲溫公所喜，神仙、符呪之流，則又等而下之，所以不見容，
實理之所必然。寇謙之附會無狀，崔浩信而不疑，所以致譏也。〔註28〕

3. 圖 讖

記桓譚事 76／44／1428・引范曄曰：

> 桓譚以不善讖流亡，鄭興以遜辭僅免；賈逵能傅會文致，最差貴顯。〔註
> 29〕世主以此論學，悲哉！

按：此論出《後漢書》36／1241 本傳。又：薛謙光獻豫州鼎銘 180／211／6704・臣
光曰：

> 日食不驗，太史之過也；而君臣相賀，是誣天也。**采偶然之文以爲符命，**
> **小臣之諂也**；而宰相因而實之，是侮其君也。上誣於天，下侮其君，以明
> 皇之明，姚崇之賢，猶不免於是，豈不惜哉！

圖讖之學，自兩漢而大興，其後繼體諸君，每喜附會符命，以遂其神授之幻想，小
人於是竭力迎合，此「風行草偃」之反面效應也。溫公真知灼見，字字深中要害，

〔註26〕詳見《左傳注疏》18／303 文公二年。

〔註27〕《論語注疏》2／16 爲政策二。

〔註28〕《致堂管見》10／617 以爲浩「小有才，未聞君子之大道」；《船山鑑論》17／580 則
貶謙之爲「巫」，皆與溫公之意相近。

〔註29〕鄭興本事，詳見《通鑑》42／1355 漢光武帝建武七年（31A. D.）；賈逵事，《通鑑》
中似未詳載，胡注於此補述：「明帝永平中，賈逵上言：『《左氏》與圖讖合，明劉氏
爲堯後。』帝嘉之，歷遷侍中、領騎都尉，甚見信用。」詳見《後漢書》36／1234
～40 本傳。

歉惋之餘，足以發人深省。

（二）戒　游

溫公論政既傾向維護傳統規格之「君主臣承」關係，為免陷於極權專制之境，故上層不僅勉君以「儒」修身，亦當以「儒」治國；而後下層臣民承君教而修業，方著其義，此前述「尊儒」之本也。唯其如此，凡逸出此格局外之人事論說，可統而名之曰游者，自難逃溫公之誅伐，記郭解事 37／18／60 引班固、荀悅曰所論最詳。班贊見《漢書》92／1554 游俠傳序，荀曰則見前《漢紀》10／137 孝武皇帝紀一·建元二年（139B.C.），〔註30〕二論篇幅頗鉅，且猶連綴而行，此於二百篇中成例無多，〔註31〕足見溫公之重視。

今欲求其條分縷析，乃試以類比之法，將兩論參合，而為三：

1. 基本概念

班固曰：

> 古者天子建國，諸侯立家，自卿大夫以至於庶人，各有等差，是以**民服事其上而下無覬覦**。

荀悅曰：

> 世有三游，德之賊也：一曰遊俠，二曰遊說，三曰遊行。立氣勢，作威福，結私交以立強於世者，謂之遊俠；飾辯辭，設詐謀，馳逐於天下以要時勢者，謂之遊說；色取仁以合時好，連黨類、立虛譽以為權利者，謂之遊行。此三者，亂之所由生也；傷道害德，敗法惑世，先王之所慎也。**國有四民，各修其業，不由四民之業者，謂之姦民，姦民不生，王道乃成**。

兩說雖詳略有別，然皆在維護制度、排除變因，以達成政局之完整與穩定。

2. 附事立論

班固曰：

> **周室既微，禮樂、征伐自諸侯出**：桓文以後，大夫世權，陪臣執命。陵夷至於戰國，合從連橫，繇是列國公子，魏有信陵，趙有平原，齊有孟嘗，楚有春申，皆藉王公之勢，競為游俠，雞鳴狗盜，無不賓禮。而趙相虞卿，棄國捐君，以周窮交魏齊之厄；信陵無忌，竊符矯命，戮將專師，以赴平原之急，皆以取重諸侯，顯名天下，搤腕而游談者，以四豪

〔註30〕族郭解事，《通鑑》置於元朔二年（127B.C.）。考異方著荀說，胡注以為是乃徙解於茂陵時，當以《通鑑》為正。

〔註31〕二百篇中，雙篇連書者凡十一處（詳見附表）；若以篇幅計，當以此處為最。

爲稱首。於是背公死黨之議成，守職奉上之義廢矣。及至漢興，禁網疏闊，未知匡改也。是故代相陳豨從車千乘，而吳濞、淮南皆招賓客以千數；外戚大臣魏其、武安之屬競逐於京師，布衣游俠劇孟、郭解之徒馳騖於閭閻，權行州域，力折公侯，眾庶榮其名迹，覬而慕之。雖其陷於刑辟，自與殺身成名，若季路、仇牧，死而不悔，故曾子曰：「**上失其道，民散久矣。**」〔註32〕

荀悅曰：

> 凡此三遊之作，**生於季世，周、秦之末尤甚焉。**上不明，下不正，制度不立，綱紀弛廢。以毀譽爲榮辱，不核其眞；以愛憎爲利害，不論其實；以喜怒爲賞罰，不察其理。上下相冒，萬事乖錯，是以言論者計薄厚而吐辭，選舉者度親疏而舉筆，善惡謬於眾聲，功罪亂於王法。然則利不可以義求，害不可以道避也。是以**君子犯禮、小人犯法**，奔走馳騁，越職僭度，飾華廢實，競趨時利。簡父兄之尊而崇賓客之禮，薄骨肉之恩而篤朋友之愛，忘修身之道而求眾人之譽，割衣食之業以供饗宴之好，苞苴盈於門庭，聘問交於道路，書記繁於公文，私務眾於官事，於是**流俗成而正道壞矣。**

班氏之論自「周室既微」以上，爲溫公刪去「孔子曰天下有道政不在大夫」等四十四字，然就大體而論，仍重「民久散」而輕上失道；荀氏所論則較爲全面、具體，制度、禮俗兼具虛實，殆後出轉精之作。

3. 針砭之道

班固曰：

> 非**明主在上，示之以好惡，齊之以禮法，**民曷由知禁而反正乎？……

荀悅曰：

> 是以聖王在上，經國序民，正其制度：善惡要於功罪而不淫於毀譽，聽其言而責其事，舉其名而指其實，故實不應其聲者謂之虛，情不覆其貌者謂之僞，毀譽失其眞者謂之誣，言事失其類者謂之罔。虛僞之行不得設，誣罔之辭不得行，有罪惡者無僥倖，無罪過者不憂懼，請謁無所行，貨賂無所用，息華文，去浮辭，禁僞辯，絕淫智，**放百家之紛亂，壹聖王之至道，養之以仁惠，文之以禮樂，**則風俗定而大化成矣。

班氏之論，重在<u>尊君</u>；荀氏之說，主於<u>尊儒</u>。此或因前者專排游俠，後者擴及三遊所致，然綜觀二論，皆溫公所極力堅持者。

〔註32〕《論語注疏》19／173 子張第十九。

　　上述三部，足以分曉溫公待「游」之策。今以「游俠」爲例，復有一說適可收點睛之妙者，說謂：太史公爲游俠立傳，〔註33〕實亘古未見獨具隻眼之盛事，姑不論其忿世傷懷之隱義，純就傳中文字而論，大體傾向肯定之態度，此稍見其辭曰：

> 今游俠其行雖不軌於正義，然其言必信、其行必果、已諾必誠、不愛其軀，赴士之阨困，既已存亡死生矣，而不矜其能、羞伐其德，蓋亦有足多者焉。……至如閭巷之俠，脩行砥名，聲施於天下，莫不稱賢，是爲難耳。然儒、墨皆排擯不載，自秦以前，匹夫之俠，湮滅不見，余甚恨之。以余所聞，漢興有朱家、田仲、王公、劇孟、郭解之徒，雖時扞當世之文罔，然其私義廉絜退讓有足稱者。名不虛立，士不虛附，至如朋黨宗彊、比周設財役貧、豪暴侵凌孤弱、恣欲自快，游俠亦醜之。余悲世俗不察其意，而猥以朱家、郭解等，令與暴豪之徒同類而共笑之也。

此意演及《漢書》，一轉而成：

> ……古之正法：五伯，三王之罪人也；而六國，五伯之罪人也；夫四豪者，又六國之罪人也。況於郭解之倫，以匹夫之細，竊殺生之權，其罪已不容於誅矣。觀其溫良泛愛，振窮周急，謙退不伐，亦皆有絕異之姿。惜乎！不入於道德，苟放縱於末流，殺身亡宗，非不幸也。

其中雖亦見游俠之善，然基點已轉至否定論上；殆及荀悅，游俠竟成「姦民」矣。溫公於此一遞嬗過程，乃舍太史公而獨取班荀，其意至明。〔註34〕

二、內　政

　　歷代內政問題之糾葛，雖反覆百端，然於若干癥結所在，溫公迭有應對之方，今析爲六：

（一）封　建

　　王緇塵嘗以「復封建」爲昔日儒生之謬見，〔註35〕夫體制之不復，固易言之；然究其精神，則又不絕如縷。僅以歷代「親王諸侯」一格不獨未見廢弛，且時秉重權一事，即非吾人所能諱言，此正余英時所論中國歷史之一大特質——政治結構之延續性。〔註36〕嬴秦以下，狹義之封建形制已告剷除，然「家天下」、「尊天子」等

〔註33〕《史記會注考證》本（124／1317～21）。

〔註34〕《船山鑑論》3／67 一則知：「游俠之與也，上不能養民，而游俠養之也。」一則又贊殺郭解之舉，何齟齬若此；於荀氏三游之論，乃謂：「商之小智，而沿漢末嫉害黨錮諸賢之餘習耳。」全不顧及該文末段大旨，斷章取義，可謂謬矣。

〔註35〕《資治通鑑讀法》‧封建與郡縣，頁 14。

〔註36〕《歷史與思想》關於中國歷史特質的一些看法，頁 274～277。

理念猶逡巡其間，溫公於此，即嘗有所發露，文見記盧龍亂事 193／244／7874・臣光曰：

> 昔者聖人順天理、察人情，知齊民之莫能相治也，故置師長以正之；知群臣之莫能相使也，故建諸侯以制之；知列國之莫能相服也，故立天子以統之。……

持念如是，吾人乃見溫公政論之意識型態。明乎此，處周、秦之際，溫公去取所在，自不思而得，王莽瓦解漢宗室 67／37／1178・引班固曰：

> 昔周封國八百，同姓五十有餘，所以親親賢賢，閱諸盛衰，深根固本，爲不可拔者也。故盛則周、召相其治、致刑錯；衰則五伯扶其弱、與共守；天下謂之共主，強大弗之敢傾。歷載八百餘年，數極德盡，降爲庶人，用天年終。秦訕笑三代，竊自號爲皇帝，而子弟爲匹夫，內無骨肉本根之輔，外無尺土藩翼之衛，陳、吳奮其白梃，劉、項隨而斃之，故曰：周過其曆，秦不及期。國勢然也。

按：此贊出《漢書》14／133 諸侯王表序。原文大體皆在護持「封建」，除上述外，歷論西漢之成敗，以爲皆關乎諸侯之興廢。溫公引述，除稍芟繁重外，皆予保留，心有戚戚焉然也。

（二）繼　承

　　溫公政體結構論既存有封建情結，則政權遞嬗之際，自不能跳脫「縱向繼承」之傳統模式。今欲析明其理，可略梳爲二：

1. 太　子

　　韓、趙攻魏 3／1／40・引太史公曰：

> 魏惠王所以身不死、國不分者，三國之謀不合也。[註37] 若從一家之謀，魏必分矣。故曰：**君終，無適子，其國可破也。**

按：此論出《史記》（會注考證本）44／713 魏世家。其重要性有二：

　　（1）肯定「太子」於政權繼承中之獨尊。

　　（2）突顯「太子」於溫公政論中之關鍵。

二百篇中，本篇敘列第三，其先後分別爲論禮、才德與信、仁義，[註38] 大抵皆屬理念之講求，唯此獨著落於實際典制，足見溫公之青眼有加。

　　至若爲太子擇人之法，二百篇中涉及不多。其要者，首重「宗統」，漢光武易太

〔註37〕魏武侯薨，諸子爭立，韓、趙因而攻之。圍魏之際，一主殺君割地，一主分魏爲二，謀遂不成。本末詳見《通鑑》1／38：40周威烈王五、七年（37／369B.C.）。

〔註38〕引見第四章・第一節。

子 74／43／1395・引袁宏曰：

> 夫建太子，所以重宗統，一民心也。非有大惡於天下，不可移也。……

按：此論出《後漢紀》7／60 光武皇帝紀・建武十九年（43A. D.）。宗統者，命定之數，非有違德大惡不可回，此實「君權天授」概念之延伸而已〔註39〕。唯其如此，宗統之下，自當以「德」爲極則，出「公心」而立嗣，唐太宗立晉王治爲太子 175／197／6197・臣光曰：

> 唐太宗不以天下大器私其所愛，以杜禍亂之原，可謂能遠謀矣！

時當太子承乾與魏王泰爭位，太宗心無聊賴之餘，一度抽力自刃，〔註40〕幸終取仁孝之晉王治，無愧英王之名，此溫公所贊者。〔註41〕

太子者，乃來日之國主，若非天縱之將聖，即待陶冶之蘊積，故教養之功關乎成敗。溫公於此，時重師保之教，而戒太子自通賓客，以致邪僻之趨附。漢武爲太子立博望苑 41／22／734・臣光曰：

> **古之明王教養太子，爲之擇方正敦良之士，以爲保傅、師友**，使朝夕與之遊處。左右前後無非正人，出入起居無非正道，然猶有淫放邪僻而陷於禍敗者焉。今乃使太子自通賓客，從其所好：夫正直難親，諂諛易合，此固中人之常情，宜太子之不終也。〔註42〕

然則爲太子師保、受顧命之責者，溫公亦戒之：

甲：苻健戒太子以漸除權臣 125／100／3147・臣光曰：

> 顧命大臣，所以**輔導嗣子**，爲之羽翼也。……

乙：呂岱戒諸葛恪以十思 114／75／2392・引虞喜曰：

> 夫託以天下，至重也：以人臣行主威，至難也；兼二至而管萬機，能勝之者鮮矣。……

按：此論原出《志林》，己佚，今見陳壽《三國志》64／1145 吳書諸葛恪傳裴注引。

〔註39〕參見第四章・第一節，頁 114。

〔註40〕《船山鑑論》20／708：「教者，君父之反身也，非可僅責之師保也。……況太宗之有慚德也乎？」慚德者，實指玄武奪位之變，此即太宗無聊賴處。

〔註41〕詳見《通鑑》197／6195～97 唐太宗貞觀十七年（643A. D.）。其記太宗言曰：「我若立泰，則是太子之位可經營而得。自今太子失道、藩王窺伺者，皆兩棄之，傳諸子孫，永爲後法。且泰立，承乾與治皆不全；治立，則承乾與泰皆無恙矣！」雷家驥以此推論：太宗立法，不過出於杜絕歪風、保全諸子，並非正面肯定嫡長繼承之刖，遂謂溫公史識不高。文見《帝王的鏡子──資治通鑑》，頁 307。實則溫公此處立論層次已超越宗統，而立基於「嫡長失德」之上；而「杜絕歪風」、「保全諸子」其意亦無非維護「嫡長繼承」制之尊嚴、基礎。雷氏之言，尚待商確。

〔註42〕意指戾太子引「巫蠱之禍」，詳見《通鑑》22／726～33 漢武帝征和二年（91B. C.）。

丙：霍光敗 46／25／821．引班固曰：

> 霍光受襁褓之託，任漢室之寄，匡國家，安社稷，擁昭、立宣，雖周公、
> 阿衡何以加此！然光不學無術，闇於大理，〔註43〕……死才三年，宗族誅
> 夷，哀哉！

按：此贊出《漢書》68／1308 本傳。其後，尚有「臣光曰」：

> 霍光之輔漢室，可謂忠矣；然卒不能庇其宗，何也？夫威福者，人君之器
> 也；人臣執之，久而不歸，鮮不及矣。……

是故師保之職，重在羽翼；太子成立，則自當篤守本分，不得稍涉威權，此溫公嚴
君臣之際、明哲保身一說之映現也。

2. 諸　王

以淵源論，諸王與太子皆本封建體制而來；以地位論，則前者遠爲遜色；故鑑
論中所占篇幅不多。然就整體觀之，諸侯宗室所以羽翼天子，實體制中潛在之安定
力量，不容等閒視之。歸納溫公之意，欲求磐固礎實，當循兩途：

（1）內則戒以驕淫

諸王大抵生長富貴之家，少歷憂患，其能潔身向道，超拔驕佚者蓋寡，記河間
獻王事 36／18／587．引班固曰以漢初諸侯爲例，所見至爲深刻：

> 昔魯哀公有言：「寡人生於深宮之中，長於婦人之手，未嘗知憂，未嘗知
> 懼。」〔註44〕是故古人以宴安爲鴆毒，無德而富貴謂之不幸。漢興至於孝
> 平，諸侯王以百數，率多驕淫失道。何則？沈溺放恣之中，居勢使然也。
> 自凡人猶繫於習俗，而況哀公之倫乎？……

按：此贊出《漢書》53／1114 景十三王傳。河間獻王獨能「卓爾不群」，此孟堅、
溫公傾心處〔註45〕。雖然，將以何法臻此化境？吾人乃於二百篇中得之，劉宋文帝
戒諸子以儉 144／124／3914．引裴子野曰：

> 善乎太祖之訓也！夫侈興於有餘，儉生於不足。欲其隱約，莫若貧賤。
> 習其險艱；利以任使；達其情僞，易以躬臨。太祖若能率此訓也，難其
> 志操，卑其禮秩，教成德立，然後授以政事，則無怠無荒，可播之於九
> 服矣。……

按：此論原出《宋略》，今佚。

〔註43〕《船山鑑論》4189～90 衍其義曰：「學何爲者也？非攬古今之成敗而審趨避之術也？」
〔註44〕詳見《荀子集解》20846 哀公第三十一。
〔註45〕《傳家集》66／825 又有〈河間獻王贊〉（慶曆五年 10 月 45A.D. 作）一首，頌揚尤
　　　　過於此，足盡溫公之雅意。

（2）外則屬以師保

此意大抵同於上述太子養成之法，唯其中有一轉折：劉宋、蕭齊之際，嘗有「長史」、「典籤」一職，立意之初本在輔佐方面，防驕蔽佚，然以所擇多非其人，以致兩代嗣君爲之摧折無算。溫公懲此，嘗再論之，以爲人主之戒：

甲、劉宋營陽王義符遇害 140／120／3768・引裴子野曰：

……幼王臨州，長史行事，宣傳教命；又有典籤，往往專制，竊弄威權，是以本根雖茂而端良甚寡。嗣君沖幼，世繼姦回，雖惡物醜類，天然自出，然習則生常，其流遠矣。降及太宗（宋明帝），舉天下而棄之，亦昵比之爲也。嗚呼！有國有家，其鑒之矣！

按：此論原出《宋略》，今佚。

乙、蕭齊宣城王鸞殺諸王 157／139／4366・引蕭子顯曰：

帝王之子，生長富厚，朝出閨閫，暮司方岳，防驕蔽佚，積代常典。故輔以上佐，簡自帝心；勞舊左右，用爲主帥。飲食起居，動應聞啓；處地雖重，行己莫由。威不在身，恩未及下，一朝艱難總至，望其釋位扶危，何可得矣！斯宋室之遺風，至齊室而尤弊也。

按：此論出《南齊書》40／715 武十七王傳。

（三）外 戚

外戚介入權力中樞，所憑仗者，后寵也。傳統思潮主流，一則以父權爲中心，擯婦女於政治之外；一則極力維護君統，排斥他種勢力匯入。況舅后之家，其親不宜施以嚴威，其勢適足相與抗衡，故羈縻之計，大抵以恩不予權而已。溫公於此，殆無新意：

1. 漢文逼薄昭自殺 33／14／482・臣光曰：

……魏文帝嘗稱漢文帝之美，而不取其殺薄昭，曰：「舅后之家，但當養育以恩而不當假借以權，既觸罪法，又不得不害。」譏文帝之始不防閑於昭也，〔註46〕斯言得之矣。

2. 王莽逼孝元后 66／36／1169・引班彪曰：

三代以來，王公失世，稀不以女寵。及王莽之興，由孝元后歷漢四世，爲天下母；群弟世權，更持國柄；卒成新都。……

〔註46〕魏文懲東漢之車鑒，不喜外戚干政之意頗爲強烈。除此而外，三國志 2／99 本傳尚載有黃初三年（222A. D.）九月甲午詔：「夫婦人與政，亂之本也。自今以後，群臣不得奏事太后；后族之家，不得當輔政之任，又不得橫受茅土之爵。以此詔傳後世，若有所違，天下共誅之。」其意至明。

按：此贊出《漢書》98／1684 元后傳。推王莽絕漢之因於五王世權、元后主國，適爲此說之反證也。

（四）嬖 臣

傳統政制雖以「君」爲中樞，然其結構體終賴龐大之官僚組織予以落實，而就中總其事者，相也。君、相之際，或以權力結構之有別（一爲絕對主觀、一近客觀），或以品位取向之懸殊（一爲獨尊，主隔；一任實事，主通），其衝突、制衡之餘，必有以奉上啓下、爲之調合者，是嬖臣之始也。於此，溫公大抵持肯定態度，劉宋明帝嬖臣盡除 152／134／4211・引沈約曰：

> 夫人君南面，九重奧絕，陪奉朝夕，義隔卿士，階達之任，宜有司存。……

唯立意雖佳，其末流所趨，每至：

> ……使幼主孤立，永竊國權，構造同異，興樹禍隙，帝弟宗王，相繼屠勦，實祚風傾。……

所以然者：

> ……恩以狎生，信由恩固，無可憚之姿，有易親之色。孝建（宋孝武帝）、泰始（宋明帝），主威獨運，而刑政糾雜，理難遍通，耳目所寄，事歸近習。及鯢歡慍、候慘舒，動中主情，舉無謬旨；人主謂其身卑位薄，以爲權不得重。曾不知鼠憑社貴，狐藉虎威，外無逼主之嫌，內有專用之效，勢傾天下，未之或悟。〔註47〕……

按：此論出《宋書》94／2301 恩倖傳序。所言雖針對宋世，然揆諸大旨，則固非一時一地之殊象耳，溫公引此，當亦別具用心。惜乎，全文大體傾向批判而少建言，即：人主當以何道遠嬖臣之患？吾人揣續貂之心而推論：其前章以述君、臣之理，或庶幾乎？

（五）宦 官

吾國奄宦干政之迹，其來久矣。信史自趙高亂秦以下，漢、唐、明諸盛世之敗亡，莫不直接種因於此，其餘不世出者猶不在話下，實爲歷代治史者所不敢忽。觀其地位，宦者似較嬖臣猶易狎於人主，然究其本質，則二者之性格無異。是故，溫公之宦官論（朱全忠誅宦官 199／263／8595・臣光曰）持念亦略同於前：

1. 肯定其原始價值

〔註47〕此論所指，雖稍及於人主之失職，然大體仍歸罪於嬖臣之城社；余英時論歷代君主一再起用近臣事，則另設一理：崇尚個人意志之君權壓抑以相權爲中心之官僚制度過度客觀化。其說足以補沈氏之不足。詳見《歷史與思想》君尊臣卑下的君權與相權，頁 58～61。

……夫寺人之官，自三王之世，具載於詩、禮，所以謹閨闥之禁，通內外之言，安可無也。如巷伯之疾惡、寺人披之事君、鄭眾之辭賞、呂彊之直諫、〔註48〕……其中豈無賢才乎？……

2. 禍端之起，殆有二途：

（1）體制之先天缺陷

宦官用權，為國家患，其來久矣。蓋出入宮禁，人主自幼及長，與之親狎，非如三公六卿，進見有時，可嚴憚也。其間復有性識儇利，語言便給，善伺候顏色，承迎志趣，受命則無違迕之患，使令則有稱愜之效，……則親者日親，遠者日疏，甘言卑辭之請有時而從，浸潤膚受之愬有時而聽。於是黜陟刑賞之政，潛移於近習而不自知，如飲醇酒，嗜其味而忘其醉也。黜陟刑賞之柄移而國家不危亂者，未之有也。……

（2）人主之措施不當

溫公以漢、唐之例闡明：惟理、法乃能息事寧人，否則「雖快一時之忿而國隨以亡」：

……豈可不察臧否，不擇是非，欲草薙而禽獮之，能無亂乎！是以袁紹行之於前而董卓弱漢，崔昌遐襲之於後而朱氏纂唐，雖快一時之忿而國隨以亡。是猶惡衣之垢而焚之，患木之蠹而伐之，其危害豈不益多哉！孔子曰：「人而不仁，疾之已甚，亂也。」〔註49〕斯之謂也。〔註50〕

3. 正本清源之道──專主侍奉、不任政事、賞罰嚴明

……上智之主，燭知物情，慮患深遠，侍奉之外，不任以事，……顧人主不當與之謀議政事，進退士大夫，使有威福足以動人耳。果或有罪，小則刑之，大則誅之，無所寬赦。如此，則雖使之驕橫，孰敢焉！……

（六）朋　黨

黨之一字，自孔子將「黨而不群」、「周而不比」、「和而不同」諸論〔註51〕類比歸納於君子、小人之分限以來，率多衍成「朋比為姦」之義，溫公儒門高第，所言尤不能出此；唐文宗興朋黨之歎 195／245／7899．臣光曰：

〔註48〕巷伯詩見《詩經注疏》12之3／428～430小雅節南山之什，寺人披事見《左傳注疏》15／254僖公二十四年，鄭眾事見《通鑑》48／1536漢和帝永元四年（92A. D.），呂彊事見《通鑑》57／1854漢靈帝光和二年（179A. D.）、58／1866中平元年（184A. D.）。

〔註49〕《論語注疏》8／71〈泰伯〉第八。

〔註50〕此論因果、補充略似註47，詳前揭書，頁68～69。

〔註51〕《論語注疏》15／140〈衛靈公〉第十五、2／18〈為政〉第二、13／119〈子路〉第十二。

夫君子、小人之不相容，猶冰炭之不可同器而處也。故君子得位則斥小人，小人得勢則排君子，此自然之理也。然**君子進賢退不肖，其處心也公，其指事也實；小人譽其所好，毀其所惡，其處心也私，其指事也誣。公且實者謂之正直，私且誣者謂之朋黨，在人主所以辨之耳。**

此義與吾人當下所處，實不可同日而語。今世之政黨者，雖不免稍涉利害衝突之調和，然其本蓋基於攜手共進於「福國利民」；昔日之黨論，始則或出於事理之是非，終皆束諸道德之邪正，自命以「君子」，詆彼為「小人」，遂謂君子必皆是而無非，小人則有非而不是。彼此成見日深，一朝持權，則援引氣類，必置對方於死地；宇內生靈，唯以意氣頤使；累代如是，雖碩儒彊史猶不免，令人浩歎！〔註52〕

既有君子、小人之事，既非國家之福，溫公之過人處，在跳出此一盲點，直指其中癥結在「人主之昏明」而已：

……**是以明主在上，度德而敘位，量能而授官；有功者賞，有罪者刑；奸不能惑，佞不能移。夫如是，則朋黨何自而生哉！被昏主則不然，明不能燭，強不能斷；邪正並進，毀譽交至；取捨不在於己，威福潛移於人；於是讒慝得志而朋黨之議興矣！**……

此一論點，《傳家集》64／793朋黨論（嘉祐三年1058A.D.五月二十三日作）中亦嘗道及，大抵藉君道之明、取才以德、依能任使、賞罰有度等原則掌握主動、先發之權，則體制內所有意志，無非君主，朋黨一義自此解消。

三、外　交

吾國地處封域之中，邊疆自有天然屏障，而四裔所居，論武功或偶不能及，較文明實無與倫比。故民族歷史自成一脈，天朝思想成立甚早，華夏之於四鄰，多貶之為蠻、夷、戎、狄，始則以地域分，終歸諸文化異，嚴格而論，並非「對等」之外交概念。此一格局，直至清末，始為潰決，故二百篇中尚不容有突破：詔議匈奴來朝儀50／27／886・引荀悅曰：

春秋之義，王者無外，欲一于天下也。戎狄道里邊遠，人迹介絕，故正朔不及，禮教不加，非尊之也，其勢然也。詩云：「自彼氐羌，莫敢不來王。」〔註53〕**故要、荒之君必奉王貢；若不供職，則有辭讓號令加焉，非敵國之謂也。**

〔註52〕《船山鑑論》26／917於此嘗云：「唐、宋以還，敗亡一軌，人君尸居太息而未可如何。嗚呼！亂之初生，自所謂君子者開之，不但在嚬呻之小人也。」其說猶不免落入君子、小人之舊格局，然已切中要害。

〔註53〕《詩經注疏》20之4／804商頌・殷武。

按：此論出前《漢紀》20／288 孝宣皇帝紀‧甘露三年（51B.C.）。時呼韓邪單于款塞稱臣，漢宣詔議朝儀，太子太傅蕭望之以為：「單于非正朔所加，故稱敵國，宜待以不臣之禮，位在諸侯王上。」荀氏詆之「僭度失序，以亂天常，非禮也！」以「率土之濱，莫非王臣」為〔註54〕天常，從根本否定對方之地位，其餘毋足論也。

今欲明化「對待」為「服御」之天朝獨尊思想，當循兩途以明：

（一）中心思想──以威信服人

孔子之教，曰：「近者悅，遠者來。」曰：「遠人不服，則脩文德以來之。」〔註55〕溫公於此，立場似轉趨強硬，記黑水靺鞨事 182／213／6775‧臣光曰：

> 王者所以服四夷，威信而已。……

以威信代脩德，衡諸有宋一代屢受沮於契丹之背景，饒具興味，此或與心理之反饋作用有關。唯此論導因於唐玄宗妄逞權謀而失信於靺鞨，〔註56〕猶恐失之孤證、特例，當容再行補述。

（二）處理原則──服則懷之、叛則討之

漢與匈奴和親 27／12／383‧臣光曰：

> ……蓋上世帝王之御夷狄也，服則懷之以德，叛則震之以威，未聞與為婚
>
> 姻也。〔註57〕……

反對和親、崇尚威德，此即溫公外交政策之最高方針，其唯我獨尊之霸氣有如是者。雖然，溫公之意非比夷於土介，蓋以彼此氣類殊絕，但求「主」權操之在我，行羈縻之事而已。〔註58〕其餘基本人權，實無異於中土之民，有證如左：

1. 傅介子殺樓蘭王 45／23／773‧臣光曰：

> 王者之於夷狄，叛則討之，服則舍之。今樓蘭王既服其罪，又從而誅之，
>
> 後有叛者，不可得而懷矣。……

〔註54〕《詩經注疏》13 之 1／1444〈小雅谷風之什‧北山〉。

〔註55〕《論語注疏》13／117〈子路〉第十三、16／146〈季氏〉第十六。

〔註56〕時黑水靺鞨入唐，渤海靺鞨王武藝欲攻之，母弟門藝苦諫而險罹禍，遂亡奔至唐。武藝使唐請殺之，帝詭稱已流於嶺南，後事機不密，武藝乃復責於唐，帝無奈而從。本末見《通鑑》213／6774 玄宗開元十四年（726A.D.）。

〔註57〕《船山鑑論》2／22～23 亦附和「反和親」之見，唯其論點係基於「違生民之性」、「裂人道之防」，且本諸漢族本位主義，與溫公同而實異。

〔註58〕《傳家集》33／439 言備邊箚子（治平元年10月64A.D. 十月十日上）：「臣聞周書稱文王之德，曰：『大邦畏其力，小邦懷其德。』蓋言諸侯傲狠不賓，則討誅之；從順柔服，則保全之；不避疆、不陵弱，此王者所以為政於天下也。」此箚原議延卅差指使高宜傲侮西夏國使，以致烽燧連舉事，其喻自比如周而以夏為諸侯，恰可印證此說。

傅以一介國使，行殺降鄙事，〔註59〕所殺雖屬夷狄，溫公猶加之筆誅，其對待與華
胄並無二致。

2. 段熲破羌 87／56／1817・臣光曰：

> ……夫蠻夷戎狄，氣類雖殊，其就利避害，樂生惡死，亦與人同耳。御之
> 得其道則附順服從，失其道則離叛侵擾，固其宜也。是以**先王之政，叛則
> 討之，服則懷之，處之四裔，不使亂禮義之邦而已**。若乃視之如草木禽獸，
> 不分臧否，不辨去來，悉艾殺之，豈**作民父母之意**哉！……

其言雖不乏偏見，然以「作民父母之意」觀之，實放諸四海而皆準也。

四、軍　事

軍事者，國力之象徵、外交之後盾也。左傳嘗載劉康公言曰：「國之大事，在祀
與戎。」〔註60〕孫子亦云：「兵者，國之大事，死生之地、存亡之道，不可不察也。」
〔註61〕溫公有感於此，嘗發而為言：李廣利伐大宛 39／21／700・臣光曰：

> ……夫**軍旅大事，國之安危、民之死生繫焉**。……

此意與前說相去不遠，唯其中但見「知幾」而未詳體要，今依往例析為二途：

（一）中心思想——布陳威德安民

溫公德治思想，本為其政論之樞紐，於此再次開展氣象。漢光武授馮異取三輔
策 71／40／1306・臣光曰：

> 昔周人頌武王之德曰：「鋪時繹思，我徂惟求定。」〔註62〕言王者之兵，
> 志在布陳威德安民而已。觀光武之所以取關中，用是道也，豈不美哉！

光武之策，質言之，不過「征伐非必略地屠城，要在平定安集之耳」，溫公意同乎此，
則其積極擴張性有限，殆屬守勢之軍事理念，此又當與上述外交理念相參照，更能轉
相發明。此外，尚有一例足堪佐證者：司馬昭克壽春 116／77／2444・引習鑿齒曰：

> 君子謂司馬大將軍於是役也，可謂能**以德攻**矣。……今一征而擒三叛〔註
> 63〕，大虜吳眾，席卷淮浦，俘馘十萬，可謂壯矣。而未及安坐，賞王基
> 之功；種惠吳人，結異類之情；寵（文）鴦葬（文）欽，忘疇昔之隙；不
> 咎（諸葛）誕眾，使揚土懷愧。功高而人樂其成，業廣而敵懷其德，武昭

〔註59〕本事詳見第四章・第一節。

〔註60〕《左傳注疏》27／460 成公十三年。

〔註61〕《孫子兵法》（武經七書本，藝文百部集成）上／1 始計第一。

〔註62〕《詩經注疏》19 之 4／754 周頌閔予小子之什・賚。

〔註63〕指諸葛誕、文欽、唐咨，本末詳見《通鑑》77／2436〜44 魏高貴卿公甘露二〜三年
（257〜58A. D.）。

　　既敷，文算又洽，推是道也，天下其孰能當之哉！

按：此論原出《漢晉春秋》，已佚，今見陳壽《三國志》28／652《魏書》諸葛誕傳
裴注引。論人以「德」，不當以一時一事爲斷，司馬昭慚德多矣，即此掠城一事──
初則納降戒殺、繼則送死安民──前無成例，後無踵續，亦不過戰略之緩急應用耳。
然而習氏譽之如彼，溫公信其若此，胡注嘗云：「鑿齒，晉人，其辭蓋有溢美者。」
姑不論此中是非如何，溫公持念之堅，已廓然見之矣！

（二）處理原則

　　古今軍事體制粗分不過將、兵二階，今乃以此條縷溫公之見：

1. 置　將

（1）戒私愛

　　將者，所以治兵保境，運籌決勝，自當以「才」爲先，若乃一出私愛，不獨無
以服人，駑鈍之害尤不可數計者也。故溫公特徵之：李廣利伐大宛 39／21／700・
臣光曰：

> **武帝欲侯寵姬李氏，而使廣利將兵伐宛，其意以爲非有功不侯，不欲負高
> 帝之約也。夫軍旅大事，國之安危、民之死生繫焉。苟爲不擇賢愚而授之，
> 欲徼幸咫尺之功，藉以爲名而私其所愛，不若無功而侯之爲愈也。然則武
> 帝有見於封國，無見於置將**〔註64〕謂之能守先帝之約，臣曰過矣。

（2）戒姑息

　　節度使由軍士廢立 187／220／7065・臣光曰：

> ……肅宗遭唐中衰，幸而復國，是宜正上下之禮以綱紀四方，而偷取一時
> 之安，不思永久之患。彼命將帥、統藩維，國之大事也，乃委一介之使，
> **徇行伍之情，無問賢不肖，惟其所欲與者則授之。自是之後，積習爲常，
> 君臣循守，以爲得策，謂之姑息。**乃至偏裨士卒，殺逐主帥，亦不治其罪，
> 因以其位授之。然則爵祿、廢置、殺生、予奪，皆不出於上而出於下，亂
> **之生也，庸有極乎？**

此意蓋由「禮說」〔註65〕延伸而來，「徇士伍之情」本行軍戰陣之一大法門，溫公
所痛者：士卒殺主脅帥，不獨未治其罪，又從而姑息之，使人主威權盡喪，禮法毀
於一旦。〔註66〕倘知溫公持「禮」之篤，於此當能釋懷。

〔註64〕胡注：「高祖曰：『置將不善，一敗塗地。』」
〔註65〕參見第四章・第一節。
〔註66〕《船山鑑論》23／800 亦謂：「唐節度使死，因察軍中所欲立者授之，亦未爲過也。」
　　　　雖然，選將之法，千變百劫，軍士所擁、幹才足任、……不可以一隅斷之，唯其主

2. 統　兵

（1）禮

治軍首重「紀律嚴明」，此溫公之主張，然則將以何道爲之紀律？曰：「禮」而已矣。前論續曰：

> ……蓋古者治軍必本於禮，故晉文公城濮之戰，見其師少長有禮，知其可用。〔註67〕今唐治軍而不顧禮，使士卒得以陵偏裨，偏裨得以陵將帥，則將帥之陵天子，自然之勢也。……

（2）嚴

自古統兵之道有寬、嚴二途，其中本無軒輊，運用存乎一心，然歷代聚訟不已。溫公守禮君子，秉端凝之氣性，自主於「嚴」，記李廣事35／17／577・臣光曰：

> 易曰：「師出以律，否藏凶。」〔註68〕言治眾而不用法，無不凶也。李廣之將，使人人自便，以廣之材，如此焉可也，然不可以爲法，何則？**其繼者難也**，況與之並時而爲將乎？夫小人之情，樂於安肆而昧於近禍，彼既以程不識爲煩擾而樂於從廣，且將仇其上而不服。然則簡易之害，非徒廣軍無以禁虜之倉促而已也。故曰「**兵事以嚴終**」，爲將者，亦嚴而已矣。
>
> 然則倣程不識，雖無功，猶不敗；倣李廣，鮮不覆亡哉！

溫公持論向稱穩重，於此復見。其中雖不免夸稱「寬」治之害，以張皇「嚴」道，然其猶肯定李廣個人功迹，足知其本心全無偏見，船山攻之以「猶坐廟堂，持文墨以遙制閫外之見」〔註69〕實千古之冤辭。

五、經　濟

（一）中心思想——恥言利事

二百篇所呈現之行政理念中，以此項輪廓最爲模糊。所以然者，適有一論足以稍見其端倪，楊釗領十五餘使184／216／6891・引蘇冕曰：

> ……洎姦臣廣言利以邀恩，多立使以示寵，刻下民以厚斂，張虛數以獻狀；上心蕩而益者，人望怨而成禍；使天子有司守其位而無其事，受厚祿而虛其用。宇文融首唱其端，楊愼矜、王鉷繼遵其軌，〔註70〕楊國忠終成其亂。

権當操之君手，此溫公、船山並無二致。

〔註67〕晉文公登有莘之虛觀兵語，見《左傳注疏》16／272僖公二十八年。

〔註68〕《周易注疏》2／35師卦初六爻辭。

〔註69〕《船山鑑論》3／62論廣，不識各爲攻兵、守兵之將，於治術「各得其一長，而存平將將者耳」，尚稱公允；唯未能深體溫公初心，致有此語耳。

〔註70〕三人事迹分見《通鑑》2／3／6787唐玄宗開元十七年（729A. D.）、2／3／6804開元

仲尼云：「寧有盜臣而無聚斂之臣。」〔註71〕誠哉是言！前車既覆，後轍
未改，求達化本，不亦難乎？

按：此論出《唐會要》（叢書集成新編‧新文豐版）78／1438～39。夫有國有家者，
固不容聚斂之臣，然財利之事，終需講求。暴斂苛民，在於法未周，人不臧，則當
抵其罅隙，不必因噎廢食也。蘇冕、溫公凡財經大臣、賦稅因革，一概貶爲姦臣、
聚斂，未免矯枉過正，不足以服千古敵手及後學之心也。然或以此孤證，難爲遽斷，
則吾人檢索溫公言行又得二證：

1. 《傳家集》60／720〈與王介甫書〉（熙寧三年 1070A.D. 二月二十七日）論及熙寧
   變法立「制置三司條例司」事，嘗云：

   聚文章之士及曉財利之人，使之講利，孔子曰：「君子喻於義，小人喻於
   利。」樊須請學稼，孔子猶鄙之，以爲不如禮、義、信，〔註72〕況講商賈
   之末利乎？使彼誠君子耶，則固不能言利；彼誠小人邪，則惟民是虐，以
   飫上之欲，又可從乎？

夫子所謂「利」者，利害之利；溫公乃將之無限推論至財利之「利」，置國家經建於
不顧，此種偏講德治、昧於事實者，又豈「迂闊」一言足以盡之！

2. 〈溫公行狀〉記與介甫辯理財事，曰：

   安石曰：「（國用）不足者，以未得善理財者故也。」公曰：「善理財者，
   不過頭會箕斂，以盡民財；民窮爲盜，非國之福。」〔註73〕

（二）處理原則

循此靜態經濟理念以上，溫公要求於人主而見諸二百篇者，有二：

1. 戒私藏——藏富於民

李泌不能禁唐德宗宣索 191／233／7510‧臣光曰：

王者以天下爲家，天下之財皆其有也。阜天下之財以養天下之民，己必豫
焉。或乃更爲私藏，此匹夫之鄙志也。古人有言：貧不學儉。夫多財者，
奢欲之所自來也。……

溫公以爲多財則多欲，故戒人主私藏，而勉其志於天下、藏富於民，此一因也；《傳
家集》25／354 論財利疏（嘉祐七年 1062A.D. 七月上）則敘另一因：

古之王者，藏富於民；降而不能，乃藏於倉廩府庫。故上不足則取之於下，

二十一年（733A. D.）、2／5／6853 天寶二年（742A. D.）。

〔註71〕《禮記注疏》60／988 大學第四二。
〔註72〕《論語注疏》4／37 里仁第四、13／116〈子路〉第十三。
〔註73〕《蘇東坡全集》（重排本，世界，民國 53 年 2 月台初版）‧前集 36／426。

下不足則資之於上，此上下所以相保也。

此種「上下相保」之封閉經濟體系，又適足以印證溫公前述之靜態經濟理念也。

2. 厲節儉

唯其藏富於民，人主自奉勢必檢樸，故舉凡興宮室、侈聲色……等樂事，都在戒絕之列。二百篇於此，所見最多，今聊舉四例：

（1）蕭何治未央宮 26／11／380·臣光曰：

王者以仁義為麗，道德為威，未聞其以宮室填服天下也。天下未定，當克己節用以趨民之急，而顧以宮室為先，豈可謂之知所務哉！……

（2）宇文周武帝卑宮室 169／173／5379·臣光曰：

周高祖可謂善處勝矣！他人勝則益奢，高祖勝而益儉。

（3）唐玄宗敕行儉 179／211／6702·臣光曰：

明皇之始欲為治，能自刻厲節儉如此，晚節猶以奢敗，甚哉！奢靡之易以溺人也。詩云：「靡不有初，鮮克有終。」〔註74〕可不慎哉！

（4）記唐玄宗侈樂事 185／218／6994·臣光曰：

聖人以道德為麗，仁義為樂，故雖茅茨土階，惡衣菲食，不恥其陋，惟恐奉養之過以勞民費財。明皇時其承平，不思後患，殫耳目之玩，窮聲技之巧，自謂帝王富貴皆不我如，欲使前莫能及，後無以踰，非徒娛己，亦以夸人。豈知大盜在旁，已有窺窬之心，卒致鑾輿播越，生民塗炭。乃知人君崇華靡以示人，適足為大盜之招也。

鑑論於玄宗朝凡七，而以「儉」論相始終呼應，不獨見溫公之切責方殷，其持此以規人主之苦心，尤不可忽也。

復次，《通鑑》之作，主於資「君」治，而溫公又昧於現實，高揭德義，恥言利事，故其關乎此一靜態、消極經濟理念之癥結處，諸多蒙昧不明。唯以題旨、篇幅所限，此地僅指出其或為關鍵處：《傳家集》44／560 乞罷條例司常平使疏（熙寧三年1070A.D.二月二十日上）：

夫民之所以有貧富者，由其愚智材性不同。富者知識差長，憂深思遠，寧勞筋苦骨，惡衣菲食，終不肯取債於人，故其家常有贏餘，而不致狼狽也；貧者蠢蠢偷生，不為遠慮，一醉日富，無復贏餘，急則取債於人，積不能償，至於鬻妻賣子，凍餒填溝壑，而不知自悔也。是以富者常借貸貧民以自饒，而貧者常假貸富民以自存，雖苦樂不均，然猶彼此相資

〔註74〕《詩經注疏》18之1／641 大雅蕩之什·蕩。

以保其生。

其意逕以愚智武斷百姓貧富之分，全不顧及制度負面之剝削本質，其悍然處，令人側目！循此理念以下：百姓既已相生，則治國之上策必出於寂然不動，故為君者當奉儉而戒私藏，「其所以養民者，不過輕租稅、薄賦斂、已逋責也。」〔註75〕。論史如是，其攻介甫新法（亦以經濟變革為主）亦復如是，言行合一，蓋其來有自也。

上述，即二百篇所見之行政理念。

結　語

歸結本章所述，其要點有二：

一、大處著眼式之提法

前述諸端，大體皆屬原則性之提示，而於實際典章之錙銖參較、具體制度之研擬因革則甚少著墨。所以然者，蓋經國之理反覆百端，而人主豈能日理萬機，事必躬親？故鑑論資君之道，僅以「原則」從事，使人主知其所守，而與臺臣百官共治也。此一概念，亦即溫公「論事必以人物為先」之本，《傳家集》32／427 陳治要上殿劄子（治平元年 1064A.D.七月十八日上）嘗云：

> 然而政有本末，事有細大，舉其綱則百目張，挈其領則眾毛理；臣願陛下先其本，後其末，急其大，緩其細，擇人而任之，此政之本也。……至於簿書之煩碎，文法之微密，錢穀之出納，體例之有無，此乃臺臣百吏之所守，非陛下所當留意也。

65／800 知人論（嘉祐二年 105A.D.作）亦曰：

> 大有天下，小有一國，必自為之然後可，則勞苦耗悴莫甚焉，如是則雖臧獲不肯與天子易勢業。以是，統天下、一四海何故必自為之？自為之者，役夫之道也，墨子之說也；論德使能而官施之者，聖王之道也，儒之所謹守也。

兩處文字即足以體現溫公此一提法之內涵。

二、穩定政治觀之再現

由前章溫公政論之「禮本仁源」說出發，經取才理念之「德重於才」、行政理念之──

〔註75〕《傳家集》60／720 與王介甫書（熙寧三年 10 月 70A.D. 二月二十七日）。

（一）教化：尊儒戒游
（二）內政：封建精神
（三）外交：服懷叛討
（四）軍事：陳威安民
（五）經濟：奉儉無為

其內容無非維護既有體制，極力排斥任何變動，屬內斂走向之格局，且適足與前章所揭示之上層理念相貫串。此一特色所呈現之傳統政治風貌，孫隆基名之曰「超穩定體系」，固其宜也。〔註76〕

〔註76〕《中國文化的深層結構》，頁8～10。

第六章 「臣光曰」所呈現之思想脈絡（三）
──政體運作之規範

　　溫公政論下層建築之技術層次已見於前章，本章則將就另一課題──規範──進行疏解。

　　昔日專制政體之表層結構似以天、君直領萬民，然究其實，終賴若干環節維繫其間，此中關鍵在禮、法而已。所以然者，儒家思想自為漢武獨尊以來，其深中人心也久矣，而欲一以貫之，則惟「禮」足以概括；然當落實之際，此一精神動員之效又乏於絕對之約束力，則成文之禮──法，乃見其價值。故禮、法者，對儒家而言，並非截然二分；而法之入於儒，亦非純然屬於外鑠，實有其內在之誘因也。

　　溫公一生宦海浮沈，深具實務經驗，故雖秉「儒」甚堅，猶能知「法」之所必備，二百篇中所論多矣，故本章首節列立法，次則為司法；而監察者，其意無非在強化運作流程、免於僵化之弊，故列之第三；此外，鑑論中尤多專論人事、批判言行之篇章，其說瑣瑣，難以抽繹，然論據亦自有根，且多因於前述諸論，換言之，即近似前述理論之實證功夫，復列之末節。

　　總之，前章所述之技術層次使政體運作粗具規模；本章因而規範之，恰似加以爬羅剔抉、刮垢磨光，使之更趨嚴整流動。如是，縱觀四、五、六章，則溫公透過二百篇史論所悉心構建之「理想國」，吾人或可藉此稍復其輪廓之萬一，是所願也。

第一節　立法理念

　　依前章所揭，溫公論政主於人治；然而，「法」之漸居衝要，終屬時勢所趨，不容漠視。溫公《稽古錄》11／43論韓所以社稷血食二百年在昭侯之功時，嘗歎曰：「嗚呼！有國者安可以無法哉？」雖然，依《通鑑》見載，昭侯所用乃申不害之術，

〔註 1〕溫公於此未置一辭，而獨推其能嚴賞罰、卻私求，則溫公心目中「法」之內涵維何？取舍焉歸？固不容混淆也。今歸納二百篇中若干關涉處，對前述疑竇略作疏解：

一、中心思想

溫公本儒門高第，拳拳服膺於「禮」；而禮者，依往史經傳所言，惟以三代最稱淳厚，故其政論一旦落實於「法」，仍以「法三代」、「尊先王」為號召，意謂：禮、法雖名目不一、層次有別，實則精神相繫、二而一也。此等議論，二百篇中印證頗多，譬如：

（一）漢武下罪己詔 42／22／742・臣光曰中過望武帝「兼三王之量以興商、周之治」。〔註2〕

（二）漢宣貶儒 49／27／881・臣光曰：

……漢之所以不能復三代之治者，由人主之不為，非先王之道不可復行於後世也。……

（三）劉宋明帝殺諸弟 150／133／4161・引沈約曰：

聖人立法垂制，所以必稱先王，蓋由遺訓餘風，足以貽之來世也。……

按：此論出《宋書》8／171 本紀。

諸論中，惟以三代為風標、先王作準則，此或基於儒者取向，原亦無可厚非；不意溫公推以至極，原當傳承精神者一轉而為體制之僵化，〈溫公行狀〉中嘗載公對神宗問蕭規曹隨事：

上曰：「漢守蕭何之法不變，可乎？」公曰：「何獨漢也。使三代之君常守禹、湯、文、武之法，雖至今存可也。武王克商，曰：『乃反商政。』政由舊，然則雖周亦用商政也。書曰：『無作聰明，亂舊章。』漢武用張湯言，取高帝法紛更之，盜賊半天下。元帝改宣帝之政，而漢始衰。由此言之，祖宗之法，不可變也。」〔註3〕

此「法」，不過作為禮之第二道防線（甚者直視為原地加高而已），其中並無積極、創造內涵，而以規範既有制度為第一義，此與吾人今日所習見之「立法」精義相左，所以然者，「人治」理念之籠罩，殆不容忽視。

總之，溫公立法理念之中心思想，當可以八字表之：以人領法、以古範今。

〔註 1〕詳見《通鑑》2／55～6 周顯王十八年（251B. C.）。
〔註 2〕引見第五章・第一節。
〔註 3〕《蘇東坡全集》前集 36／426。

二、處理原則

溫公立法理念之上層全屬師古，故用力不多；而欲遂其資治之志，則於技術層次反見張揚，今理其緒爲四：

（一）立策決勝——形、勢、情

張良諫立六國後 20／10／333・引荀悅曰：

> 夫立策決勝之術，其要有三：一曰形，二曰勢，三曰情。形者，言其大體得失之數也；勢者，言其臨時之宜、進退之機也；情者，言其心志可否之實也。故策同、事等而功殊者，三術不同也。……

按：此論出前《漢紀》2／29 高皇帝紀・高帝三年（204B. C.）。其中，形、勢、情之點明，析理甚微，足爲人主臨機進退之所取法；然三者分限雖有陳涉、酈生之同立六國、戰國；宋義之取巧待斃；韓信、劉邦之赴水盛衰相對照，然彼此區畫，殊欠明朗，譬如：形、勢之間，小大本極主觀，臨界點尤不易標明；同事異形之際，史實變因百端，其取舍尤易出於附會，凡此皆大醇之小疵處。

平心而論，上說並非專就立法而發，然由此吾人亦足見溫公於未涉及基本意識型態（禮、三代、人治）時，絕非寂然不動、固陋保守而已。

（二）有常有變

前引論結曰：

> ……故曰：權不可豫設，變不可先圖，與時遷移、應物變化，設策之機也。

唯其考量於形、勢、情，故臨事之際雖當與物推移，然若不持念一定，終亦何所底乎？是故常變分寸之間，足以決事之成敗、見人之明闇。鑑論所見之意，分梳如後：

1. 常

溫公雅意：人主行政，當以「恆」爲先慮，法定於上，安分守職、民樂事理……諸指標方能著根，此長治久安之唯一法門也。楊釗領十五餘使 184／216／6891・引蘇冕曰：

> 設官分職，各有司存。政有恆而易守，事歸本而難失，徑遠之理，舍此奚據？……

反之，若乃輕易變棄，必遭其殃，郭威以頭子易大臣 204／288／8413・引歐陽修曰：

> 自古亂亡之國，必先壞其法制，而後亂從之，此勢之然也。……

按：此論出新五代史 46／514 王建立傳。唯其如此，楊釗因寵領使、郭威違制易臣、唐肅宗姑息李懷玉（187／220／7064 臣光曰）、唐文宗撫順楊志誠（193／244／7874 臣光曰）溫公同致其譏，至若與王介甫、呂惠卿爭議變法利害，亦當與此一例觀之。

2. 變

溫公論政既有守「常」之傾向，則於通「變」一途，不獨理論付之闕如，其處理態度，亦多以「個案」出之，難見整體之表現，此聊舉二例：

（1）杜欽追訟馮奉世功 59／29／949・引荀悅曰：

> ……夫矯制之事，先王之所慎也。若矯大而功小者，罪之可也；矯小而功大者，賞之可也；功過相敵，如斯而已可也，權其輕重而爲之制宜焉。

按：此論出前《漢紀》23／322 孝元皇帝紀下・建昭五年（34B.C.）。矯制既定爲權變之法，先繩之以「先王所慎」，繼論之於「功過差等」，此中亦足見溫公「主常慎變」之用心矣。

（2）舉孝廉限年四十以上 84／51／1661・引袁宏曰：

> 夫謀事作制，以經世訓物，必使可爲也。古者四十而仕，非謂彈冠之會必將是年也，以爲可仕之時在於強盛，故舉其大限以爲民衷。且顏淵、子奇曠代一有，而欲以斯爲格，豈不偏乎？

按：此論出《後漢紀》18／146 孝順皇帝紀・陽嘉二年（133A.D.），其本事在漢順從尚書令左雄之議，以「四十」〔註4〕決郡國舉孝廉之年齒，並謂：「其有茂才異行若顏淵、子奇，不拘年齒。」此舉無異宣告制度步入僵化，且妄稱古事，本事理所未然，彥伯、溫公同聲共駁，雖有意於衛護權道，實則亦不過激濁揚清而已。

古今任何法制終難免千慮一疏，即或了無瑕疵，其執行之時、地、人又未必恰如其分，故立法之初，亦必思所以救濟之道，此「赦」之所由生也。即屬權宜之計，依溫公「守常慎變」之原則，亦足以推知其行赦之取向——

1. 匡衡論政 56／28／919・引荀悅曰：

> 夫赦者，權宜之計，非常典也。漢興，承秦兵革之後，大愚之世，比屋可刑，故設三章之法、大赦之令，蕩滌穢流，與民更始，時勢然也。後世承業，襲而不革，失時宜矣。若惠文之世，無所赦之；若孝景之時，七國皆亂，異心並起，姦詐非一；及武帝末年，賦役繁興，群盜並起，加以太子之事、巫蠱之禍，天下紛然，百姓無聊；及光武之際，撥亂之後，如此之比，宜爲赦矣。

按：此論出前《漢紀》22／311 孝元皇帝紀中・永光二年（42B.C.）。其對象泛及天下，其時機總在大亂初平之際，其目的無非「與民更始」。以是觀之，「赦」非獨不

〔註4〕此數之來，由雄妄推孔子「四十不惑」（論語・爲政，注疏本 2／16）、禮記「四十強仕」（曲禮上，注疏本 1／16）而得，蓋古人舉其約數，而雄必以爲定數所致，《致堂管見》4／237 即以爲「獨於聖人之語有未喻耳」。

得妄下，前世行之者殆亦屈指可數矣。

2. 拓跋魏孝文帝毀不死詔 159／141／4409・臣光曰：

夫爵祿廢置、殺生予奪，人君所以馭臣之大柄也。是故先王之制，雖有親、故、賢、能、功、貴、勤、賓，〔註5〕**苟其有罪，不直赦也，必議於槐棘之下，可赦則赦，可宥則宥，可刑則刑，可殺則殺，輕重視情，寬猛隨時。故君得以施恩而不失其威，臣得以免罪而不敢自恃。……**

本論對象專在君、臣，時機雖無限制，然為謹守法律威信，已將「赦」之功用收束至最低，「惜赦」之心洞然可見。明乎此，溫公之詆拓跋魏賜勳貴以不死詔、劉裕之因郊祀行赦〔註6〕，許諸葛亮「軍旅數興而赦不妄下」之政為「卓」〔註7〕，其間分寸拿捏，乃能得其要旨。

（三）寬猛相濟

寬、猛取舍之間，本立法、司法共通之關鍵，欲求辨析其理，二者絕不可分。溫公於此，嘗抒其卓見：崔寔論政 86／53／1725・臣光曰：

漢家之法已嚴矣，而崔寔猶病其寬，何哉？蓋衰世之君率多柔懦，凡愚之佐唯知姑息，是以權幸之臣有罪不坐，豪滑之民犯法不誅，仁恩所施，止於目前，姦宄得去，紀綱不立。故崔寔之論，以矯一時之枉，非百世之通義也。孔子曰：「政寬則民慢，慢則糾之以猛；猛則民殘，殘則施之以寬，**寬以濟猛，猛以濟寬，政是以和。**」〔註8〕斯不易之常道矣。

此論本針對《通鑑》所錄崔寔政論力主「以嚴致平」之文字而發，然崔氏原意：

蓋為國之法，有似理身，平則致養，疾則攻焉。夫刑罰者，治亂之藥石也；德教者，興平之梁肉也。夫以德教除殘，是以梁肉養疾也；以刑罰致平，是以藥石供養也。〔註9〕

〔註5〕此即《周禮》所謂「以八柄詔王馭群臣」、「以八辟麗邦灋附刑罰」，詳見注疏本 2／28、35／524。

〔註6〕宋武郊祀大赦 137／119／3739・引裴子野曰。按：此論原出《宋略》，已佚。

〔註7〕諸葛亮惜赦 113／75／2367・引陳壽曰。按：此評出《三國志》33／768蜀書後主傳。

〔註8〕《左傳注疏》49／861 昭公廿年，唯《致堂管見》4／250、《船山鑑論》8／239 皆以為非夫子之言論，前者之理由謂：「豈有仁人為政，先致慢殘之弊，又從而濟之乎？」，後者則以為：「夫嚴猶可也，未聞猛之可以無傷者，相時而為寬猛，則矯枉過正，行之不利而傷物者多矣。」實則二家均過分拘泥文字，前者徒以一、二；三、四句間之因果關係自擾，後者則將己意之「猛＝苛」對應於「猛＝嚴」上，有以致之。

〔註9〕《致堂管見》4／249 於此大體同意溫公之評——足以矯枉一時，而《船山鑑論》8／239 則痛詆為「申韓之緒論」、「仁義之蠹賊」，以為：「其後荀悅、鍾繇申言之，而曹孟德、諸葛武侯、劉先主決行之於上，君子之道詘，刑名之術進，激於一時之詭

而其主「嚴」者，蓋有漢桓「數世以來，政多恩貸，馭委其轡」之背景。〔註10〕此見之弱點在於：割裂立法、司法之聯繫，而只由前者入手，則執法者玩法，法愈嚴而民愈弊矣。溫公於此，已略聞風旨，惜乎未及深入論述，徒以「寬猛相濟」之守常作結。

（四）法制不煩

此意殆由溫公向持之「人治」理念而來，其中足以察知：溫公一則已不得不接納「法」之存在，一則又無法忘情於傳統。實則法之煩簡與否原不必對治亂負全責，況負責之道，亦在良窳，不由煩簡也。是故溫公既置根於「人治」，自必適度削減「法」之地位、內容，遂有此見。其說見蔡邕疏論三互法 89／57／1837・臣光曰：

> 叔向有言：「國將亡，必多制。」〔註11〕明王之政，謹擇忠賢而任之，凡中外之臣，有功則賞，有罪則誅，無所阿私，**法制不煩而天下大治**。所以然者何哉？執其本故也。及其衰也，百官之任不能擇人，而禁令益多，防閑益密，**有功者以闕文不賞，爲姦者以巧法免誅**，上下勞擾而天下大亂，所以然者何哉？逐其末故也。……

以人治之長攻法治之短，徒見忠賢之人、勞擾之法，而不知修法使之盡善、識才變因百端，此溫公之偏見。

上述，即二百篇中所見之立法理念。

第二節　司法理念

溫公立法理念猶不脫「人治」思想之陰影，以致嘗有掣肘之憾；唯於司法（溫公約其名義而易爲「賞罰」）一途，卻將此意鎔鑄其間，若合符節，且執之至堅，以爲治亂之樞機、爲政之斧柯盡在此也。是說有多處發露，今略舉如左：

一、李憙劾山濤等人 118／79／2503・臣光曰：

> 政之大本，在於刑賞，刑賞不明，政何以成！……

二、苻堅赦苻洛 130／104／3295・臣光曰：

> 夫有功不賞、有罪不誅，雖堯、舜不能爲治，〔註12〕況他人乎？……

隨，而啓百年嚴酷之政，亦烈矣哉！」儒性可謂至堅！

〔註10〕《致堂管見》4／249 又以爲此見出於子產「惟有德者能以寬服民，其次莫如猛」之言，詳見《左傳注疏》49／861 昭公廿年。

〔註11〕《左傳注疏》43／751 昭公六年。

〔註12〕此意用漢宣帝詔而略更其文，詳見《通鑑》25／808 所錄地節三年（67B. C.）春三月詔。

三、《傳家集》27／375 上皇太后疏（嘉祐八年 1063A.D.四月十三日上）：

　　　　夫安危之本，在於任人；治亂之機，在於賞罰，二者不可不察也。

四、《傳家集》46／586 進脩心治國之要箚子（元豐八年 1085A.D.四月十九日上）：

　　　　夫治亂安危存亡之本源，皆在人君之心，仁、明、武所出於內者也，用人、

　　　　賞功、罰罪所施於外者也。

今循成例，將此節概分爲二：

一、中心思想

　　前節立論所在，「法」與「人」居於對等地位，尚有爭衡之虞；至於「司法」，則「法」淪爲工具〔註13〕，故溫公「人治」理念得以統攝全局，與之分居上下，渾然爲一。此中，人君爲主體，集賞罰大任於一身，實際運作中或未必盡然，唯以《通鑑》之特定背景下，則屬述本略枝之筆法也。今略舉三例以明之：

（一）記諸葛豐事 54／28／916・臣光曰：

　　　　……人君者，察美惡、辨是非，賞以勸善、罰以懲姦，所以爲治也。……

（二）竇憲奪沁水公主田 77／46／1494・臣光曰：

　　　　……夫人主之於臣下，患在不知其姦，苟或知之而復赦之，則不若不知之
　　　　爲愈也。何以言之？彼或爲姦而上不之知，猶有所畏；既知而不能討，彼
　　　　知其不足畏也，則放縱而無所顧矣！是故知善而不能用，知惡而不能去，
　　　　人主之深戒也。

（三）記高遵事 168／172／5365・臣光曰：

　　　　賞有功、誅有罪，此人君之任也。……

二、處理原則

　　執法求其平、正，雖屬老生常談，最易爲人忽視；另有務本、權變二論，復爲溫公理念之上乘處，今一一述之如下：

（一）務　本

　　政體雖有人治、法治之爭，然其終極關懷皆在促成群體秩序，躋之於至治，而非消極之約束、防制而已。是故賞罰之際，慮患宜遠；徙薪之功，當重於焦爛之力，而後臣民方能變被動之守法爲積極之進化，此義亦即「德治」理念之精粹，而爲溫公所夙守者，張魯降於曹操 96／67／2142・引習鑿齒曰：

―――――――――――――――――――

〔註13〕當然，此項推論必先確認「法」之存在地位、價值。溫公於此，殆已及之，詳參前節。

閻圃諫魯勿王，〔註14〕而曹公追封之，將來之人，孰不思順！塞其本源而末流自止，其此之謂歟？若乃不明於此而重焦爛之功，豐爵厚賞止於死戰之士，則民利於有亂、俗競於殺伐，阻兵仗力，干戈不戢矣。**曹公之此封，可謂知賞罰之本矣。**

按：此論原出《漢晉春秋》，已佚，今見陳壽《三國志》8／277《魏書》本傳裴松之注引。魯受諫而不王，固有足稱者；〔註15〕然曹氏猶能灼見機先，厚賞閻圃，使民知其所尚，此習氏、溫公著眼處也。

（二）持　平

律法之設，本在治眾，而執法者所以服人心、袪怨望之道，唯「持平無私」而已。唯諸葛亮能行於是，則溫公兩引陳壽、習鑿齒之言而贊之，〔註16〕並予「識治之良才、管蕭之亞匹」之至高評價。〔註17〕此例在兩百篇中絕無僅有，足見溫公傾心之程度。至於「持平」之義，一言以蔽之，曰：能「一」而已矣——

1. 親疏如一

人非太上，終難忘情，苟稍涉親故，履霜所漸，制度隳墜之日可待，此傳統人治理念之盲點所在。溫公援「法」以入政論雖為時勢所趨，然出於克服此一障礙之企圖或亦不容漠視。故二百篇中以「執法涉親」為論點者屢有所見，譬如：

（1）漢文逼薄昭自殺 33／14／482・臣光曰：

……臣愚以為：法者，天下之公器。惟善持法者，親疏如一，無所不行，則人莫敢有所恃而犯之也。……

此論本事在薄昭恃親殺使，漢文乃計迫之自殺。溫公先引李德裕之論，其說謂：

漢文誅薄昭，斷則明矣，於義則未安也。秦康送晉文，興如存之感，〔註18〕況太后尚存，唯一弟薄昭，斷之不移，非所以慰母氏之心也。〔註19〕

繼則以上說破之，其執法求「一」，與今無異。

（2）記鄧元起事 160／146／4550・引李延壽曰：

〔註14〕漢中得玉印，群下欲尊魯為漢寧王，功曹閻圃獨諫之，事見《通鑑》64／2043 漢獻帝建安六年（201A. D.）

〔註15〕《船山鑑論》9／289 即以為：「衛身之智，足以保身，宜矣！」

〔註16〕參見記諸葛亮事 106／72／2299・引陳壽曰：記廖立、李平事 107／72／2300・引習鑿齒曰。按前評出於《三國志》35／790 蜀書本傳，後論原出《漢晉春秋》，已佚，今見陳壽《三國志》40／835 蜀書李嚴傳裴松之注引。

〔註17〕此言本亦出於陳壽（參前註），唯溫公稱引其論時，刪以下「然連年動眾・未能成功・蓋應變將略・非其所長歟」等十九字，去取之間，已可視為溫公之定論。

〔註18〕詳見《詩經注疏》6 之 4／245 秦風・渭陽小序。

〔註19〕此論出李衛公《會昌一品集》外集 1／7・張禹論。

元起勤乃胥附，功惟闢土，勞之不圖，禍機先陷。冠軍之貶，於罰已輕，梁之政刑，於斯爲失。私戚之端，自斯而啓，年之不永，不亦宜乎？

按：此論出《南史》55／1377 五茂傳，其本事在西昌侯蕭淵藻（梁武兄懿之子）以細故殺元起，事發，帝祇貶其號爲冠軍將軍，論罪過輕，乃致此論。

（3）記臨川王蕭宏事 161／148／4639・臣光曰：

宏爲將則覆三軍，爲臣則涉大逆，高祖（梁武帝）貸其死罪可矣。數旬之間，還爲三公，於兄弟之恩誠厚矣，**王者之法果安在哉？**

2. 愛憎如一

《傳家集》46／587 進脩心治國之要箚子：

賞必有所勸，罰必有所懲；賞不以喜，罰不以怒；賞不厚於所愛，罰不重於所憎，**必與一國之人同其好惡。**

此言印證於苻堅出慕容評 129／103／3255・臣光曰可謂分毫無間：

古之人，滅人之國而人悅，何哉？爲人除害故也。彼慕容評者，蔽君專政，忌賢疾功，愚闇貪殘以喪其國，國亡不死，逃遁見禽。〔註20〕秦王堅不以爲誅首，又從而寵秩之，是愛一人而不愛一國之人也，其失人心多矣。是以施恩於人而人莫之恩，盡誠於人而人莫之誠，卒於功名不遂，容身無所，由不得其道故也。

3. 貴賤如一

門第貴賤之分，深爲溫公所惡，〔註21〕所以然者，蓋公之政治理念雖以人治爲主，然其基本訴求在道德而不由名位，取材之際如是，執法之時亦復如是，李憙劾山濤等人 118／79／2503・臣光曰：

……且四臣同罪，劉友伏誅而濤等不問，**避貴施賤**，可謂政乎？創業之初而政本不立，將以垂統後世，不亦難乎？

時李憙以司隸校尉職劾立進令劉友、尙書山濤、中山王司馬睦、尙書僕射武陔四人占官稻田，其罪等同，而際遇乃有如是之異，此溫公所永歎者。

（三）中　正

上述之持平說大體植基於施法之對象，而「中正」則多因於執法者自身理念之有無，意即維持法律尊嚴之態度。是故，舉凡有損於上述命題之言行者，溫公多戒

〔註20〕詳見《通鑑》102／3233～37 晉海西公太和五年（370A. D.・前秦苻堅建元六年、前燕慕容暐建熙十一年）。
〔註21〕參見第五章、第一節。

之——

1. 不辨是非

溫公司法理念既以「君」爲樞紐，則其運作主「明」殆爲不可或缺之要件，人主一旦失之，賞罰將無所依循，天下必失其序矣！故溫公每因事立論，藉以規諷人主當修飭其明，平正其法，使賞罰恰得其分，以服天下人心。今以四例證此：

（1）記楊惲事48／27／818・臣光曰：

……周官司寇之法，有議賢、議能，〔註22〕若（趙）廣漢、（韓）延壽之治民，可不謂能乎？（蓋）寬饒、惲之剛直，可不謂賢乎？〔註23〕然則雖有死罪，猶將宥之，況罪不足以死乎？……

四人之死皆不以其罪，不獨當日「不厭眾心」，即千百年後之溫公猶以爲漢宣「善政之累」，〔註24〕足見人君執法得失之爲公所注目。

（2）記諸葛豐事54／28／916・臣光曰：

諸葛豐之於（周）堪、（張）猛，前譽而後毀，其志非爲朝廷進善而去姦也，欲比周求進而已矣。……使豐言得實，則豐不當黜；若其誣罔，則堪、猛何辜焉！今兩責而俱棄之，則美惡是非果安在哉？

據《通鑑》所記，諸葛豐之舉亦深爲漢元所「不直」，然其處斷竟爲兩方俱貶，實令人錯愕，勿怪溫公之致疑也。

（3）李憙劾山濤等人118／79／2503・臣光曰：

……晉武帝赦山濤而襃李憙，其於刑賞兩失之。使憙所言爲是，則濤不可赦；所言爲非，則憙不足襃。襃之使言，言而不用，怨結於下，威玩於上，將安用之。……

按：此論因果已見前述持平說之「貴賤如一」。

（4）記杜光業軍事202／282／9216・臣光曰：

違命者，將也；士卒，從將之令者也，又何罪乎？受而戮其將以謝敵，弔士卒而撫之，斯可矣，何必棄民以資敵國乎？

杜光業本南唐監軍，以違命敗禽於後晉，晉主遣還而唐不受，溫公由是論其處置之失當也。

〔註22〕周禮注疏35／524秋官・小司寇職。

〔註23〕四人事迹分見《通鑑》24／802漢宣帝本始三年（71B. C.）、25／823～24元康元年（65B. C.）；26／861／63神爵三年（59B. C.）、27／869～70五鳳元年（57B. C.）；26／856～57神爵二年；27／871～72；876五鳳二年。

〔註24〕《傳家集》67／830評「誅趙廣漢」（慶曆五年10月45A. D. 作）論點已早定於此。

2. 濫施小惠

人主明矣，法度立矣，然或涉及親故，或牽於俗念，猶有違法施恩，妄託「仁」名之舉。於此，溫公雖崇仁德，苟違法亂紀，仍力主賞罰嚴明，示天下以正。今有三論，足堪闡發此意：

（1）苻堅赦苻洛 130／104／3295・臣光曰：

……秦王堅每得反者輒宥之，使其臣狃於為逆，行險徼幸，雖力屈被禽，猶不憂死，亂何自而習哉？書曰：「威克厥愛，允濟；愛克厥威，允罔功。」詩云：「毋縱詭隨，以謹罔極；式遏寇虐，無俾作慝。」〔註25〕今堅違之，能無亡乎？

（2）拓跋休拒魏主命 154／138／4338・臣光曰：

……彼廢疾者宜養，當命有司均之於境內，今獨施於道路之所遇，則所遺者多矣，其為仁也，不亦微乎？況赦罪人以撓有司之法，尤非人君之體也。

惜也！孝文，魏之賢君，而猶有是乎！

魏孝文以夷裔之主而得溫公「賢君」之贊，復因妄赦軍盜以撓大將法度、濫給道民而不知督促有司致譏，去取之間，溫公卓識已見。

（3）記高遵事 168／172／5365・臣光曰：

……高遵奉使異國，漏泄大謀，斯叛臣也；周高祖不自行戮，乃以賜（伊婁）謙，使之復怨，失政刑矣！孔子謂：「以德報怨，何以報德？」〔註26〕

伊婁謙本宇文周使，嘗受聘於高齊；高遵為其參軍，潛輸情於齊，致謙被拘晉陽，後周克之而獲釋，引此論出。

3. 姑息偷安

人君之明雖足以察照姦邪，然或以情勢已難控馭，或因執事全不關心，知而不討，圖一時之安；憂在輕赦，積百年之禍，一旦事發，追悔無及，譬如：竇憲奪沁水公主田 77／46／1494・臣光曰論漢宣之縱憲、節度使由軍士廢立 187／220／7066・臣光曰論唐肅宗姑息李懷玉、記盧龍亂事 193／244／7874・臣光曰論唐文宗撫平楊志誠。〔註27〕夫外戚、藩鎮本係漢唐亡國之主因，以此歸罪於三帝或失之魯莽，然溫公之意無非藉此儆戒人主當燭照機先，竭力維護「法制」尊嚴，始能整齊

〔註25〕《尚書注疏》7／104 夏書、胤征第四；《詩經注疏》17之4／632 大雅生民之什・民勞。

〔註26〕《論語注疏》14／129 憲問第十四。

〔註27〕後二論於前節中已嘗提及，唯彼處係針對「維護制度」而發，此處則就「未能依法賞罰」著眼。

國事，圖其久遠，免於後世之譏。

（四）權　變

此一法則，當與前述立法理念之同名項互見，〔註28〕蓋立法定於上，司法行乎下，二者相輔相成，機權之道乃能落實、貫通，譬如前述矯制、行赦之事，若非立法、司法均予涵容，終亦不過流於空談、妄行而已。餘外，二百篇中尚有一處足以發明此道者：漢高斬丁公22／41／360・臣光曰：

> 高祖起豐沛以來，罔羅豪傑，招亡納叛，亦已多矣。及即帝位，而丁公獨以不忠受戮，何哉？夫進取之與守成，其勢不同。當群雄角逐之際，民無定主，來者受之，固其宜也。及貴爲天子，四海之內無不爲臣，苟不明禮義以示之，使爲臣者，人懷貳心以徼大利，則國家其能久安乎？是故斷以大義，使天下曉然皆知爲臣不忠者無所自容；而懷私結恩者，雖至於活己，猶以義不與也。……

此論以取才爲經、司法爲緯，隨時遷移，斷以禮義，足證溫公並非純然固步自封之輩。明乎此，則彭寵謀反72／41／1324・引權德輿議漢光武於天下已定之日，賞爵罰罪猶失其常度；〔註29〕王猛謀慕容垂127／102／3229・臣光曰譏猛嫉寵短識，而不知：「彼敵國之材臣來爲己用，進取之良資也。」〔註30〕；記鄧羌事128／102／3235・引崔鴻曰贊王猛能容羌循私、無上、邀君三大罪而用其攻戰之才；〔註31〕《傳家集》64／796 才德論（慶曆五年1045A.D.作）所言：

> 爲國家者，進取莫若才，守成莫若德；進取不以才則無功，守成不以德則不久。

諸說去取推闡之根，將無所遁形。唯一則以進取、守成之時限相去懸殊，一則由溫公個人身處之時空背景，其「守常愼權」之意亦差似立法理念，透露於字裏行間，《傳家集》64／791 機權論（慶曆五年作）發揮此意，堪稱淋漓盡致，今錄其要以爲結語：

> 機者，仁之端也；權者，義之平也。今世俗之爲說者，乃欲棄仁義而行機權，不亦反哉！夫不知機權，則無以爲聖人；聖人未嘗斯須不用者，機權而已矣！

〔註28〕本章・第二節。
〔註29〕此議原出《權文公文集》，已佚，今見《文苑英華》770／4848、《唐文粹》42／56。
〔註30〕慕容垂本前燕吳王，遭忌而歸於符堅，又不容於猛，乃致此論。詳見《通鑑》102／3221～24；3228晉海西公太和四、五年（369～70A. D.；前秦符堅建元五、六年；前燕慕容暐十、十一年）。
〔註31〕此論原出《十六國春秋》，已佚。

機權之道宗於一理，此則吾人所能共體，然將之以與聖人複合，依溫公嚴聖人之義，其戒慎可謂極矣！

第三節　監察理念

　　溫公之政體結構概念係以「君」為中樞，然倘君權一味膨脹，將至獨裁之絕境，故自「君道」始之有關政體體質之各項設計，多見其苦心孤詣處，其意無非在導人君以明識虛懷、潔身嚮道，而其中最深著者，當推此節。夫監察者，就傳統語彙對應之，或名曰「諫」；落實於君、臣之際，則在納、進之間耳。是故，惟當此一管道暢行無阻，下情足以上達、上意亦能下宣，方能免於前述之弊，而使君臣攜手共進也。

一、中心思想

　　監察之道，雖出於防制君權一意孤行，然在於溫公者，其基本架構仍未脫「君」主──之範疇，意謂：其主導者仍在於君之明闇，而防制之道亦多屬情理之諷諭，乏於具體之規約。今以三說證此：

（一）《傳家集》27／379 上皇帝疏（嘉祐八年 1063A.D.四月廿七日上）：

　　　此四聖人者（堯、舜、禹、湯），豈其才智之不足哉？然猶孜孜汲汲，下詢愚賤之人者，蓋以四海之廣、萬幾之眾，非一人所能獨知，必資天下之耳目思慮，然後能曲盡其理也。

（二）記京房事 57／29／930・臣光曰：

　　　人君之德不明，則臣下雖欲竭忠，何自而入乎？……

（三）裴矩諫唐高祖試略法 173／192／6029・臣光曰：

　　　古人有言：君明臣直。裴矩佞於隋而忠於唐，非其性之有變也。君惡聞其過，則忠化為佞；君樂聞直言，則佞化為忠。……

二、處理原則

　　傳統政治格局中，諫道之行使大體規範於君、臣之間，所以然者，或因於常態中之權力中樞即複合於此；而天下百姓者，莫非承命受治，即或別有共議，亦多循臣「見」以通君「聽」，不出前述規範之外。是故，茲條縷如后：

（一）納諫者（君）之認知

　　溫公開示人君者，莫不以功成祚永為餌，冀能誘發察納雅言之行，今見之：

1. 直言受福

常人之情，甘言易入，逆耳難接，唯智者乃能反是。故溫公點明大義所在，蓋：人主受諫固難，其使人致諫尤難，今為臣既甘冒不韙而直言，實人君受福之機也，記韓歆事 73／43／1385・臣光曰：

> ……夫切直之言，非人臣之利，乃國家之福也，是以人君日夜求之，唯懼弗得聞。……

是故，以漢光武仁明之君，乃有韓歆諫死之事，溫公猶以為「累」，至如：項羽敗 21／11／355・引揚雄曰推其故為「憚群策而自屈其力」；〔註32〕公孫戍諫孟嘗受楚寶 7／2／79・臣光曰雖嘗詆田文為「姦人之雄」，〔註33〕猶贊其能納諫之舉；記扶令育事 143／123／3891・引裴子野曰因令育之諫死嘆劉宋鼎鑊可畏；〔註34〕諸論去取之間，足知溫公雅意。

2. 改過為美

人主因明而納直言，殆屬「知」之範疇；知而不改，終無濟於事，蓋人非聖賢，孰能免過，所貴者在不貳其事而已。溫公雖一意尊君，然猶不欲將之過分神化，故嘗力斥叔孫通「人君無過舉」之說，而勉人主改過遷善、知行合一，叔孫通諫漢惠築複道 31／12／416・臣光曰：

> 過者，人之所必不免也，惟聖賢為能知而改之。古之聖王，患其有過而不自知也，故設誹謗之木，置敢諫之鼓，豈畏百姓之聞其過哉？是以仲虺美成湯曰：「改過不吝。」傅說戒高宗曰：「無恥過作非。」〔註35〕由是觀之，則為人君者，固不以無過為賢，而以改過為美也。……

循此而下，司馬師引過自責 115／76／2402・引習鑿齒曰贊其行為「智」；〔註36〕唐高祖濫授官 171／186／5835・引陳嶽曰誡人主以「業已授之」拒諫，〔註37〕兩論一正一反，適足以翼護此說也。

（二）進諫者（臣）之技巧

〔註32〕此論出《法言義疏》14／536 重黎第十。
〔註33〕孟嘗以養士知名 6／2／78・臣光曰。
〔註34〕此論原出《宋略》，已佚。
〔註35〕《尚書注疏》8／111 商書・仲虺之誥第二；10／141 說命中第十三。
〔註36〕此論原出《漢晉春秋》，已佚，今見陳壽《三國志》4／152 齊王（邵陵厲公）紀裴松之注引。師所引之過，謂東關敗績與并州胡反也。其中，前者據《通鑑》載師自承係不聽諸葛誕之諫所致；唯《致堂管見》6／361 則據另處追記鑑文（80／2536 晉武帝泰始十年 274A. D.），斷為師「悔殺王儀而為之」（事後儀直陳責在元帥而被殺），觀點雖異，引過是實，而稱「智」亦不妨也。
〔註37〕此論原出《唐統紀》，已佚。

溫公監察理念中之人臣角色，乍見似居於主動地位，然為求無損於人君威勢，進而蒙其接納，其設計絕非一味強攻猛進，必有若干要訣以資溝通上下，今歸納二百篇中所見得之──

1. 因　事

書生言事多喜高談闊論，美則美矣，率多不切實際，徒致輕薄之譏。溫公欲矯此弊，特提出此法為陳戒定位，使君、臣互識忠、明，漢高封雍齒 24／11／370・臣光曰：

> ……良因事納忠以變移帝意，使上無阿私之失，下無猜懼之謀，國家無虞，
>
> 利及後世・若良者，可謂善諫矣！

漢高初帝，數用愛憎，阿私公行，致群臣有猜懼之心，實則非不心知也，張良能因此時、此道，使其封仇息變，不愧運籌帷幄、決勝千里之名。餘外，高堂隆死 116／73／2326・引陳壽曰贊其因天變而陳懇戒為「忠」，〔註38〕亦可與此一例待之。

2. 補　短

陳戒之舉，但在言之有物，求精而不貴多，補短而不治長，所以攻其堅也，貢禹論政 52／28／895・臣光曰：

> 忠臣之事君也，責其所難，則其易者不勞而正；補其所短，則其長者不勸
>
> 而遂。……

漢元之性格，依溫公所言，近於「恭謹節儉」，而短在「優游不斷」、「讒佞用權」，貢禹不識此道而反用之，故溫公譏之：「使禹之智不足以知，烏得為賢；知而不言，為罪愈大矣！」。〔註39〕

3. 潛　行

諫道運作雖無常軌，其終極旨在逢君之用；惟膚受之愬究非人所欲焉，故行事之際，當潛行浸潤，使人主默移所短，而不致播揚其惡。溫公於此，嘗以一論述之，陳群死 108／73／2317・引袁準曰：

> 或云：「少府楊阜豈非忠臣哉？見人主之非則勃然觸之，與人言未嘗不道。」
>
> 答曰：「夫仁者愛人，施之君謂之忠，施之親謂之孝。今為人臣，見人主

〔註38〕此評出《三國志》25／612 魏書本傳，陳戒事則見《通鑑》73／2318 魏明帝景初元年（237A. D.）。

〔註39〕《船山鑑論》4／109 則反此說，蓋其以為：漢元之恭儉乃「唯其名而無其實」，而其時（初即位）史高、石顯一班讒佞「特未甚耳」，故憫禹實「君子出所學以事主，與激於時事之非而強諫之臣異」。此乃緩急、長短之認定標準不一，各自成理，不必求其同也。

失道，力詆其非而播揚其惡，可謂直士，未爲忠臣也。故司空陳群則不然，談論終日，未嘗言人主之非；書數十上，外人不知。君子謂群於是乎長者矣。

按：此論原出政論，已佚，今見陳壽《三國志》22／556 魏書本傳裴松之注引。

復次，二百篇中尚有一論，堪爲本節之總結者：梁武駁賀琛啓 165／159／4934·臣光曰：

……夫人君聽納之失，在於叢脞；人臣獻替之病，在於煩碎。是以**明主守要道以御萬機之本**，忠臣陳大體以格君心之非，故身不勞而收功遠，言至約而爲益大也。觀夫賀琛之諫未至於切直，而高祖已赫然震怒，護其所短，矜其所長；詰貪暴之主名，問勞費之條目，困以難對之狀，責以必窮之辭。〔註40〕自以蔬食之儉爲盛德，日昃之勤爲至治，〔註41〕**君道已備，無復可加，群臣箴規，舉不足聽。**如此，則自餘切直之言過於琛者，誰敢進哉！……

梁武身犯納諫之二德，賀琛啓見陳戒之兩功，雖稍違潛行之旨，然人臣行諫豈得皆出於燕居階闥之內，但執無犯無隱之心可也。琛所言事，《通鑑》記之：「上惡其**觸實，故怒。**」足見並無夸張。是故溫公斷之以：

梁高祖之不終也，宜哉！

名辱身危，覆邦絕杞，爲千古所閔笑，豈不哀哉！

蓋溫公論點本以「君」爲主，人主雖享支配之權，其成敗重責亦必歸之，所以徵前車之鑑，戒讀者愼勿輕忽也。

第四節　其　他

「臣光曰」思想經上述諸理念歸納後，散見各篇之零金碎玉將得以稍復其輝光，然其中仍或因所涉龐雜，不宜裁斷；或因篇幅已多，權且割愛；或因內容特殊，未便歸類，而時有遺珠之憾。凡此之數，四十有二，今依其屬性，再加董理：

一、論禮制

總計七篇。

〔註40〕「貪暴」、「勞費」之事本琛啓中所記，唯柏楊論曰：「指出名字、拿出證據是檢察官、法官的事，輿論只是就現象呼籲。」此意近似溫公，極稱允當。詳見柏楊版《資治通鑑》、冊卅七，頁 8471。

〔註41〕溫公此論蓋針對「明主守要道以御萬機之本」而發，《致堂管見》13／875 亦以「適足自苦無益於人」、「所治者事而非政」爲梁武絕祀之導因，與溫公同調。

溫公論政，本以「禮」爲根柢；《通鑑》雖具史籍性格，然因其「資治」之導向，自不難涵蓋此一課題。其中，又以力主「復三年喪」最具特色，所占篇幅亦達四篇之多。今但舉晉武帝服三年喪 117／79／2498・臣光曰爲例：

> 三年之喪，自天子達于庶人，此先王禮經，**百世不易**者也。漢文師心不學，變古壞禮，絕父子之恩，虧君臣之義，後世帝王不能篤於哀戚之情，而群臣諂諛，莫肯釐正。至於晉武獨以天性矯而行之，可謂**不世之賢君**，而裴（秀）、傅（玄）之徒，固陋庸臣，習常玩故，而不能將順其美，惜哉！

其餘三篇，依序爲：漢安帝斷二千石以上行三年喪 81／50／1619・引袁宏曰反對此事；曹魏文帝衰服行樂 99／69／2180・引孫盛曰論丕雖復古制而不能守之；〔註42〕杜預論三年喪 120／80／2539・臣光曰駁其「服心喪」之論。夫制度因革之迹，本應世推移而就，非人力所能回也。溫公持念雖堅，終不足以挽狂瀾於既倒，責人以「習常玩故」而不知己身陷其中，徒致保守之譏。然質言之，此中本各人學思推闡所及，並無是非之別，且制度之立與不立，優劣互有消長，但憑其是否見取於世耳・雖然，溫公上論亦非無失，其失固在：爲求張揚其說而不惜犧牲事實，蓋其論點——

（一）以漢文為禍首

漢文變亂禮制是實，然據《通鑑》所載遺詔〔註43〕推知：帝之初意，蓋以德薄自謙，欲施恩以釋天下吏民之縟節，實難當溫公「絕恩虧義」之名；且遺詔所施，明言「天下吏民」，並未提及太子，果如溫公所謂使「後世帝王不能篤於哀戚之情」，亦當責在漢景而非漢文耳。〔註44〕

（二）以晉武為賢君

晉武僅以此即博「不世之賢君」一名，大反溫公嚴名分之故事，何輕率若此！況據《通鑑》所載晉武諸事，實有愧於如此嘉號，漢武、唐太宗未得而典午僥倖致之，何偏執若此，遠事不舉，即以李熹劾山濤等人 118／79／2503・臣光曰論晉武執法不明、避貴施賤一事觀之，兩論竟處同卷之中、隔年相望，何矛盾若此！

此外，曹魏明帝自封烈祖 109／73／2319・引孫盛曰譏群臣失禮妄議生王廟號；慕容垂欲遷文明段后主 132／106／3361・引崔鴻曰譏垂以私憾廢立先王皇后；〔註

〔註42〕兩論出處：前者見《後漢紀》17／136 孝安皇帝紀・建光元年（121A. D.）；後者原出《三國異同評》，已佚，今見陳壽《三國志》2／79 魏書本紀裴松之注引。

〔註43〕見《通鑑》15／507 漢文帝後七年（157B. C.）。

〔註44〕此項意見出於申涵煜《通鑑評語》1／99 短喪。

〔註45〕兩論出處：前者原出《三國異同評》，已佚，今見陳壽《三國志》魏書本紀裴松之注引，後者原出《十六國春秋》，已佚。

45）蕭齊祀太廟不以禮 153／137／4306．臣光曰譏時禮皆率性妄為，三論考辨精詳、引證允當，足見溫公禮學之紮實也。

二、論正統

計一篇

大體而言，《通鑑》以包羅之內容皆與政治有關，或為典章之得失因革，或為人物之言行高下。此論乍觀似出諸其外，實則其間關涉至為嚴密，其證在：溫公敘事至三國時，因於陳壽而取魏為正，致罹以朱子綱目為首之血胤派正統論者之批駁，章學誠於此嘗揭之：

> 古今之譏《國志》與《通鑑》者，殆於肆口而罵詈，則不知起古人於九原，肯吾心服否邪？陳氏生於西晉，司馬生於北宋，苟黜曹魏之禪讓，將置君父於何地？而習（鑿齒）與朱子，則固江東南渡之人也，惟恐中原之爭天統也。諸賢易地而皆然，未必識邐今之學究也。〔註46〕

事關趙宋立國之大本，其能視若無睹哉？

若夫正統論之起源，諸家觀點莫衷一是；唯追溯其思想脈胳，則以公羊「大一統」、鄒衍「五德終始」兩說立論，殆為各方之共識。〔註47〕復因傳統理念向主歸「一」之趨勢，故自秦、漢以下，其說愈演愈烈，至趙宋一朝，尤為史家著力探究之所在。一時之間，島夷、索虜、霸史、正史之名往來聚訟，誠如溫公所言：「皆私己之偏辭，非大公之通論也。」其流迄清，尚且餘波盪漾，必待民國肇建，學者漸脫封建樊籠，此論方見收戢，譬如章太炎、梁啓超、王緇塵諸人皆嘗致力廓清焉，〔註48〕至於今日史家成就所在，則多偏於整理、總結之工夫。其中，單篇論文已非屈指可數，此但舉其自成一書者二：

（一）趙令揚　關於歷代正統問題之爭論　一九七六年五月

（二）饒宗頤　中國史學上之正統論　一九七七年九月

上述，即正統論之粗略流程，其中之因果、是非，眾說紛紜，且非本文重點，不擬牽涉其中。此節所欲明者，溫公之見而已，其說見於劉備即帝 100／69／2185～88．臣光曰，原文篇幅頗鉅，今但錄其精要：

〔註46〕《文史通義》校注 3／278 內篇三・文德。

〔註47〕陳芳明稱二者分別為「水平線的正統觀」、「垂直線的正統觀」，頗能掌握其精神。詳見宋代正統論的形成背景及其內容，頁 379～80，收入華世版《中國史學史論文選集一》。

〔註48〕參見章氏《國學略說》史學略說，頁 109～11；梁氏《新史學》論正統，頁 26～32，收入里仁版《中國歷史研究法》；王氏《資治通鑑讀法》帝王與紀年，頁 6～13。

（一）追　源

……漢興，學者始推五德生、勝，以秦爲閏位，在木、火之間，霸而不王，於是正閏之興矣。……

（二）法　則

……臣愚誠不足以識前代之正閏，竊以爲苟不能使九州合爲一統，皆有**天子之名而無其實者也**。雖華夷仁暴、大小強弱或時不同，要皆與古之列國無異，豈得獨尊獎一國謂之正統，而其餘皆爲僭僞哉！若以自上相授受者爲正邪，則陳氏何所受？拓跋氏何所受？若以居中夏爲正邪，則劉、石、慕容、苻、姚、赫連所得之土，皆五帝、三王之舊都也。若以有道德者爲正邪則蕞爾之國，必有令主，三代之季，豈無僻王！是以**正閏之論，自古及今，未有能通其義，確然使人不可移奪者也**。臣今所述，止欲敘國家之興衰，著生民之休戚，使觀者自擇其善惡得失，以爲勸戒，非若春秋立褒貶之法，撥亂世反諸正也。**正閏之際，非所敢知，但據其功業之實而言之**。……

據此，溫公先以周、秦、漢、晉、隋、唐六朝嘗「混壹九州」者爲中心，再依璽綬所傳，〔註49〕取曹魏、劉宋等十朝，遂成今日《通鑑》十六紀之面目，其末復志之：「非尊彼而卑此，有正閏之辨也。」足見其亟欲擺落俗議，直指事實之本心也。

三、論《漢書》

計一篇

班固著《漢書》79／48／1535・引華嶠曰：

固之敘事，不激詭、不抑抗，贍而不穢，詳而有體，使讀之者亹亹而不厭，**信哉其能成名也**！固譏司馬遷是非頗謬於聖人，然其論議常排死節、否正直，而不敘殺身成仁之爲美，則輕仁義、賤守節甚矣！

按：此論原出《後漢書》，已佚，今見范曄《後漢書》40／1386班彪傳。〔註50〕初覽全文，似無關乎《通鑑》「資治」之大旨，然細加體察之餘，其權衡太史公、班固以聖人之是非及「仁義」、「守節」之事，莫不相仿於上述章節所陳之君、臣理念，則固不得遽斷其不合體例也。唯其中尚有一處轉折，尚待澄清：今先檢出其論據——

（一）此論所執之「仁義」、「守節」本溫公政論君、臣二道之基礎，而縱觀全文，

〔註49〕梁啓超以溫公所主爲「都邑說」，實則《通鑑》諸紀之都邑不盡相同，不若實指其璽綬可也。詳見前揭書，頁290。

〔註50〕曄文並未明言，此據章懷太子李賢注知。

太史公之評價顯居於優勢；

（二）尊史遷爲「太史公」，於班固則直呼其名；〔註51〕

（三）以篇幅計，《通鑑》所記時事之重疊於《史記》者，凡三十九卷（至漢武太初之季）；於《漢書》，則有五十卷（西漢一代）二者相去未遠；

然統計二百篇中所見引者，《史記》凡三，而《漢書》竟達十五處之多，相去不可謂不遠。其所以然者，令人費解！

四、雜　項

總計卅三篇。

檢索碼：8（孟子、揚雄曰）、13、18（揚雄曰），28（荀悅曰）、29、34、38、43（班固、臣光曰）、51、60、62、65、69、75、78、82、85、92、95、101、112、122、136、146、150（裴子野曰），151、172、178、197、200、203。

此類篇章，內容大體皆屬直接評議政治人事，其論據多已詳於上述章節，而形式亦以徵引諸家論述爲主，〔註52〕然格於篇幅所限，僅以三例表其餘：

（一）漢武崩 43／22／747・臣光曰：

> 孝武**窮奢極侈**，繁刑重斂，內侈宮室，外事四夷，信惑神怪，巡遊無度，使百姓疲弊，起爲盜賊，其所以異於秦始皇者無幾矣。然秦以之亡，漢以之興者，孝武能尊**先王之道**，知所統守，**受忠直之言**，惡人欺蔽，**好賢不倦**，**誅賞嚴明**，**晚而改過**，顧托得人，此其所以有亡秦之失而免亡秦之禍乎？

其論據在：君道之明；取才理念之什；行政理念、教化之尊儒、經濟之儉；司法理念之公平、公正；監察理念之納諫者認知。

（二）曹魏明帝崩 112／74／2345・引孫盛曰：

> 聞之長老，魏明帝天姿秀出，立髮垂地，口給少言而**沈毅好斷**。初，諸公受遺輔導，帝皆以方任處之，**政自己出**。**優禮大臣**，**開容善直**，雖犯顏極諫，無所摧戮。然**不思建德垂風**，不固維城之基，〔註53〕至使大權偏據，

〔註51〕或謂：此係直錄史籍原文所致。然歸納二百篇敘例：除揚雄明指《法言》外，提首皆爲作者。故諸別集；史「評」、「論」、「贊」、「史臣曰」皆廢去而直稱其人，且就中唯孟、荀、揚雄、太史公破例而不名，其或尊之邪？復按：另有袁子（準）一例，其書《正論》早佚，溫公或直取三國志而未及更正。

〔註52〕「臣光曰」計八篇（檢索碼：29、43、85、95、172、197、200、203）約爲全項之四分之一強。

〔註53〕意指：帝猜忌宗室，徒令司馬氏坐大而言。

社稷無衛，悲夫！

按：此論原出《三國異同評》，已佚，今見陳壽《三國志》3／141 魏書本紀裴松之注引。其論據在：君道之明、遠謀；行政理念、內政之繼承；監察理念之納諫者認知。

（三）記郭威事 203／287／9379・臣光曰：

（後）漢高祖殺幽州無辜千五百人，非仁也；誘張璉而誅之，非信也；杜重威罪大而赦之，非刑也。仁以合眾，信以行令，刑以懲奸，失此三者，何以守國，其祚運之不延也，宜哉！

論據但見於君道、司法理念中，不再贅言。

以上，即演繹二百篇鑑論思想脈絡編餘材料之脈絡也。

結　語

通過上述三章之歸納工夫，吾人或可稍復溫公當日精心構建之理想政體；實則如此皇皇鉅構，嘗得溫公親自裁成四十八字，題為「太平之象」，其辭曰：

君明臣忠，上令下從；俊良在位，邪佞黜遠；禮修樂舉，刑清政平；姦宄消伏，兵革偃戢；諸侯順附，四夷懷服；時和年豐，家給人足，此太平之象也。〔註54〕

此一中心思想，近代史家大體肯定其「總結性」之價值，而深憾於其「因襲性」。〔註55〕推究其根本導因，吾人以為當與溫公之「務實」作風有關：

一、個性使然

《傳家集》59／715〈答劉蒙書〉嘗自言：

光視地然後敢行，頓足然後敢立。

聞乎此，則其主張一貫之求穩定、務實自毋足怪也。

二、環境所致

溫公一生皆出入仕官之家，其政治理念亦即政治經驗之純化，本有主觀（無法超脫個人經驗）、客觀（顧全大局安定、實際人事掣肘）之限制，自不如思想家之能天馬行空、瞻矚惟遠也。

〔註54〕牛僧孺失勢 194／244／7880・臣光曰。

〔註55〕前者，以劉節所述「代表統治階級積了長時期經驗的中心思想」之意見最稱典型，詳見《中國史學史稿》十二司馬光與《資治通鑑》，頁 227。後者，如蕭公權所評：「大體蹈襲前人，缺乏系統。」即是，見《中國政治思想史》，第十五章元祐黨人及理學家之政論，頁 515～17。

　　關於溫公「務實」之言論，《傳家集》、二百篇中明暗多有，未便全數羅致，今各舉一例，以爲本章之結：

一、《傳家集》21／313 進五規狀（嘉祐六年 1061A.D.八月十七日上）論守邦之要道五，即有「務實」一項，且明言：

　　　　爲國家者，必先實而後文也。

二、記石顯詐術 58／29／934・引荀悅曰：

　　　　……夫要道（爲政之道）之本，正己而已矣。平直眞實者，正之主也。〔註56〕……

〔註56〕此論出前《漢紀》22／309 孝元皇帝紀中・永光三年（43B. C.）

第七章 「臣光曰」思想之批判

本章係綜覽二百篇之餘，抽繹其中精要諸理與夫得失足爲鑑戒者而得。首節論列十大特色，皆溫公史論之個性呈現，並無是非可言；以下分論其六大得、失，以見前賢之雅意及局限焉。

第一節 思想之特色

一、廣泛取材

鑑論除一一九篇臣光曰外，尚見九九篇、卅五家前賢論述；即「臣光曰」中，猶見十二家言，[註1] 凡此不過今日定本之足爲考見者。緣其編纂之初，蒐羅、參詳之史料，勢又當倍此，足見其取材之用力焉，故朱子所贊：「典刑摠會、簡牘淵林。」《四庫提要》所稱：

> 其書網羅宏富，體大思精，爲前古之所未有。[註2]

兩論雖著眼於全書，然囿之於此，亦了無所愧矣！

二、統一風格

《通鑑》雖屬群力之作，然總成刪削之權集於溫公一手，劉攽雖職司兩漢，然一生顚沛，在局之日無多，其功僅止於長編；[註3] 劉恕雖獻替良多，然據子羲仲所言：

> 道原在書局，止類事跡勒爲長編，其是非予奪之際，一出君實筆削。[註4]

〔註1〕詳目參見第三章・第三節。
〔註2〕分見《晦庵先生朱文公文集》（明嘉靖本，光復台版）77／10通鑑室記，《四庫提要》47／1012《資治通鑑》提要。
〔註3〕參見第二章・第一節・二劉攽。
〔註4〕《通鑑問疑》，頁1480。

至於范祖禹雖專任唐以後事,然今本《通鑑》唐、五代紀史論凡卅七,臣光曰即占卅一篇。是故,《通鑑》史論之製作,當亦總集於溫公一身。

再者,史論復徵引一一九篇諸家論議,其背景不一、文章各異自可想見,然溫公一手刪削,以己意爲之取舍,雖不復典籍原貌,唯其風格、寓意亦由是而首尾相貫、渾然爲一,斷非徒自翦裁成章者。今舉三例:

(一)楚襄王迎婦於秦 9／4／121・臣光曰:

……善乎荀卿論之曰:「夫道[後加],善用之,則百里之地[原作國]。[原作可足。]以獨立[原有矣];不善用之,則楚六千里,而爲讎人役,故人主不務得道而廣有其勢,是其所以危也。」

(二)張放哭漢成而死 63／33／1055・引荀悅曰:

放非不愛上,忠不存焉。故愛而不忠,仁[原作人]之賊也。

(三)高齊昭帝殂 166／168／5217・引顏之推曰:

孝昭[原作其]。天性至孝[原有如彼],而後加不知[原作識。原有忌諱如此],乃至於此[後加],良由不[原作無]。學之[後加]所爲也[後加]。

三、循循善誘

溫公資治之法,率皆馴言而致善、疊見以濟功。每立一論,莫不切磨再三、詳敘因果,「使讀者自擇其善惡得失,以爲勸戒,非若春秋立褒貶之法,撥亂世反諸正也。」〔註5〕此言忒謙,然亦足以明其主濟漬而戒疾功也。此項特色,尤以建構君、臣二道之諸德最稱明著,詳見本篇第三章,茲不贅言。

四、儒家根柢

溫公〈答陳秘校充書〉云:

學者苟志於道,則莫若本之於天地,考之於先王,質之於孔子,驗之於當今,四者皆冥合無間,然後勉而進之,則其智之所及、力之所勝,雖或近或遠,或小或大,要爲不失其正焉。〔註6〕

此溫公自敘學思根柢也。故史論所及,以晉武能復三年喪,許爲不世賢君(晉武服三年喪 117／79／2498・臣光曰);漢武尊儒知守,遂免亡國之禍(漢武崩 43／22／747・臣光曰);黃憲道周性全,允爲孔門高第(記黃憲事 82／50／1625・引范曄曰);朝鮮禮義相尚,貴其仁賢之化(楊僕等伐朝鮮 38／21／690・引班固曰),此誠劉勰所云:

〔註5〕劉備即帝 100／69／2187・臣光曰。

〔註6〕《傳家集》59／708 嘉祐二年(1057A. D.)九月廿四日上。

立義選言，宜依經以樹則；勸戒舉奪，必附聖以居宗，然後銓評昭整，苟
濫不作矣！〔註7〕

苟濫與否，猶待詳考，然其尊聖宗經處，殆非虛語。此復擬一一九篇臣光曰所徵引
之九經檢索表如下：

書　名	檢索碼序號	計數	備　註
1.《詩經》	7. 23. 57. 71. 88. 130. 142. 162. 179. 187. 188. 193.	12	"（）"表複引之，下同。
2.《尙書》	1. 6.（31）. 73. 87.（111）. 126. 130. 181. 187.（207）.	15	"111"當三引之。
3.《周易》	（1）. 6. 35. 88. 90. 126. 141.（187）. 199.	11.	
4.《周禮》	48.（159）.	3	
5.《禮記》	30. 174.（183）.	4	
6.《左傳》	（1）. 46.（61）. 89. 170. 187. 197.	9	
7.《論語》	1.（70）. 83. 95. 139. 141. 154. 155. 174. 176. 183. 187. 196. 199.	15	
8.《孟子》	8. 183.	2	
9.《孝經》	167.	1	

復次，溫公之學雖主於此，然以宋世三教已歸於一，故其學亦不免有所沾染，〈迃
書〉老釋云：

或問老、釋有取乎？迃叟曰：「有！」或曰：「何取？」曰：「釋取其空，
老取其無爲自然，捨是無取也。」

〈無爲贊〉復云：

學黃老者，以心如死灰、形如槁木爲無爲，迃叟以爲不然，作〈無爲贊〉：
「治心以正，保躬以靜，進退有義，得失有命，守道在己，成功在天，夫
復何爲，莫非自然。」〔註8〕

溫公名取釋老，然其所謂無爲者，不過夫子之意：

無爲而治者，其舜也與？夫何爲哉？恭己正南面而已矣！〔註9〕

足見其持念之堅，釋老實外鑠之物而已。至於法家一途，自漢儒以下，已冥合其中，

〔註 7〕《文心雕龍》（范文瀾註，明倫 60. 10. 台版）4286《史傳》，第十六。
〔註 8〕《傳家集》74／913～14，前者係元豐七年（1084A. D.）之作，後者則在八年。
〔註 9〕《論語注疏》15／137 衛靈公第十五。

溫公所持，亦復納之於運作，不得與「德治」相抗衡，〔註10〕足見其學思根柢唯儒而已。

五、保守色彩

溫公力主之政綱（封建情結、守勢國防、靜態經濟、君主臣承、……）〔註11〕其立足點多在「無爲」，亦即維持現有體制之完整，此方之於王安石一本富國強兵而大事更張之舉，饒具興味，何以言之？此項特色，一則或即溫公於現實之針砭，一則固示後學以二家爭論之癥結也。

六、翼經以史

《通鑑》既負資治之責，其去取之際，勢必別立法門，致有所偏，朱熹云：

> 史學者，記得事卻詳，於道理上便差；經學者，於義理上有功，然記事多誤。……溫公《通鑑》凡涉智數險詐底事，往往不載，卻不見得當時風俗。
>
> 〔註12〕

溫公之意，原在翼經，故著史之中，自必刻意取裁。及乎論贊一途，更得名正言順，其鑑戒大旨，已散見於諸篇，毋庸贅述，姚漢源稱其「體史用經」，〔註13〕良有以也。

七、篤實本色

溫公蹇蹇君子，人如其名，「視地而後敢行，頓足而後敢立。」〔註14〕篤實如是，其排老莊、方伎、讖緯，固理所當然，其餘虛妄詭誕之事，尤在誅伐之列，〔註15〕陳明鍒稱其足以表彰宋學之眞精神，並啓後學「懷疑主義」、「經驗主義」之先，實獨具隻眼。〔註16〕

八、民本精神

此爲吾國傳統政治思潮中，尤具魅力之處。周道濟嘗歸納其範疇爲四：民惟邦本、尊重民意、照顧民生、允許革命。〔註17〕其說淵源甚早，先秦典籍如《尚書》、

〔註10〕參見第六章・第一、二節。
〔註11〕參見第四章・附論、第五章・第二節。
〔註12〕《朱子語類》83／3410。
〔註13〕牟宗三《中國文化的省察——牟宗三講演錄》（聯經，民國73年10月台初版三刷），頁56引。
〔註14〕《傳家集》59／714答劉賢良蒙書。
〔註15〕譬如：高堂隆死110／73／2326・引陳壽曰譏其妄信異家，太子統見疑於梁武164／155／4809・臣光曰戒人遠詭士奇術，徐敬業舉事178／203／6431・引陳嶽曰闢王氣之謬。
〔註16〕《資治通鑑》的史學（上）・當代問題的反映，頁53。
〔註17〕〈我國民本思想的分析與探討〉，收入《中央研究院國際漢學會議論文集》思想與哲學組（下冊），頁951～952。

《孟子》屢有所聞。溫公雖一力尊君，然《通鑑》所以資治之終極關懷，猶著落於民，除前述之民本第四義外，鑑論中屢獲張揚，其最稱明著處：

（一）荀彧諫曹操晉爵 95／66／2115・臣光曰：

> 孔子之言仁也重矣，自子路、冉求、公西赤門人之高第，令尹子文、陳文子諸侯之賢大夫，皆不足以當之，而獨稱管仲之仁，豈非以其輔佐齊桓、大濟生民乎？……

（二）後周世宗毀佛鑄錢 206／292／9530・臣光曰：

> 若後周世宗，可謂仁矣，不愛其身而愛民；……

前義已明，毋庸贅述；後者，蓋出於世宗之言：「吾聞佛在利人，雖頭目猶捨以布施，若朕身可以濟民，亦非所惜也。」溫公亦向不以「仁」輕許人，足見此傾服之情。餘外，苻堅出慕容評 129／103／3255・臣光曰論堅以失人心致敗；李泌不能禁唐德宗宣索 191／233／7510・臣光曰論王者當以天下為家……等處，亦足以見此精神之凸顯也。

九、夷夏嚴防

鑑論所及，四邊俱在，〔註18〕視野不可謂不廣；然全書大體仍以中夏為主，尤明見於大分裂時期，如六朝、五代者。且據前述溫公之邊策云為「叛討服懷」，〔註19〕按諸趙宋屢受制於北遼、西夏之勢，此議近乎畫餅，唯於是亦足見溫公之學思所本與夫代償國難之痛也。

十、現實影射

《通鑑》泰半係溫公居洛十五年間所成，當日新舊黨傾軋方熾，公身負當世厚望，雖已不豫政事，終不能掩其忠憤之志，鑑論之隱含規世良謀，亦屬人情之常，〔註20〕故胡三省已云：

> 治平、熙寧間，公與諸人議國事、相是非之日也。蕭、曹畫一之辯不足以勝變法者之口，分司西京，不豫國論，專以書局為事，其忠憤感慨不能自己於言者，則智伯才德之論、樊英名實之說、唐太宗君臣之議樂、李德裕、牛僧孺爭維州事之類是也。〔註21〕

〔註18〕東有朝鮮（182），西則樓蘭（45）、羌（87），南為交趾（104），北至匈奴（27.50），其餘北朝建國、五代興邦者，復不可勝數矣。按：所列數字係檢索碼。

〔註19〕詳見第五章・第二節・三外交。

〔註20〕陳明錄遂以《通鑑》為「間接與新黨政治鬥爭」之工具，詳見《資治通鑑》的史學〉（上），頁48，此說略嫌武斷，姑存之。

〔註21〕新註《資治通鑑》序，啟業本《資治通鑑》，頁28。所列四論，檢索碼分別為：2. 83. 174、197。

唯此等推論，亦當別有明證，且適可而止，以避鑿附之譏，有違前賢雅意。

　　除胡注所舉數例外，今復以二例佐之：

（一）劉邵奉敕作考課法 111／73／2329‧臣光曰

　　此論主於任人而輕法，其論云：

> 爲治之要，莫先於用人，……要之，其本在至公至明而已，……苟爲不公
> 不明，則考課之法適足爲曲私欺罔之資也。」

此雖專在取才處立論，然其基本理念如是，與王安石之迹特相反耳。

（二）唐文宗興朋黨之歎 195／245／7899‧臣光曰

　　唐世牛、李黨爭與熙、豐後之新、舊黨爭雖性質有別，然其意氣相爭、敗壞士風卒致國隨以亡之狀，則大體相類，胡注於篇末嘗云：溫公此論爲熙、豐發也。宜屬極可信之推論。

第二節　思想之得處

一、融貫諸家

　　鑑論雖取材閎富，然絕非剪貼成史，其篩選、裁併、考索之功，前文論述已多，一言以蔽之，曰：無一語不出、無一字全襲也。夫如是，全文之風格得以一統，全書之理念爲之貫通，譬如：記劉曄事 105／72／2279‧引《傅子》曰：

> 〔諺曰〕，巧詐不如拙誠，信矣。以曄之明智權計若居之以德義，行之以
> 忠信，古之上賢，何以加諸！何以加諸！獨任才智，不敦誠愨後加，〔不
> 與世事相經緯〕，內失君心_{原作：內不推心事上}，外困於俗，卒以自危_{原作：不能自安於天下}，豈不
> 惜哉！

溫公改作，不獨在文字之修飾，「不敦誠愨」點出本論文眼，又將主動之「推心事上」易爲承受之「內失君心」，其中分寸，未可輕忽！是故，二百篇所呈現之思想脈絡，雖爲溫公主觀裁成，然緣其立意之初，亦無非就諸史博觀約取，是有客觀之融貫，而後成主觀之堅持也。

二、保存亡佚

　　歷代史籍，浩如烟海，雖以名山之作，或困於兵燹，或厄在水火，其劫餘者，百不得一。鑑論取材閎富之際，汰蕪擷菁、保存亡佚之功，尤足稱之。今考鑑論所引四一家中，〔註22〕其見存者凡廿三，其餘：

〔註22〕全引計卅五家、節引十三家，去其重複古語一類，乃得此數，詳目參見第三章‧第

（一）已見於前書

    1. 權德輿——《文苑英華》

    2. 華嶠、徐眾、孫盛、習鑿齒、魚豢、傅玄、袁準、虞喜——《三國志》裴注

    3. 仲長統——范曄《後漢書》

    4. 干寶——《昭明文選》

（二）特見於《通鑑》

    1. 崔鴻　2. 蕭方等　3. 裴子野　4. 陳嶽　5. 柳芳　6. 曹丕　7. 范質

後者固不待言，即以前者觀之，所述諸作，隋志、唐志甚且宋志尚皆見哉，足證溫公猶當親鑑，雖定本《通鑑》已有刪削之實，然處於文獻匱乏之際，乃不失其史料之價值。

三、識見高超

    溫公悠游史學數十載，其聞見者，無非上千年人事興廢之迹，此貞觀以史爲鑑之要義也。唯其如此，乃鑄就一雙千古巨眼，足以審見往史斷續之關鍵，此《通鑑》二百篇史論之要義也。今以四例敘之：

（一）穰侯敗 12／5／163·臣光曰

    立昭王、薦白起，秦益強大，穰侯之功也。徒見范雎間以四公子之悍，遂屏而之陶，溫公明指之：

> 雖其專恣驕貪足以賈禍，亦未至盡如范雎之言。若雎者，亦非能爲秦忠謀，直欲得穰侯之處，故搤其吭而奪之耳。〔註23〕

實爲一針見血之論。〔註24〕

（二）韓信謀反 29／12／390·臣光曰

    韓信反事成立與否，至今未有定論，不必細表。溫公雖主反說，然其分析事理，不泥於一，其責高祖：

> 夫以盧綰里閈舊恩，猶南面王燕，信乃以列侯奉朝請，豈非高祖亦有負於信哉？

責信：

> 始，漢與楚相距滎陽，信滅齊，不還報而自立；其後追楚至固陵，與信期共攻楚而信不至。當是之時，高祖固有取信之心矣！

兩造是非具在，不可與俗議同語。

    三節。

〔註23〕雎間言詳見《通鑑》5／160～61 周報王四九年（266B. C.）

〔註24〕《傳家集》67／828 評「范雎」（慶曆五年1045A. D. 作）已早爲之。

（三）記諸葛豐事 54／28／916・臣光曰

豐以諫言爲比周求進之資，漢元知之而未能持正：

> 使豐言得實，則豐不當黜；若其誣周，則堪、猛何辜焉！今兩責而俱棄之，
> 則美惡、是非果安在哉！

其析論至稱精當，固非率言成論也。

（四）徐敬業舉事 178203／643・臣光曰

敬業以匡復爲號，溫公許以「忠義」，然其執迷於薛仲璋金陵王氣之說，〔註25〕
是爲叛逆之意，溫公一則疾其虛妄，一則痛其毀禮，「不亡何待」是其總評！

四、觀念新穎

溫公雖一力維護傳統，保守色彩濃厚，然亦非全無新意，二百篇時或一見，今
以四例明之。

（一）漢宣崩 51／27／892・引班固曰：

> 孝宣之治，信賞必罰，綜覈名實、政事、文學、法理之士，咸精其能。至
> 於技巧、工匠、器械，自元、成間鮮能及之，亦足以知吏稱其職，民安其
> 業也。

治道之外，復能著眼於經濟層面之探討，此在保守如溫公者，實爲一大突破。

（二）杜欽追訟馮奉世功 59／29／949・臣光曰

溫公尊君重禮之念顯仆難破，然此論所言「矯制」之法，乃以「權其輕重而爲
之制宜焉」出之，概念雖未臻成熟，進境已自不小。

（三）記申屠蟠事 88／56／183・臣光曰

保身之說係溫公所以救人臣之末法，其因果已詳敘於第四章、第二節中。此論
鋪陳是說之餘，又有「保存士類」一念足資稱揚，蓋當日黨錮之際，四海橫流，已
非口舌所能撥正，士君子「身被淫刑，禍及朋友，士類殲滅而國隨以亡」，溫公於此，
舍俗議之愚節，而特重保存士類，延續國命，可謂尚矣！

（四）劉備即帝 100／69／2185 臣光曰

正統論之糾紛，歷數世而難定，學者每營營於正閏之際而乏通識之才。溫公亟欲
擺落此一藩籬，專據各代功業之實而言之，姑不論其成功與否，此念已非時人所及。

五、破立兼顧

史論屬行褒貶，乃理所當然，並無特異之處。鑑論所以過人者，在取舍之外，另
立持正一義，揭示補弊之途，所以然者。當與其身具之資治功能有關，今以例詳之：

〔註25〕詳見《通鑑》203／6426 唐則天后光宅元年（684A. D.）

（一）漢文逼薄昭自殺 33／15／482・臣光曰

溫公尊君之餘，絕不容外姓、他族混亂朝綱，薄昭恃親殺仗，自不免爲之筆誅，然漢文始不防閑，終傷母后之情，亦在可議之列。是故，持正之義，溫公引曹丕云：

> 舅后之家，但當養育之恩而不當假借以權。

（二）霍光敗 46／25／821・臣光曰

光之功在漢室，殆無可議；子孫驕侈，以致亡家，固係自致，然漢宣始爲放縱，終則驟奪，亦難逃溫公所予「醞釀」之責。至於持正一義，公曰：

> 曏使孝宣專以祿秩賞賜富其子孫，使之食大縣、奉朝請，亦足以報盛德矣。

（三）拓跋休拒魏主命 154／138／4338・臣光曰

魏孝文濫行惠於道氓，而不知究其根本以解之，溫公譏其聰明未遠，殆非虛語！其持正之道，宜出於：

> 彼廢疾者宜養，當命有司均之於境內。

（四）記黑水靺鞨事 182／213／6775・臣光曰

靺鞨王武藝叛，母弟門藝歸〔註26〕，賞罰分限的然可循，唐玄宗計不出此，始則欺誑，繼乃漏泄，威信爲之掃地，溫公引以爲羞，其持正者：

> 天子當察其枉直，賞門藝而罰武藝，爲政之體也；縱不能討，猶當正以門藝之無罪告之。

六、持論公允

溫公政治理念雖尚「君主臣承」，〔註27〕然其是非之辨猶甚於此，故不得與法家一味尊君之義相混。鑑論之所以資治，亦惟就歷代君臣事迹立論，但問是非，不計名位，然後公允之論出。今以四例明之：

（一）貫高謀反 28／12／385・臣光曰

> 高祖驕以失臣，貫高狠以亡君；使貫高謀逆者，高祖之過也；使張敖亡國
> 者，貫高之罪也。〔註28〕

其是非曲直之分疏，至爲詳盡，已不容吾人贊一詞。

（二）傅介子殺樓蘭王 45／23／773・臣光曰

溫公之於邊族，向主叛討服懷之策，故遠方之人雖王化未被，猶樂以相生。介子誘之以金幣，殺之如草芥，俗譏或美其功，溫公獨羞之「以大漢之徒而爲盜賊之謀」，允爲不刊之論。

〔註26〕其間曲直，詳見《通鑑》213／6775～76 唐玄宗開元十四年（726A. D.）
〔註27〕參見第四章・附論。
〔註28〕本事詳見《通鑑》11／379；12／381～85 漢高帝七——九年（200～198B. C.）

（三）唐文宗興朋黨之嘆 195／245／2899．臣光曰

　　　朝廷有朋黨，則人主當自咎而不當以咎群臣也。

何則？溫公所謂朋黨者，處心私、指事誣之小人，人主明以摘伏，法以除姦，自無
其憂，此正本清源之道也。

（四）馮道死 205／291／9511．臣光曰

　　溫公以「不二」爲人臣首節，如馮道之自詡「長樂老」，自難免「無恥」之譏。
可貴者，溫公復進而論「時君亦有責焉」，蓋唯有樂用者，而後乃見樂爲之用者。全
論雖不免以宋守成之德冪括五代進取之勢，然唯此論而後知溫公持論之公允與夫研
治之深湛也。

　　章學誠嘗因劉知幾說歸納史家四長，曰：才、學、識、德。〔註29〕縱觀溫公鑑
論，於「識」一長無愧矣！

第三節　思想之失處

　　《通鑑》之纂成，固爲溫公史才、學、識、德之凝聚，然其間得失亦復相須以
成。何以言之？草卷爲數上千，一賴公手刊落，加以資治之意早著於先，故去取之
際，雖風格得以統一，然視野亦因之囿於主觀之局限也。談允厚〈《資治通鑑》後序〉
嘗論《通鑑》之病在七：漏、複、紊、雜、誤、執、誣，〔註30〕足見前論絕非無稽。
唯嚴衍、談氏所補者，雖有功於史事，卻無補於溫公，何則？《通鑑》去取之間，
自成一定格局，所補雖加詳，更證於史事，亦同時隳廢溫公之書法也。

　　本節所述，即不作史實是非之爭，力避以今非古之弊，係專就鑑論自身存在之
六項瑕疵，進行分疏：

一、矛　盾

（一）春申君敗 13／6／216．引揚雄曰

　　　或問信陵、平原、孟嘗、春申益乎？曰：上失其政，姦臣竊國命，何其益
　　　乎？

溫公評價如此，然《傳家集》中有〈四豪論〉一首，〔註31〕於孟嘗，評爲「臣而不
臣，孰甚於此」；於平原，則作「智謀尤出數子之下」；於春申，乃成「方諸田文，

〔註29〕《文史通義》（校注 3／219～29）內篇三・史德；劉知幾之言見《新唐書》132／4522
　　　本傳。
〔註30〕《通鑑》嚴補輯要，頁 14～15。
〔註31〕《傳家集》651802～04。

罪又甚焉」；獨於信陵，評其智、仁、恭，而尤可貴者，在於彰其忠道，並引漢高過
大梁必祠之以證此。〔註32〕較諸前文，實有天壤之別。

（二）劉備即帝　100／69／2185・臣光曰

此論主於關正閏之謬，據溫公所言，除周、秦、漢、晉、隋、唐外，……

> 其餘地醜德齊，莫能相壹，名號不異，本非君臣者，皆以列國之制處之，
> 彼此均敵，無所抑揚，庶幾不誣事實，近於至公。

言猶在耳，遽觀《通鑑》書三國分立之魏與蜀、吳；晉以下之南、北分立，前者書
帝、崩、征伐，後者書主、殂、入寇，未知溫公將何以為言？即如本文所述，係出
於不得不求其貫串，朱熹又駁之：

> 既不是他臣子，又不是他史官，只如旁人立看一般，何故作此尊奉之態。
> 此等處合只書甲子，而附注年號於其下，如魏黃初幾年、蜀章武幾年、吳
> 青龍幾年之類方為是。〔註33〕

朱子之法，雖難為撰者，且精緻未足，然其存七雄、三國、南北朝諸分裂時代之真
貌，則居功非細。

二、偏　見

此弊之主因，在於溫公主觀過盛，企圖以資治之義掩覆覈實之史，乃至左支右
絀之窘境，如：

（一）燕滅　16／7／231・臣光曰

溫公以燕丹使荊軻一事為「輕慮淺謀、挑怨速禍」之舉，其戒為國者遠謀之情
盛。〔註34〕唯夷考《通鑑》論本事，係採自《史記・刺客列傳》，唯其中刊落一段：

> 太子避席頓首曰……今秦有貪利之心，而欲不可足也，非盡天下之地、臣
> 海內之王者，其意不厭。〔註35〕

可知溫公此意於當日鞠武之見，然以岌岌之弱燕抗虎狼之強秦，餘日無多，不若孤
注一擲，此當係燕丹所以斷然之初衷，與淺深無礙也。

（二）司馬昭克壽春　116／77／2445・引習鑿齒曰

昭之納降撫孤，計潰人心，不過戰略之巧而已；習氏晉人，以本朝忌諱，而漫
言「能以德攻」；溫公徒見其巧，未審其實，致為所蔽，縱觀鑑文諸記，昭復見何德
足以稱此？

〔註32〕《史記會注考證》本（77／965）魏公子列傳。
〔註33〕《朱子語類》105／4189～90。
〔註34〕《稽古錄》11／44臣光曰文字類同。
〔註35〕注3同揭書86／1029刺客列傳。

（三）玄武門之變 172／191／6012・臣光曰

立嫡以長，禮之正也。然高祖所以有天下，皆太宗之功；隱太子以庸劣居
其右，地嫌勢偪，必不相容。藉使高祖有文王之明，隱太子有泰伯之賢、
太宗有子臧之節，則亂何自而生矣！既不能然，太宗始欲俟其先發，然後
應之；如此，則是非獲已，猶爲愈也。既而爲群下所迫，遂至踐血禁門，
推刃同氣，貽譏千古，惜哉！……

此論多爲後見之明，且再三言之，莫不欲爲世民稍釋其罪，甚且向日持重之「禮」
亦爲之回也。

（四）李德裕追論悉怛謀事・臣光曰

時論以是篇係激於時事之作，胡注云：

元祐之初，棄米脂等四寨以興西夏，〔註36〕蓋當時國論大指如此。

按諸本篇主題之維州論爭，果亦步亦趨，亟稱契合。蓋溫公所持者，不過講信修義
而已，然衡諸當日情勢：

1. 維州本爲唐土，〔註37〕後遭吐蕃攻陷，悉怛羅叛入而復得，時雖兩方弭兵議成，
   並無歸還義務。

2. 悉怛羅之納降，德裕有大功焉，牛僧孺欲沮之而後快，乃謂：

吐蕃之境，四面各萬里，失一維州，未能損其勢，比來修好，約罷戍兵，
中國禦戎，守信爲上。彼若來責曰何事失信，養馬蔚茹川，上平涼阪，萬
騎綴回中，怒氣直辭，不三日至咸陽橋。〔註38〕

此論乍觀謂其體國深閎，然細審其據，不值一笑，蓋彼倘欲事攻伐，小信何爲？且
以唐萬民之邦，三日而京師不保，則邊防何在？戍衛何在？

溫公君子，可欺之以方，牛氏狡辯因而得售。各方攻訐不一，自胡寅、仇俊卿、
王夫之乃至近人李岳端、湯承業均有所論，〔註39〕足見其不慊於人者。

三、武斷：此弊之起，亦多為溫公主觀過盛所致，如：

（一）漢武爲戾太子立博望苑 41／22／734・臣光曰

〔註36〕詳見《宋史》486／14015 外國傳二、《宋史紀事本末》（鼎文，民國 67 年 3 月台初版）
40／395～96。

〔註37〕詳見《通鑑》223／7158 代宗廣德元年（763A. D.）胡注。

〔註38〕《通鑑》244／7878 文宗太和五年（831A. D.）

〔註39〕參見《致堂管見》25／1695～98、《通史它石》（監邑志林・藝文百部集成）41／9～11、
《船山鑑論》26／918～21、《中國六大政治家》「李衛公」・第四章衛公之歷仕，頁
18～21、《李德裕研究》（嘉新，民國 62 年 6 月 台版）・第七章攘除外患重振國威，
頁 254～58。

溫公將巫蠱事發歸咎於立苑使太子自接賓客致之，殊不知：

1. 按諸鑑文，太子始終仁厚，並無邪僻之舉。

2. 即有之，不過矯令殺江充一事，〔註40〕充本憸人，將有意於太子，彼之所
為實先發以自保。

3. 當日初勸太子行事之少傅石德，〔註41〕本係武帝拔擢，並非賓客之屬。

溫公本意在戒人主重太子之養成，然附事未當，所論尤嫌武斷。

（二）漢宣貶儒 49／27／881・臣光曰

此論之本，在於漢宣為太子釋漢法嚴峻之故，辭曰：

漢家自有制度，本以霸、王道雜之，奈何純任德教，用周政乎！

溫公以是遂縱論王霸無異道，謂漢宣為過，殊不知二者背景不一，漢宣之貶儒用法，
在於俗儒「好是非古今，使人眩於名實」，而太子棄仁怯儒，思有以激之也。溫公安
坐論事，自可參詳本末，推敲義理，唯欲以是遽斷前者為過，未免厚誣。

（三）荀彧諫曹操晉爵 95／66／2115・臣光曰

……臣以為：孔子稱「文勝質則史」，〔註42〕凡為史者，記人之言，必有
以文之，然則比魏武於高（祖）、光（武）、楚、漢者，史氏之文也，豈皆
彧口所言邪，用是貶彧，非其罪兵。

溫公此言，未免迴護太甚。史筆精賅，修飾難免，然皆重在刊削，豈得任意揮灑，
如公所論，可以名之以「誣」而不得視之為「文」。退一步言，彧之過譽魏武，早見
於《三國志》本傳，即《通鑑》亦復援引，〔註43〕衡諸史家考實之法，豈容如是曲
筆？溫公之發此言，或睹彧阻操毀禮奪位，愛烏及屋之餘，遂生此武斷之裁定也。

（四）唐太宗與群臣論樂 174／192／6051・臣光曰

此論之弊，同於前論。太宗所論：

禮樂者，蓋聖人緣情以設教耳，治之隆替，豈由於此。

其基礎在「文」，溫公縱論本末，可謂賅備，然計不出此，徒以「發言之易」相責，
似嫌過當。

四、夸　張

此弊亦由主張太過，致越於情理所致：

〔註40〕《論語注疏》6／54 雍也第六。

〔註41〕《三國志》10／311～22 本傳，《通鑑》61／1962 獻帝興平二年（195A. D.）・63／2032
建安五年（200A. D.）

〔註42〕詳見《通鑑》22／729 武帝征和二年（91B. C.）

〔註43〕同上。

（一）漢高斬丁公 22／11／360・臣光曰

　　漢高以丁成重「義」之心，以示天下：

　　　戮一人而千萬人懼，其慮事豈不深且遠哉，子孫享有天祿四百餘年，宜矣！

　　　〔註44〕

姑不論漢世功業固諸帝經營之力，即以漢高尸骸未寒，而諸呂之禍已作觀之，未知其謀安在？況丁公之戮，理或宜然，唯項伯事相近而遇相遠，則又何說焉？是故，此事不過殺雞儆猴之巧計，實非興仁立義之深謀，溫公過言矣。

（二）叔孫通制禮 25／11／377・臣光曰

　　通之器小，徒竊俗文，忽大道誠或有之，然溫公詆之：

　　　遂使先王之禮淪沒而不振，以迄於今，豈不痛甚哉！

叔孫何人，倘所言是，則其罪不應集於一人；後學何事，倘所言非，自當奮袂更始，豈容淪沒至今？

（三）記卓茂事 70／40／1285・臣光曰

　　溫公以此論盛贊光武能於即位之初，〔註45〕獨取忠厚之臣，以是推論其所以光復舊物、享祚久長也。質言之，此論難免設想太過，胡寅已疑之：

　　　若方用兵征伐之時，他善不著，獨封一循吏遽可成功，此近於迂儒滯見，

　　　非尚論之達觀也。〔註46〕

是故，光武此舉或僅一獨立事件，難當溫公之譽也。

（四）節度使由軍士廢立 187／220／7064・臣光曰

　　本論基礎立於「治軍以禮」之上，而篇末盛贊趙匡胤能行，遂使：

　　　上下有敘，令行禁止，四征不庭，無思不服，宇內又安，兆民允殖，以迄

　　　于今。

此皆本朝背景，未可厚非，唯衡諸趙宋軍實，殊覺礙目！

五、誤　證

（一）韓趙魏立爲諸侯 1／1／2・臣光曰：

　　　……是故以微子而代紂，則成湯配天矣；以季札而君吳，則太伯血食矣，

　　　然二子寧亡國而不爲者，誠以禮之大節不可亂也。……

微子繼殷，或可挽一時之命，然吳之亡於夫差，乃近百年後事，以此論證，實屬推求太過。

〔註44〕此意復見於《傳家集》67／829「評漢高祖斬丁公」（慶曆五年 1045A. D.作）。
〔註45〕時當建武元年（25A. D.），天下猶未一統之世。
〔註46〕《致堂管見》3／169。

（二）記衛嗣君事 11／4／133・引荀子曰：

> 成侯、嗣君，聚斂計數之君也。……聚斂者亡。

考《通鑑》記成侯諸事，未見聚斂之言，〔註47〕況「亡乎」？至於嗣君，亦屬善終，難當荀子之貶，溫公引之，未知意向所在。

（三）蕭何治未央宮 26／11／380・臣光曰：

> ……至於孝武，卒以宮室罷弊天下，未必不由酇侯啓之也。

漢武致窮天下，導因甚多，然定論率以軍費鉅累爲先，而宮室似非最切。

（四）唐太宗與群臣論樂 174／192／6051・臣光曰

> 溫公引漢武、王莽、晉武、梁武雖置樂文而不顧其本終不免悔吝，以證文、本不可偏廢，殊不知亦由是而落入太宗論之陷阱中，蓋太宗所主「治之隆替，豈由於此」，而本論正欲翻轉其說也。

六、模　稜

此弊之起，一則限於體裁，未便縱情發揮；一則亦係國學向存之狀，而爲人所深詬者，今見：

（一）三家滅智氏 2／1／14・臣光曰

此即溫公著稱之才德論，唯其分野云：

> 聰察強毅之謂才，正直中和之謂德。

其間文字多虛指而欠實義，概念至爲含混，朱熹即嘗評之：

> 他便專把朴者爲德，殊不知聰明果敢、正直中和，亦是才，亦是德。〔註48〕

（二）楚襄王迎婦於秦 9／4／121・臣光曰

其中暢言「道」之大用，並結以荀卿之論：

> 人主不務得道而廣有其勢，是其所以危也。

然質之本論，「道」之指涉、範疇、盡付之闕如，又不作任何交待，其義甚晦。

（三）杜欽追訟馮奉世功 59／29／949・臣光曰

此論在計矯制之功，說謂：

> 若矯大而功小者，罪之可也；矯小而功大者，賞之可也；功過相敵，如斯而已可也。

其中大、小、相敵之分限極其主觀，況胡寅復質之：

> 夫功，則有大小矣，矯有大小乎哉？〔註49〕

〔註47〕詳見《通鑑》2／42周顯王七年、2／58二十三年、2／72三十六年。
〔註48〕《朱子語類》4／121。另33／15144～45亦多有不慊於此之論。
〔註49〕《致堂管見》2／126。

（四）隋文大封諸子 170／180／5615・臣光曰

溫公引辛伯言並后、匹嫡、兩政、耦國爲人主四慎，並議隋文得一而失三，未知其得、失當作何解，且考隋文恩愛於獨孤后、秉政於一手，雖寵子而有匹嫡、耦國之虞亦非前論所指，其間斟酌，令人費解！

縱觀溫公鑑論思想之脈絡，大抵屬於傳統保守型之格局，楊時記伊川語云：

> 君實謂其應世之具，猶藥之參苓也，可以補養和平，不可以攻治沈疴。自
> 處如是，必有救之之術矣。〔註50〕

此意亦見於〈行狀〉記溫公與呂惠卿辯難間：

> 公曰……治天下譬如居室，弊則修之，非大壞不更造也。大壞而更造，非
> 得良匠美材不成，今二者皆無有，臣恐風雨之不庇也。〔註51〕

此意鎔鑄於鑑論，加以公之所持甚堅，得失因而相間矣。唯論及應世之貌，則但憑時人自爲取舍，其中原無是非可言。

〔註50〕《二程粹言》（四部備要本）2／9～1。
〔註51〕《蘇東坡全集》前集 36／426～27。

第八章 「臣光曰」文章之分析

溫公所學，雖不以文名家，然衡諸吾國文、史、哲三位一體之勢，其中必有可觀者。故首節先著溫文之文論，而後依次分析臣光曰（廣義）之題旨趨勢及文章手法。

第一節 溫公之文論

學者注目於溫公政治、史學處實多，而著意在文學者益寡。其知名者，惟見郭紹虞、羅根澤二家，〔註1〕前者將溫公納於政治家之文論，後者則歸之道學家。然就學術衡之，後者之以主張分，似較前者之以經歷分為勝。今擬以三途呈現此一內容：

一、背　景

前述已詳，溫公思想亟具強烈之經世傾向，加以儒學根柢深厚，故反映於政治，即成德治（人治）說；反映於文學，則重視「實用性」之有無，此或可名之為「道德經世論」也。

二、主　張

溫公文論之本，殆取自《詩》大序，〈薛密學田詩集序〉（元豐八年　1085A.D.作）：

> 揚子《法言》曰：「言，心聲也；書，心畫也。」聲畫之美者無如文，文之精者無如詩。詩者，志之所之也。然則觀其詩，其人之心可見矣。〔註2〕

〔註 1〕分見郭著《中國文學批評史》，上卷，第六篇北宋——文學觀念復古期之二，第五節政治家之文論，頁 361～63。羅著《中國文學批評史》（學海，民國 69 年 9 月台再版），兩宋文學批評史，第四章二程及其他道學派的道文分合說，六司馬光的文止通意說，頁 86～87。
〔註 2〕《傳家集》69／854。

然志之所之以何爲貴？〈顏太初雜文序〉（寶元二年 1039A.D.作）：

> 太初雖賤而夭，其文豈必不傳，異日有見之者，觀其後車詩，則不忘鑑戒
> 矣；觀其逸黨詩，則禮義不壞矣；觀其哭友詩，則酷吏愧心矣；⋯⋯由是
> 言之，爲益豈不厚哉！〔註3〕

論詩而專主切用，困前述背景之反映也。〈迂書〉文害（元豐六年 10-83A.D.作）：

> 君子有文以明道，小人有文以發身。〔註4〕

亦足以發揮其意，益文貴有用，用之明道也。雖然，以孔門四科相較，文學之「用」
終落居下風，此又道德經世論之再見，其言載諸〈答孔司戶文仲書〉：

> 光昔也聞諸友曰：「學者貴於行之，而不貴於知之；貴於有用，而不貴於
> 無用。」故孔子曰：「弟子入則孝，出則弟，謹而信，汎愛眾而親仁，行
> 有餘力，則以學文。」子夏曰：「事父母能竭其力，事君能致其身，與朋
> 友交言而有信，雖曰未學，吾必謂之學矣。」此德行所以爲四科之首者
> 也。⋯⋯故言語、政事次之。若夫習其容而未能盡其義，誦其數而未能行
> 其道，雖敏而傳，君子所不愛，此文學之匠以爲末者也。然則古之所謂文
> 者，乃所謂禮樂之文，升降進退之容，弦歌雅頌之聲，非今所謂文也。今
> 之所謂文者，古之辭也。孔子曰：「辭達而已矣。」明其足以通意斯止矣，
> 無事於華藻宏辯也。〔註5〕

此一「文止通意」即溫公文論久精華，其說先自規範文學之實用功能入手，經與三
科比勘，進而全盤否定其修飾功能，與道學家文論頗多相涉之處，〔註6〕此羅根澤
所以合之也。

三、實　踐

溫公文論之實踐功夫，除見在文字之平穩質實、不務聲律外，復得以三事旁證
之：

（一）〈溫公行狀〉載，神宗即位，首擢公爲翰林學士，公力辭不許，其故乃爲：「臣
不能爲四六」。〔註7〕夫駢體之於文止通意，相去不可以道里計。勿怪溫公之
嚴拒也。

（二）溫公〈貽范夢得〉帖嘗論修《通鑑》長編之法，有：

〔註3〕《傳家集》69／851。
〔註4〕《傳家集》74／910。
〔註5〕《傳家集》60／719。
〔註6〕參見何寄澎〈司馬光的文學觀及其相關問題〉，頁53～57，收入紀念司馬光・王安石
　　　逝世九百周年學術討論會論文集。
〔註7〕《蘇東坡全集》，前集36／424。

詩賦等若止爲文章，……便請直刪不妨；或詩賦有所譏諷，……並告存之。
〔註8〕

此以「用」爲裁也。

（三）溫公〈論舉選狀〉（嘉祐六年 1061A.D.八月廿一日上）：

臣竊以取士之道，當以德行爲先，其次經術，其次政事，其次藝能。夫文
辭者，迺藝能之一端耳，未足以盡天下之士也。〔註9〕

溫公集中如是之論尤多，如〈貢院定奪科場不用詩賦狀〉、〈貢院乞逐路取人狀〉、〈議
貢舉狀〉等均是。〔註10〕

綜而言之，溫公文論具有二大特徵：

一、文貴實用；

二、文止通意。

斯言盡矣。

第二節　「臣光曰」之題旨趨勢

編年史論贊之提法，大體以隨機發露爲準，然以浩如烟海之史料、群如江鯽之
人物，其去取立論之間勢必別有極則爲之篩選，所以愼其始也。吾人就此發例予以
分析，其關鍵處略可約之以五：

一、君臣言行之際

二、人才黜陟之際

三、朝綱清濁之際

四、禮法興革之際

五、賞罰得失之際

六、建言拒納之際

此固本篇四、五、六章立論之礎石也。至於其中題旨之大勢，復可歸納爲下述五端：

一、月旦人物

此一特色，原係論贊褒貶大義之所在，故其數量約爲全體之冠，而據事直書藉
古諷今之筆法，尤能彰顯《通鑑》資治之本衷，實不可輕易之宏論也。今列其四例：

（一）褒

〔註 8〕《傳家集》63／778。

〔註 9〕《傳家集》20／302。

〔註 10〕《傳家集》30／415；32／431；40／517～522。

1. 劉宋文戒諸子以儉 144／124／3914・引裴子野曰：

> 善乎太祖之訓也！……太祖若能率此訓也，難其志操，卑其禮秩，教成德立，然後授以政事，則無怠無荒，可播之於九服矣。

按：此襃天子能識儉德也。

2. 房玄齡死 177／199／6260・引柳芳曰：

> 玄齡佐太宗定天下，及終相位，凡三十一年，天下號爲賢相。……理致太平，善歸人主，爲唐宗臣，宜哉！

按：此襃人臣能佐王功也。

（二）貶

1. 記京房事 57／29／930・臣光曰：

> 人君之德不明，則群下雖欲竭忠，何自而入乎？觀京房所以曉孝元，可謂明白切至矣，而終不能寤，悲夫！……

按：此貶人君之闇也。

2. 縱橫之徒徧天下 8／3／101・引揚雄曰：

> 或問：「儀、秦學乎鬼谷術而習乎縱橫言，安中國者各十餘年，是夫？」曰：「詐人也，聖人惡諸。」曰：「孔子讀而儀、秦行，何如也？」曰：「甚矣！鳳鳴而鷙翰也。」……

按：此貶其人之非才也。

二、辨證史事

此意係溫公就若干獨立事件加以辨析，使觀念得所釐清，義理因之彰顯，所以資人爲治也。縱論之餘，褒貶已寓其中，是亦鑑論題旨之大宗也。今列其四：

（一）孟嘗君以養士知名 6／2／78・臣光曰：

> 君子之養士，以爲民也。……今孟嘗君之養士也，不恤智愚，不擇藏否，盜其君之祿，以立私黨、張虛譽，上以侮其君，下以蠹其民，是姦人之雄也。……

按：此辨養士取才之正道。

（二）斷二千石以上行三年喪 81／50／1619・引袁宏曰：

> 古之帝王所以篤化美俗，率民爲善，因其自然而不奪其情，民猶有不及者，而況毀禮止哀、滅其天性乎？

按：此辨率民執禮之正道。

（三）劉宋武帝除清議以更始 136／119／3734・引裴子野曰：

昔重華受終，四凶流放，天下之惡一也。鄉論清議除之，過矣！

按：此辨鄉論清議之切要。

（四）唐與薛延陀和親 176／197／6201・臣光曰：

孔子稱去食、去兵，不可去信。唐太宗審知薛延陀不可妻，則初勿許其婚可也；既許之矣，乃復恃強去信而絕之，雖滅薛延陀，猶可羞也。……

按：此辨王者存信之切要。

三、疏通疑義

此意係爲古史中若干啓人疑竇之言、行作疏通抑或闡發而設，其分量雖不及前二者，然文思馳騁之間，最能見公之雅意，循例列四：

（一）子思、孟子論牧民之道 5／2／64・臣光曰：

子思、孟子之言一也。〔註11〕夫唯仁者爲知仁義之利，不仁者不知也。故孟子對梁王直以仁義而不及利者，所與言之人異故耳。

按：此疏仁義與利之疑。

（二）崔寔論政 86／53／1725・臣光曰：

漢家之法已嚴矣，而崔寔猶病其寬，何哉？蓋衰世之君，率多柔懦；凡愚之佐，惟知姑息；是以權倖之臣有罪不坐，豪滑之民犯法不誅；仁恩所施，止於目前，姦宄得志，紀綱不立。故崔寔之論，以矯一時之枉，非百世之通義也。……

按：此疏漢法尙嚴、崔寔更甚之疑也。

（三）記王儀、嵇康事 119／80／2537・臣光曰：

……嵇康、王儀死皆不以其罪，二子不仕晉室可也。嵇紹苟無蕩陰之忠，〔註12〕殆不免於君子之譏乎？

按：此疏紹未見譏之疑。

（四）李德裕追論悉怛謀事 197／247／7978・臣光曰：

論者多疑維州之取舍，不能決牛、李之是非。臣以爲……，且德裕所言者利也，僧孺所言者義也，匹夫徇利而忘義猶恥之，況天子乎！……牛、李之是非，端可見矣。

按：此疏牛李是非之疑。

四、探求原始

〔註11〕子思論牧民之道，曰：「先利之。」孟子則直陳仁義而已，詳見《通鑑》2／64 周顯王卅四年（336B. C.）。

〔註12〕謂紹以侍中致死護惠帝故事，詳見《通鑑》85／2696 永興元年（304A. D.）。

此意係就史事之所以然進行探究，藉以明機變之關鍵、戒往例以興知也。今詳之：

（一）蕭齊竟陵王子良死 155／139／4353・臣光曰：

……子良當時賢王，雖素以忠愼自居，不免憂死。迹其所以然，正由王融速求富貴而已。輕躁之士，烏可近哉！〔註13〕

按：此究子良憂死之故。

（二）高齊昭帝殂 166／168／5217・引顏之推曰：

孝昭天性至孝，而不知忌諱，乃至如此，良由不學之所爲也。〔註14〕

按：此究高演失言之故也。

（三）唐文宗興朋黨之歎 195／245／7899・臣光曰：

……彼昏主則不然，明不能燭，強不能斷；邪正並進，毀譽交至；取舍不在於己，威福潛移於人，於是讒慝得志而朋黨之議興也。

按：此究朋黨漸興之故。

（四）馮道死 205／291／9511・臣光曰：

抑此非特道之愆也，時君亦有責焉。何則？不正之女，中士羞以爲家；不忠之人，中君羞以爲臣。……

按：此究馮道得志之故也。

五、綜覽全局

鑑論常於各代興衰之際、盛事之末，發而爲言，或追溯源流，或歷數人物，或辨正是非，時復略抒己懷。要之，其章法足以涵容前敘，內容多能連綴鉅編。唯其如此，本篇僅列其例四，並提挈大旨，而不擬詳引諸文：

（一）楊僕等伐朝鮮 38／21／690・引班固曰

本文自箕子受封始，簡敘當地民風沿革，至於孟堅當日。其中爲之貫串者，禮義之教耳。

（二）曹操拒正位 97／68／2173・臣光曰

此即今日著稱之〈論東漢風俗〉，其中爲之貫串者，教化、風俗也。

（三）劉備即帝 100／69／2185・臣光曰

此即溫公之「正統論」，自考訂源流、分析諸家進而否定此一妄議，並自明《通鑑》紀年書法，層層轉來，最能展現溫公學思之用也。

〔註13〕王融以好名妄行，詳見《通鑑》138／4331 齊武帝永明十一年（493A. D.）。
〔註14〕孝昭臨終，乃言恨不見太后山陵，言者無心，卻有詛咒之虞，詳見《通鑑》168／527 陳文帝天嘉二年（561A. D.）。

（四）朱全忠誅宦官 199／263／8595・臣光曰

此係溫公之宦官論，起手辨析宦官之禍端所起，進而比戡漢、唐宦官之異，尤詳於後者種種劣跡，並歸納爲：「始於明皇，盛於蕭代成於德宗，極於昭宗。」；末段復平議是職之存廢得失，肯定其存在價值，而戒人主不當予以威福，立論堪稱公允。

第三節 「臣光曰」之行文手法

溫公雖不以文學名家，然一生著作等身，文采亦復粲然可觀。〈行狀〉記其「年十五，書無所不通，文辭醇深，有西漢風。」〔註15〕吾人今日已難知東坡「西漢風」何指，唯夷考臣光曰中所見，大抵用字平易，章法樸質，不好用典，鮮究聲律，實堪與本章首節之「文止意通」相參，且與溫公篤實之性格相映也。

雖然，臣光曰中仍備藏多種極具特色久行文手法，本節即針對此一內容，加以分析、歸納，並力避穿鑿附會之譏，將之畫分爲六：

一、感　嘆

人生而有七情、六欲，其最直接之表達方式，莫不由感嘆出之，語言，文字者，工具而已。治後者，宜就兩途觀之：

（一）形　式

1. 53／28／902：「甚矣！孝元之爲君，易欺而難寤也。」
2. 85／52／1691：「成帝不能選任賢俊，委政舅家，可謂闇矣。……順帝援大柄授之后族，……較於成帝，闇又甚焉！」
3. 88／56／1823：「郭泰既明且哲，以保其身；申屠蟠見機而作，不俟終日，卓乎其不可以及矣！」
4. 97／68／2174：「由是觀之，教化安可慢，風俗安可忽哉！」
5. 177／199／6261：「玄齡佐太宗定天下，……爲唐宗臣，宜哉！」

（二）內　容

感嘆句之應用，約而言之，不過贊、嘆兩途，本例所引前二者屬嘆，後三者乃爲贊也。

二、設　問

此法變平敍爲詢問，毋論果有所疑抑或早有定見，皆使全篇爲之生色不少。欲明乎此，亦宜分從二途：

〔註15〕《蘇東坡全集》前集 36／420。

（一）形　式

1. 疑問：此型原係爲果有所疑而設，唯《通鑑》本於資治，所敘皆深切著明，故二百篇中罕見之，從略。

2. 激　問：爲激取本意而問，其覆必反之：

　　（1）22／11／360：「苟不明禮義以示之，使爲臣者，人懷二心，以徼大利，則國家其能久安乎？」

　　（2）53／28／912：「在中智之君，孰不感動奮發以厎邪臣之罰，孝元則不然，……如此，則姦臣安所懲乎？」

　　（3）95／66／2115：「荀彧佐魏武而興之，……十分天下而有其八，其功豈在管仲之後乎？」

3. 提　問：將有所論，設之以引首：

　　（1）77／46／1495：「大人主之於臣下，患在不知其姦，苟或知之而復赦之，則不若不知之爲愈也。何以言之？……」

　　（2）86／53／1725：「漢家之法已嚴矣，而崔寔猶病其寬，何哉？……」

　　（3）205／291／9513：「抑此非特道之愆也，時君亦有責焉。何則？……」

（二）用　法

1. 用於篇首者：因以提起全文大旨，如提問之（2），乃以此問引漢桓柔懦、姦宄得志，進而歸結至執法當寬猛相濟。

2. 用於篇末：因以增廣全文視野，如提問之（3），前文從論馮道之無恥，至此語鋒一轉，更論時君之愆。

3. 連續設問法：以疊問層層進逼，收束題旨，氣勢因之愈顯壯闊，如：

　　（1）83／51／1649：「其或禮備而不至，意勤而不起，則姑內自循省而不敢強致其人，曰：豈吾德之薄而不足慕乎？政之亂而不可輔乎？群小在朝而不敢進乎？誠心不至而憂其言之不用乎？何賢者之不我從也？苟其德已厚矣，政已治矣，群小遠矣，誠心至矣，彼將扣閽而求售，又安有勤求而不至者哉？」

　　按：前設五問，用以檢驗朝政之清濁；末設一問，所以總結全篇。

　　（2）195／245／7899：「文宗苟患群臣之朋黨，何不察其所毀譽者，爲實？爲誣？所進退者，爲賢？爲不肖？其心，爲公？爲私？其人，爲君子？爲小人？」

　　按：先以一問引首，既而連發八問，因以檢證也。

三、引　用

此法雖訴之權威，或乏於創見，然亦所以易於服人也。其形式有二：

（一）明　引

如鑑論所引三五家、九九篇者是。其中，大體已經溫公筆削，屬略引一類。〔註16〕

（二）暗　引

鑑論所用亦以略引爲主，如：

1. 23／11／363：「故子房託於神仙，遺棄人間，等功名於外物，置榮利而不顧，所謂「明哲保身」者，子房有焉。」
   按：引《詩》・大雅・蕩之什・丞民。

2. 30／12／410：「爲人子者，父母有過則諫；諫而不聽，則號泣而隨之，……」
   按：引《禮記》・曲禮下。

3. 130／104／3195：「夫有功不賞，有罪不誅，雖堯舜不能爲治。」
   按：引漢宣地節三年（67B.C.）詔。

4. 131／106／3348：「許邵謂魏武帝治世之能臣、亂世之姦雄。」
   按：引孫盛《異同雜語》，今佚，又見《三國志》魏書武帝紀裴注引。

5. 159／141／4409：「夫爵、祿、廢、置、殺、生、予、奪，人主所以馭臣之大柄也。是故，先王之制雖有親、故、賢、能、功、貴、勤、賓，苟有其罪，不直赦也。……」
   按：引《周禮》天官太宰、秋官小司寇職。

四、譬　喻

劉勰云：

> 夫比之爲義，取類不常，或喻於聲，或方於貌，或擬於心，或譬於事，……
>
> 以切至爲貴，若刻鵠類鶩，則無所取焉。〔註17〕

是謂譬喻法乃藉「類化」使聲、貌、心、事得以相通，則難知而易、抽象似具也。
其形式有三：

（一）明喻：凡喻體、喻詞、喻依具備者屬之，如：

1. 87／50／1817：「夫蠻夷戎狄，……若乃視之如草木禽獸，不分臧否，不辨去來，悉艾殺之，豈作民父母之意哉！」

2. 154／138／4338：「人主之於其國，譬猶一身，視遠如視邇，在境如在庭。」

〔註16〕參見第三章・第三節。
〔註17〕《文心雕龍》（范文瀾註8／602）、比興第卅六。

3. 174／192／6053：「夫禮，非威儀之謂也，然無威儀則禮不可得而行矣。樂非聲音之謂也，然無聲音則樂不可得而見矣。譬諸山，取其一土一石，而謂之山則不可，然土石皆去，山於何在哉？」

4. 198／248／8011：「董重質之在淮西，郭誼之在昭義，吳元濟、劉稹，如木偶人在伎兒之手耳。」

（二）隱喻：喻體、喻依已備，喻詞作「為」者：

1. 139／119／3763：「昔臧文仲祀爰居，孔子以為不智，如（寇）謙之者，其為爰居亦大矣。」

（三）略喻：省喻詞者，如：

1. 120／80／2539：「規矩主於方圓，然庸工無規矩則方圓不可得而制也。衰麻主於哀戚，然庸人無衰麻則哀戚不可得而勉也。」

按：此喻衰麻以規矩也。

2. 173／192／6029：「君者表也，臣者景也，表動則景隨矣。」

按：此喻君臣以表景也。

五、追　論

鑑論大體一處一篇，各道其詳，然復有十一處，採雙篇連書者：

（一）形　式

1. 一臣光曰一諸家論：15. 18. 28. 43. 46. 205.　（所列者檢索碼，下倣此）；

2. 並為諸家論：8. 21. 37. 148. 150. ；

（二）內　容

1. 加強：概念一致，互為輔成

　（1）8 論蘇秦、張儀、公孫衍：首引《孟子》論衍、儀非大丈夫，次引揚雄論儀、秦乃詐人。皆予貶辭。

　（2）18 論蒙恬：先引揚雄論其忠不足相，次溫公自論稱其守死不二。皆肯定其忠。

　（3）21 論項羽：先引太史公論其天亡論之謬，次引揚雄論楚、漢消長之關鍵。皆譏其剛愎。

　（4）37 論郭解：先引班固論游俠、次引荀悅論三游。皆主戒游。

　（5）148 論魏晉取才：先引沈約敘古今流變，次引裴子野論時弊。皆力闢其非

2. 補充：前說未密，後出轉精

　（1）15 論韓非：先引揚雄論其死乎說難，次溫公自論其死不足愍。

（2）28 論貫高：先引荀悅論其罪，次溫公自論同揭漢高之非。

（3）43 論漢武：先引班固論獨稱其功，次溫公自論功罪俱明。

（4）46 論霍光：先引班固論其罪，次溫公自論同揭漢宣之非。

（5）150 論（劉）宋明：先引沈約論其殺弟罪行襲自宋文，次引裴子野更上追至宋武。

（6）205 論馮道：先引歐陽修論道之無恥，次溫公自論同揭時君之罪。

六、全　視

鑑論欲求其資治之極效，諸法之外，又常於一朝一帝之末綜論其功過，俾人主易於觀覽，並自作比勘也。其法固在：

（一）11 論衛成侯、嗣君及子產、管仲

（二）19 論秦

（三）34 論漢文景之治

（四）43 論漢武

（五）51 論漢宣

（六）60 論漢元

（七）62 論漢成

（八）65 論漢平

（九）69 論王莽

（十）78 論漢明章之治

（十一）97 論東漢風俗

（十二）106 論諸葛亮

（十三）112 論魏明

（十四）123 論晉世風俗

（十五）131 論苻堅

（十六）205 論五代風俗

第九章 結 論

本章蓋總結前述諸論，並提揭《通鑑》「臣光曰」於史學史中承先啓後之功能及地位。故首節綜列其特徵，次就諸家攻訐予以平議，末則略敘其流風所及之影響。

第一節 「臣光曰」之特徵

自張須歸納《通鑑》史學爲春秋之意、左傳之法、儒家之宗旨、本朝之背景、著者之特見五事〔註1〕以下，學者能出其藩籬者蓋寡。〔註2〕小子不學，亦難於其中再創新意，故仍就此一格局，規範本篇研究結果，唯其對象僅止於鑑論耳。

一、春秋之意

春秋寓褒貶之法，不獨見諸《通鑑》正文，即史論中亦復所在多有。何以言之？二百篇中，除過半數之正體臣光曰外，溫公尙援引前代諸賢論說，是謂之變體臣光曰。凡此者，其意已爲公心容受，其文早經公手刊削，取舍之間，雖或以章法不一，然猶多褒貶大義也。

二、左氏之法

昔日史籍，論贊首見提稱並獨立成文者，當推左氏「君子曰」爲先。《通鑑》編年爲史，經傳合法，續事而書，則鑑論之宗左，自屬情理中事。

三、儒家之旨

〔註1〕《通鑑學》，第四章通鑑史學一斑，頁75～101。
〔註2〕如：李晃世《資治通鑑》導讀前言〉（下），頁4～13；鄺士元《中國學術思想史》（波文書局，民國68年11月港版）・第十二章漢至宋的通史・第二節司馬光與《資治通鑑》，頁475～76；甲凱《史學通論》（學生，民國74年9月台初版）・第十章唐宋史學的傑作，頁348～55。

翻檢本篇四、五、六章所述之思想脈絡，其君主臣承（有別於法家之君尊臣卑）、重禮輕法及經濟、外交、國防諸概念，率皆儒家論政之典型。〔註3〕

四、本朝背景

溫公身當宋世，又宦海浮沈經年，居洛十五年間，挹鬱不得其志，加以《通鑑》身負資治之大旨，則其含蘊時代情懷，影響當日人事之筆，毋論有意、無意，皆當有所抒發也。〔註4〕

五、個人創獲

溫公雖置身於傳統保守思潮中，然其主張率皆深思積學所得，絕非一昧沿襲故說而已。舉凡關正朔之爭、允矯制之法、設保身之道等說，雖仍有若干曲折，已見其突破之意。〔註5〕

第二節　諸家攻訐平議

《通鑑》允為《史記》後通史之第一，而鑑論則因溫公思想之具體呈現而迭受攻訐，歸納諸家論點，大體不出三途：

一、因　襲

實則深究鑑論之原創性，亦非全然無著。

（一）就形式言：大量引用前賢論議，即首見於此。

（二）就內容言：政治性特強，亦非前史論贊所及，此一則固為《通鑑》資治之初衷，一則亦係溫公個人之背景，錢穆稱其為「史學中之經驗主義者」，殆即著眼於此。〔註6〕

二、保　守

此論溫公雖無所逃遁，然吾人須知：

（一）「保守」乃人性本色之一，絕無可議之處。

（二）鑑論之保守風格，一則固為誠篤近迂如溫公者所促成，一則亦係《通鑑》「私家撰述、官家面目」之背景所致。

時論之訾溫公者，大抵注目於熙豐變法之際，緣其所由：

（一）人心皆習常而好奇。

〔註3〕精華復見於第七章・第一節・四。
〔註4〕精華復見於第七章・第一節・十。
〔註5〕參見第七章・第二節・四。
〔註6〕《宋明理學概述》（學生，民國73年2月台再版）・（九）司馬光，頁27。

（二）各代所求不同，所取亦異。

（三）溫公傳世之作，類多鉅製，時人觀覽未盡即放言高譚，故時有斷章取義之弊。

吾人今欲求其公允之論，首當通覽全局、推詳因果，而後據事立論，方能免於鑿空之譏，亦且無愧於溫公，此即全祖望欲為古人功臣〔註7〕之意也。

三、主　觀

實則主、客觀之際，本相對成義，其間並無明確之分野，唯鑑論原秉褒貶大法，取舍之間，全憑私意裁斷，主觀之論，原係情理中事。所惜者，溫公持念甚堅，時或不免矯枉過正之論而已。〔註8〕

或問：夫如是，則吾人於前賢舊典固應持何等態度？曰：其如王鳴盛所言：

> 大凡人學問精實者必謙退，虛僑者必驕矜。生古人後，但當為古人攻誤訂疑，若鑿空翻案，動思掩蓋古人，以自為功，其情最為可惡。〔註9〕

第三節　「臣光曰」之影響

《通鑑》既以資治為範疇，鑑論亦必附事而行，方顯其義。故今論「臣光曰」之影響，視同究《通鑑》之影響也。欲明此一課題，除留心《通鑑》穩定型政治理念之承傳外，首應著眼其書引發之史學變革。何以言之？前述理念即就《通鑑》之各種衍生物流布當代，引發風潮，不獨使二百卷之原著了無殘闕，其理念之梗概亦維繫而不墜也。今詳之：

一、紀事本末體之出現

袁樞首開其端。全書分二三九事目及六三附錄，二年而成，專以《通鑑》史料為範疇，事目提綱、編年詳敘，朱熹遂謂其「亦國語之流」〔註10〕唯深究其法，在於治紀傳、編年於一爐，《四庫提要》蓋得之矣。〔註11〕

後世踵繼者，有明·陳邦瞻之宋、元、清，高士奇之左傳，李有棠之遼、金，張鑑之西夏，谷應泰之明，楊陸榮之三藩等八種紀事本末，其勢不小。

二、綱目體之發明

〔註7〕《鮚埼亭集》外編 32／1122 讀胡氏《資治通鑑》注。
〔註8〕詳見第七章·第三節。
〔註9〕《十七史商榷》100／1141《通鑑》與十七史不可偏廢。
〔註10〕《晦庵先生朱文公文集》（明嘉靖本，光復，台版）81／7 跋《通鑑》紀事本末。
〔註11〕《四庫提要》49／1050。

朱熹首開其端。合計五九卷,乃朱子因通鑑、目錄、舉要曆及胡寅之舉要補遺而成,嘗自敘其例:

> 表歲以首年,而因年以著統;大書以提要,而分注以備言,使夫歲年之久近、國統之離合、辭事之詳略、議論之同異,通貫曉析如指諸掌,名曰《資治通鑑綱目》。〔註12〕

是書蓋綱仿春秋、目擬左氏,前者經朱子手定,後者由門人趙師淵補成,特重書法,其義理爭勝尤悍於溫公也。

其踵繼者,大抵由原書中添枝葉,如:尹起莘《發明》、劉友益《書法》、汪克寬《考異》、馮智舒《質實》、黃仲昭《合注》、王功學《集覽》等均是,餘如吳秉權《綱鑑易知錄》乃至康熙、乾隆之御批輯覽亦均屬之。

三、編年史之振興

編年史自《史記》出遞降至次位,中歷千餘載而有《通鑑》爲之振興。其在當日,有劉恕《資治通鑑外紀》爲之敘首,范祖禹《唐鑑》爲之加詳,日後,李燾《續資治通鑑長編》,李心傳《建炎以來繫年要錄》,徐夢華《三朝北盟會編》,薛應旂、王宗沐《宋元資治通鑑》乃至畢沅之《續資治通鑑》皆爲之補後,於是編年通史之血脈於茲未絕,傳統政治之思潮藉是張揚矣!

〔註12〕注1同揭書 75／23／24。

附錄：「臣光曰」資料檢索

本表所列資料係以啓業書局民國六十六年台初版之點校本《資治通鑑》爲準。

編號	卷數	紀數	年代		頁數	引子	論者	出處	內容提要	備註
1 1	1	周 1	威烈王 23	B. C. 403	2-6	韓趙魏立爲諸侯	司馬光		禮論	名分說
2 2	1	1	威烈王 23	403	5〜14	三家滅智氏	司馬光		才德論	
3 3	1	1	烈王 7	369	40	韓趙攻魏	司馬遷	《史記》	專評此事	
4 4	2	2	顯王 10	359	48-9	商鞅變法	司馬光		信論	
5 5	2	2	顯王 33	336	64	子思《孟子》論收民之道	司馬光		疏通二賢之論	
6 6	2	2	顯王 48	321	78	孟嘗君以養士知名	司馬光		養士論	
7 7	2	2	顯王 48	321	79	公孫成諫孟嘗受楚王	司馬光		諫論	但求善言說
8 8	3	3	赧王 5	310	100	縱橫之徒徧天下	孟軻	《孟子》	論公孫衍、張儀非大丈夫	
							揚雄	《法言》	論蘇秦、張儀爲詐人	
9 9	4	4	赧王 23	292	121	楚襄王迎婦於秦	司馬光		專評此事	
10 10	4	4	赧王 31	284	127-9	樂毅攻齊	荀況	《荀子》	王霸論	
11 11	4	4	赧王 32	283	133	記衛嗣君事	荀況	《荀子》	論成侯、嗣君、子產、管仲	
12 12	5	5	赧王 50	265	163	穰侯敗	司馬光		專評此事	
13 1	6	秦 1	始皇帝 9	238	216	春申君敗	揚雄	《法言》	論四公子	

14 2	6	秦1	始皇帝12	B.C.235	219	呂不韋自殺	揚雄	《法言》	總評其人	
15 3	6	1	始皇帝14	233	221-2	記韓非事	揚雄 司馬光	《法言》	「說難」論 論韓非之罪	
16 4	7	2	始皇帝25	222	231-2	燕滅	司馬光		論燕丹、荊軻之過	
17 5	7	2	始皇帝26	221	234	齊滅	司馬光		論六國	
18 6	7	2	始皇帝37	210	251	蒙恬自殺	揚雄 司馬光	《法言》	論蒙恬功過	功不足抵過說 臣道不虧說
19 1	9	漢1	高帝1	206	298	漢高拒殺秦王	賈誼	《新書》	論秦過	
20 2	10	2	高帝3	204	333-4	張良諫立六國後	荀悅	《漢紀》	形、勢、情論	
21 3	11	3	高帝5	202	55～354	項羽敗	司馬遷 揚雄	《史記》 《法言》	駁天亡論	
22 4	11	3	高帝5	202	360-1	漢高斬丁公	司馬光		勢論	
23 5	11	3	高帝5	202	363	張良引退	司馬光		保身論	
24 6	11	3	高帝6	201	370	漢高封雍齒	司馬光		論張良之善諫	
25 7	11	3	高帝7	200	375-6	叔孫通制禮	司馬光		禮論	功用說
26 8	11	3	高帝7	200	380	蕭何治未央宮	司馬光		儉論	
27 9	12	4	高帝9	198	383	漢與匈奴和親	司馬光		駁劉敬之策	
28 10	12	4	高9	198	385	貫高謀反	荀悅 司馬光	《漢紀》	論貫高之罪 更論漢高之罪	
29 11	12	4	高帝11	196	390~1	韓信謀反	司馬光		專評此事	
30 12	12	4	惠帝1	194	410	記戚夫人事	司馬光		論漢惠不知大誼	
31 13	12	4	惠帝4	191	416	叔孫通諫漢惠築複道	司馬光		改過論	
32 14	13	5	高后8	180	435	諸呂謀反	班固	《漢書》	駁酈寄賣友	
33 15	14	6	文帝前10	170	482	漢文逼薄昭自殺	司馬光		執法親疏如一論	

34 16	16	漢8	景帝後3	B.C.141	546-7	漢景崩	班固	《漢書》	總評文景之治	
35 17	17	9	武帝元光1	134	577-8	記李廣事	司馬光		治軍尚嚴論	
36 18	18	10	武帝元光5	130	587	記河間獻王事	班固	《漢書》	論漢初諸侯	
37 19	18	10	武帝元朔2	127	606	記郭解事	班固	《漢書》	游俠論	
							荀悅	《漢紀》	三游（俠說行）論	
38 20	21	13	武帝元封3	108	690	楊僕等伐朝鮮	班固	《漢書》	敘朝鮮民風沿革	
39 21	21	13	武帝太初1	104	700-1	李廣利伐大宛	司馬光		無私論	
40 22	22	14	武帝太始3	94	723	漢武帝命堯母門	司馬光		愼論	
41 23	22	14	武帝征和2	91	734	漢武爲太子立博望苑	司馬光		太子教育論	
42 24	22	14	武帝征和4	89	742	漢武下罪己詔	司馬光		天下未嘗無士論	
43 25	22	14	武帝後元2	87	747-8	漢武崩	班固	《漢書》	總評漢武之政	只重事功
							司馬光	總評漢武之政	得失均論	
44 26	23	15	昭帝元鳳1	80	64～763	上官桀譖霍光	李德裕	《會昌一品集》	明論	
45 27	23	15	昭帝元鳳4	77	773	傅介子殺樓蘭王	司馬光		專評此事	
46 28	25	17	宣帝地節4	66	820-1	霍光敗	班固	《漢書》	總評其人	只及霍氏之過
							司馬光			更及漢宣之過
47 29	27	19	宣帝五鳳3	55	872-3	丙吉死	班固	《漢書》	君臣一體論	
48 30	27	19	宣帝五鳳4	54	878	記楊惲事	司馬光		論四臣之死	另三人爲趙廣漢、蓋寬饒、韓延壽
49 31	27	19	宣帝甘露1	53	881	漢宣貶儒	司馬光		王霸論	
50 32	27	19	宣帝甘露2	52	886	詔議匈奴來朝儀	荀悅	《漢紀》	戎狄論	非敵國說
51 53	27	19	宣帝黃龍1	49	892	漢宣崩	班固	《漢書》	總評漢宣之世	
52 34	28	20	元帝初元1	48	895-6	貢禹論政	司馬光		事君補短論	
53 35	28	20	元帝初元2	47	902	蕭望之自殺	司馬光		論漢元之不明	

54 36	28	漢 20	元帝永光 1	B.C.43	916	記諸葛豐事	司馬光		賞罰論	
55 37	28	20	元帝永光 1	43	917	賈捐之謀石顯	司馬光		專評此事	
56 38	28	20	元帝永光 2	42	919-20	匡衡論政	荀悅	《漢紀》	赦論	
57 39	29	21	元帝建昭 2	37	930	記京房事	司馬光		論漢元之不明	
58 40	29	21	元帝建昭 2	37	934	記石顯事	荀悅	《漢紀》	正論	
59 41	29	21	元帝竟寧 1	33	949	杜欽追訟馮奉世功	荀悅	《漢紀》	矯制論	
60 42	29	21	元帝竟寧 1	33	951-2	漢元崩	班彪	《漢書》	總評漢元之政	
61 43	33	25	成帝綏和 2	7	1052-3	翟方進自殺	司馬光		移災於卿佐論	
62 44	33	25	成帝綏和 2	7	1054	漢成崩	班彪	《漢書》	總評漢成之政	
63 45	33	25	成帝綏和 2	7	1055	張放哭漢成而死	荀悅	《漢紀》	論張放愛而不忠	
64 46	35	27	哀帝元壽 2	1	1128	記彭宣事	班固	《漢書》	論三臣之不計名位	餘二人爲薛廣德、平當
65 47	36	28	平帝元始 5	A. D. 5	1156	漢平崩	班固	《漢書》	總評漢平之政	實評王莽之政
66 48	36	28	王莽始初 1	8	1169	王莽逼孝元后	班彪	《漢書》	專評此事	
67 49	37	29	王莽始國建 2	10	179-81	王莽瓦解漢宗室	班固	《漢書》	敘歷代封建沿革	尤詳於漢
68 50	37	29	王莽始國建 3	11	1196	記當世學者去就事	班固	《漢書》	總評諸人	
69 51	39	31	淮陽王更始 1	23	1251	王莽敗	班固	《漢書》	總評王莽之政	
70 52	40	32	光武帝建武 1	25	1285	記卓茂事	司馬光		舉才以德論	
71 53	40	32	光武帝建武 2	26	1306-7	光武授馮異取三輔策	司馬光		兵論	陳威安民說
72 54	41	33	光武帝建武 5	29	1324-5	彭寵謀反	權德輿	權文公集	專評此事	佚，今見文苑英華
73 55	43	35	光武帝建武 15	39	1385	記韓歆事	司馬光		諫論	直言國福說
74 56	43	35	光武帝建武 19	43	1395	光武易太子	袁宏	《後漢紀》	建太子論	
75 57	43	35	光武帝建武 22	46	1403-4	光武不納西域	班固	《漢書》	論漢武光武之西域政策	
76 58	44	36	光武帝中元 1	56	1428	記桓譚事	范曄	《後漢書》	論光武以讖論學	

77 59	46	漢38	章帝建初8	A.D.83	1494	竇憲奪沁水公主田	司馬光		辨姦論	
78 60	47	39	章帝章和2	88	1513	漢章崩	范曄	《後漢書》	總評漢章之政	兼及漢明
79 61	48	40	和帝永元4	92	1535	班固著《漢書》	華嶠	《漢後書》	論《漢書》	佚，今見范曄《後漢書》
80 62	49	41	安帝永初1	107	1571-2	以災異免徐防	仲長統	《昌言》	專評此事	佚，今見范曄《後漢書》
81 63	50	42	安帝建光1	121	1619	斷二千石以上行三年喪	袁宏	《後漢紀》	駁論	
82 64	50	42	安帝延光1	122	1624-5	記黃憲事	范曄	《後漢書》	總評其人	
83 65	51	43	順帝永建2	127	1648-50	記樊英事	司馬光		逸民論	
84 66	51	43	順帝嘉陽1	132	1661	舉考廉限年四十以上	袁宏	《後漢紀》	駁論	
85 67	52	44	順帝永和6	141	1691	梁商死	司馬光		論漢順之不明	兼及漢成
86 68	53	45	桓帝元嘉1	151	1725-6	崔寔論政	司馬光		司法論	寬猛相濟說
87 69	56	48	靈帝建寧2	169	1817	段熲破羌	司馬光		戎狄論	叛討服懷說
88 70	56	48	靈帝建寧2	169	1823	記申屠蟠事	司馬光		保身論	
89 71	57	49	靈帝熹平4	175	1837	蔡邕論三互法	司馬光		法制不煩論	
90 72	60	52	獻帝初平3	192	1939	記士孫瑞事	司馬光		保身論	
91 73	61	53	獻帝興平1	194	1953	記靳允事	徐眾	《三國評》	專評此事	佚，今見陳壽《三國志》裴注
92 74	63	55	獻帝建安4	199	2022	華歆降於孫策	孫盛	《三國異同評》	專評此事	佚，今見陳壽《三國志》裴注
93 75	57		獻帝建安13	208		劉備去荊州	習鑿齒	《漢晉春秋》	專評此事	佚，今見陳壽《三國志》裴注
94 76	65	57	獻帝建安13	208	2095	曹操不納張松	習鑿齒	《漢晉春秋》	專評此事	佚，今見陳壽《三國志》裴注
95 77	66	58	獻帝建安17	212	2115-7	荀彧諫曹操晉爵	司馬光		總評荀彧	
96 78	67	59	獻帝建安20	215	43～2142	張魯降於曹操	習鑿齒	《漢晉春秋》	專評此事	佚，今見陳壽《三國志》裴注

	卷	朝代	帝王年號	西元	頁碼	事件	作者	出處	論題	備註
97 79	68	漢60	獻帝建安24	A.D 219	2173-4	曹操拒正位	司馬光		論東漢風俗	
98 1	69	魏1	文帝黃初1	220	2177	魏文誅丁儀兄弟	魚豢	《魏略》	專評此事	佚，今見陳壽《三國志》裴注
99 2	69	1	文帝黃初1	220	2180-1	魏文衰服行樂	孫盛	《三國異同評》	三年喪論	佚，今見陳壽《三國志》裴注
100 3	69	1	文帝黃初2	221	2185-6	劉備即帝	司馬光		正統論	
101 4	69	1	文帝黃初2	221	2190	張飛死	陳壽	《三國志》	總評其人	兼及關羽
102 5	69	1	文帝黃初2	221	2193	魏文辱于禁	司馬光		專評此事	
103 6	70	2	文帝黃初7	226	2228	魏文崩	陳壽	《三國志》	總評其人	
104 7	70	2	文帝黃初7	226	2231	記交趾事	孫盛	《三國異同評》	信論	佚，今見陳壽《三國志》裴注
105 8	72	4	明帝太和6	232	2279	記劉曄事	傅玄	《傅子》	誠論	佚，今見陳壽《三國志》裴注
106 9	72	4	明帝青龍2	234	2299	記諸葛亮事	陳壽	《三國志》	總評諸葛亮之政	
107 10	72	4	明帝青龍2	234	2300	記廖立李平事	習鑿齒	《漢晉春秋》	司法無私論	佚，今見陳壽《三國志》裴注
108 11	73	5	明帝青龍4	236	2316	陳群死	袁準	《正論》	忠論	佚，今見陳壽《三國志》裴注
109 12	73	5	明帝景初1	237	2319	魏明自封烈祖	孫盛	《三國異同評》	諡、廟論	佚，今見陳壽《三國志》裴注
110 13	73	5	明帝景初1	237	2326-7	高堂隆死	陳壽	《三國志》	總評其人	
111 14	73	5	明帝景初1	237	2329-31	劉邵奉敕制考課法	司馬光		人治論	
112 15	74	6	明帝景初3	239	2345	魏明崩	孫盛	《三國異同評》	總評魏明之政	佚，今見陳壽《三國志》裴注
113 16	75	7	邵陵厲公正始7	246	2367	諸葛亮惜赦	陳壽	《三國志》	專評此事	
114 17	75	7	邵陵厲公嘉平3	251	2392-3	呂岱戒諸葛恪以十思	虞喜	《志林》	專評此事	
115 18	76	8	邵陵厲公嘉平5	253	2402	司馬師引過自責	習鑿齒	《漢晉春秋》	引過論	佚，今見陳壽《三國志》裴注

116 19	77	魏 9	高貴鄉公甘露 3	A.D.258	2444	司馬昭克壽春	習鑿齒	《漢晉春秋》	專評此事	佚，今見陳壽《三國志》裴注
117 1	79	晉 1	武帝泰始 2	266	2498	晉武服三年喪	司馬光		三年喪論	
118 2	79	1	武帝泰始 3	267	2503	李憙劾山濤等人	司馬光		專評此事	
119 3	80	2	武帝泰始 10	274	2537	記王儀嵇康事	司馬光		專評此事	
120 4	80	2	武帝泰始 10	274	2538	杜預論三年喪	司馬光		駁論	
121 5	87	9	懷帝永嘉 3	329	2742	記何曾事	司馬光		總評其人	
122 6	88	10	愍帝建興 1	313	2791	懷帝遇害	荀崧	《晉書》	總評其人	
123 7	89	11	愍帝建興 4	316	2835-7	劉曜陷長安	干寶	《晉紀》	總評晉政	佚，今見蕭統《昭明文選》
124 8	94	16	成帝咸和 4	329	2970	蘇峻亂後定賞罰	司馬光		論庾亮、卞敦、王導之罪	
125 9	100	22	穆帝永和 11	355	3147	苻健戒太子以漸除權臣	司馬光		任臣論	
126 10	101	23	哀帝興寧 3	365	3199	記沈勁事	司馬光		總評其人	
127 11	102	24	海西公太和 5	370	3229	王猛謀慕容垂	司馬光		取材敵國論	
128 12	102	24	海西公太和 5	370	3235	記鄧羌事	崔鴻	《十六國春秋》	專評此事	佚
129 13	103	25	簡文帝咸安 2	372	3255-6	苻堅出慕容評	司馬光		論苻堅敗因	
130 14	104	26	孝武帝太元 5	380	3295	苻堅赦苻洛	司馬光		論苻堅敗因	
131 15	106	28	孝武帝太元 10	385	3348-9	苻堅死	司馬光		論苻堅敗因	
132 16	106	28	孝武帝太元 11	386	3361-2	慕容重遷文明段后主	崔鴻	《十六國春秋》	駁論	佚
133 17	113	35	安帝元興 3	404	3566	劉裕報王謐刁逵恩仇	蕭方等	《三十國春秋》	駁論	佚
134 18	115	37	安帝義熙 6	410	3627	韓範諫劉裕阬廣固	司馬光		論劉裕不能一統之因	
135 19	118	40	安帝義熙 13	417	3714	劉裕疑王鎮惡	司馬光		專評此事	
136 1	119	宋 1	武帝永初 1	420	3734-5	宋武除清議以更始	裴子野	《宋略》	專評此事	佚
137 2	119	1	武帝永初 2	421	3739	宋武祀郊大赦	裴子野	《宋略》	專評此事	佚

138 3	119	宋 1	營陽王景平 1	A.D 423	3752-3	記蔡廓事	沈約	《宋書》	專評此事	
139 4	119	1	營陽王景平 1	.423	3762-3	記寇謙之事	司馬光		敘道家神仙分合	
140 5	120	2	文帝元嘉 1	424	3767-8	營陽王（義符）遇害	裴子野	《宋略》	論宋世宗室教育	佚
141 6	123	5	文帝元嘉 15	438	3868-9	宋文立四學	司馬光		駁論	
142 7	123	5	文帝元嘉 17	440	3889	宋文誓容彭城王（義康）	司馬光		論彭城敗因	
143 8	123	5	文帝元嘉 18	441	3891	記扶令育事	裴子野	《宋略》	論宋刑之酷	佚
144 9	124	6	文帝元嘉 22	445	3914	宋文戒諸子以儉	裴子野	《宋略》	儉論	佚，兼及宋武固本策之失
145 10	124	6	文帝元嘉 22	445	3920	范曄等謀反	裴子野	《宋略》	逸才易隕論	佚
146 11	128	10	孝武帝孝建 1	454	4015	魯爽敗	李延壽	《南史》	專評此事	
147 12	128	10	孝武帝大明 2	458	4036-7	宋孝武分選曹權	裴子野	《宋略》	論魏晉選才法	佚
148 13	128	10		458	4038-9	記王僧達事	沈約	《宋書》	敘魏晉以上之選才法	
							裴子野	《宋略》	評魏晉選才法	佚
149 14	132	14	明帝泰始 3	467	4130-1	宋失淮北四州	裴子野	《宋略》	專評此事	佚
150 15	133	15	明帝泰始 7	471	4161-2	宋明殺諸弟	沈約	《宋書》	專評此事	重在追源
							裴子野	《宋略》	專評此事	佚，重在責咎
151 16	134	16	順帝昇明 1	477	4208	記袁粲事	裴子野	《宋略》	總評其人	佚
152 17	134	16	順帝昇明 1	477	4211	宋明孽臣盡除	沈約	《宋書》	總評宋政	
153 1	137	齊 3	武帝永明 9	491	4306	齊祀太廟不以禮	司馬光		駁論	
154 2	138	4	武帝永明 11	493	4338	拓跋休拒元魏主命	司馬光		推明論	
155 3	139	5	明帝建武 1	494	4353	竟陵王（子良）死	司馬光		論子良敗因	
156 4	139	5	明帝建武 1	494	4363	記謝朏事	司馬光		專評此事	
157 5	139	5	明帝建武 1	494	4366-7	宣城王（鸞）殺諸王	蕭子顯	《南齊書》	典籤論	
158 6	140	6	明帝建武 3	496	4396	（拓跋）魏孝文以門地取士	司馬光		論魏晉選才法	

1597	141	齊 7	明帝建武 4	A.D 497	4409	（拓跋）魏孝文毀不死詔	司馬光		不死詔論	
1601	146	梁 2	武帝天監 4	505	4550	記鄧元起事	李延壽	《南史》	專評此事	
1612	148	4	武帝天監 17	518	4639	記臨川王（宏）事	司馬光		總評其人	
1623	150	6	武帝普通 5	524	4679	（拓跋）魏六鎮謀反	司馬光		論魏孝明之不明	
1634	151	7	武帝大通 1	527	4727	記湛僧智事	司馬光		總評其人	
1645	155	11	武帝中通大 3	531	4809	太子（統）見疑於梁武	司馬光		遠詭士邪術論	
1656	159	15	武帝大同 11	545	4934-5	梁武駁賀琛啓	司馬光		諫論	聽獻之失說
1661	168	陳 2	文帝天嘉 2	561	5217	（高）齊昭姐	顏之推	《顏氏家訓》	專評此事	
1672	169	3	文帝天康 1	566	56〜5255	陳文託孤於孔奐	司馬光		總評孔奐	
1683	172	6	宣帝太建 8	576	5365	記高遵事	司馬光		專評此事	
1694	173	7	宣帝太建 9	577	5374	（宇文）周武卑宮室	司馬光		專評此事	
1701	180	隋 4	文帝仁壽 4	604	5614	隋文大封諸子	司馬光		專評此事	
1711	186	唐 2	高祖武德 1	618	5835	高祖以濫授官	陳嶽	《唐統紀》	專評此事	佚
1722	191	7	高祖武德 9	626	6012-3	玄武門之變	司馬光		專評此事	
1733	192	8	高祖武德 9	626	6029	裴矩諫高祖試略法	司馬光		君臣表裏論	
1744	192	8	太宗貞觀 2	628	6051-3	太宗與群臣論樂	司馬光		禮樂論	本末說
1755	197	13	太宗貞觀 17	643	6197	太宗立晉王（治）爲太子	司馬光		專評此事	
1766	197	13	太宗貞觀 17	643	6201-2	唐與薛延陀和親	司馬光		專評此事	
1777	199	15	太宗貞觀 22	648	6260-1	房玄齡死	柳芳	《唐歷》	總評其人	佚
1788	203	19	則天后光宅 1	684	6431	徐敬業舉事	陳嶽	《唐統紀》	專評此事	佚
1799	211	27	玄宗開元 2	714	6702	玄宗敕行儉	司馬光		儉論	
180 10	211	27	玄宗開元 2	714	6704	薛謙光獻豫州鼎銘	司馬光		專評此事	
181 11	211	27	玄宗開元 3	715	6780-9	記盧懷愼事	司馬光		總評其人	
182 12	213	29	玄宗開元 14	726	6775	記黑水靺鞨事	司馬光		戎狄論	威信說

183 13	213	唐 29	玄宗開元 19	A.D 731	6795-6	詔置太公廟	司馬光		文武論	
184 14	216	32	玄宗天寶 7	.748	6891	楊釗領十五餘使	蘇冕	《唐會要》	設官論	
185 15	218	34	肅宗至德 1	756	6994	記玄宗侈樂事	司馬光		儉論	
186 16	220	36	肅宗至德 2	757	7050-1	玄宗悔殺李希烈	司馬光		專評此事	
187 17	220	36	肅宗乾元 1	758	7064-6	節度使由軍士廢立	司馬光		專評此事	
188 18	225	41	代宗大曆 12	777	7247	常袞辭祿	司馬光		專評此事	
189 19	225	41	代宗大曆 14	779	7258	崔祐甫用人涉親故	司馬光		駁論	
190 20	233	49	德宗貞元 3	787	7508-9	趙光奇問對	司馬光		論德宗之不明	
191 21	233	49	德宗貞元 4	788	7510	李泌不能禁德宗宣索	司馬光		私財論	
192 22	241	57	憲宗元和 14	819	7772-3	憲宗誘殺王弁、郱人	司馬光		專評此事	
193 23	244	60	文宗太和 5	831	7874-5	記盧龍亂事	司馬光		姑息論	
194 24	244	60	文宗太和 6	832	7880-1	牛僧孺失勢	司馬光		論牛僧孺之罪	
195 25	245	61	文宗太和 8	834	7899-7900	文宗興朋黨之歎	司馬光		朋黨論	
196 26	245	61	文宗太和 9	835	17～7916	甘露之變	司馬光		專評此事	
197 27	247	63	武宗會昌 3	843	7879	李德裕追論悉怛謀事	司馬光		駁論	
198 28	248	64	武宗會昌 4	844	8011	武宗斬劉稹諸將	司馬光		專評此事	
199 29	263	79	昭宗天復 3	903	8595-9	朱全忠誅宦官	司馬光		宦官論	
200 1	279	後唐 8	潞王清泰 2	935	9135-6	記孫光憲事	司馬光		論其人兼及高從誨梁震	
201 1	281	後晉 2	高祖天福 3	938	9191	記李彥珣事	司馬光		信論	
202 2	282	3	高祖天福 5	940	9216	記杜光業軍事	司馬光		專評此事	
203 1	287	後漢 2	高祖天福 12	947	9379	記郭威事	司馬光		專評此事	
204 2	288	3	隱帝乾祐 2	949	9413	郭威以頭子易大臣	歐陽修	《五代史記》	專評此事	
205 1	291	後周 2	太祖顯德 1	954	9510-3	馮道死	歐陽修 司馬光	《五代史記》	論五代風俗 忠論	
206 2	292	3	世宗顯德 2	955	9530	世宗毀佛鑄錢	司馬光		專評此事	
207 3	294	5	世宗顯德 6	959	9599-600	世宗勸唐修守備	司馬光		論唐莊宗、周世宗	

重要參考資料目錄

說明：

1. 本目錄概分書籍、論文兩大類。
2. 「書籍類」先分中心資料（直接關涉《通鑑》者）、周邊資料（其餘曾經引證、參考者）、工具書（引得、辭典等）三種；「論文類」則分單篇論文、學位暨國科會補助論文二種。
3. 次依著者年代略分數段。
4. 復按著者姓名筆畫排列先後。
5. 倘著者作品非一，乃按所著名目筆畫排比，少者在前，多者在後。

甲、書籍類

一、中心資料

（一）宋、元、明

1. 王應麟撰，《通鑑地理通釋》（津逮秘書本），中文，民國 69 年 2 月日本京都版。
2. 王應麟撰，《通鑑答問》（文淵閣四庫本），商務，民國 75 年 3 月台初版。
3. 史炤撰，《資治通鑑釋文》（四部叢刊本），商務台版。
4. 司馬光撰，《司馬文正公傳家集》（萬有文庫薈萃本），商務，民國 54 年 2 月台初版。
5. 司馬光撰，《司馬文正集》（四部備要本），中華，民國 59 年 11 月台二版。
6. 司馬光撰，《溫國文正司馬公集》（宋紹興本），商務滬版。
7. 司馬光撰，《資治通鑑》（點校本），啓業，民國 66 年 1 月台版。
8. 司馬光撰，《資治通鑑目錄》（四部叢刊本），商務台版。

9. 司馬光撰，《資治通鑑考異》（四部叢刊本），商務台版。

10. 司馬光撰，《稽古錄》（四部叢刊本），商務台版。

11. 司馬伋編，《資治通鑑釋例》（文淵閣四庫本），商務，民國 75 年 3 月台初版。

12. 沈樞編，《通鑑總類》（文淵閣四庫本），商務，民國 75 年 3 月台初版。

13. 朱熹撰・康熙批，《御批通鑑綱目》（文淵閣四庫本），商務，民國 75 年 3 月台初版。

14. 胡三省撰，《通鑑釋文辨誤》（附啓業本通鑑末）。

15. 袁樞撰，《通鑑紀事本末》（點校本），里仁，民國 69 年 12 月 16 日台版。

16. 劉義仲撰，《通鑑問疑》（津逮秘書本），中文，民國 69 年 2 月日本京都版。

17. 嚴衍撰，《資治通鑑補》（清光緒思補樓本），廣文，民國 56 年 6 月台初版。

（二）清

1. 王夫之撰，《讀通鑑論》（點校本），里仁，民國 71 年 3 月 25 日台版。

2. 申涵煜撰，《通鑑評語》（畿輔叢書本），藝文台版。

3. 陳景雲撰，《通鑑胡注舉正》（文淵閣四庫本），商務，民國 75 年 3 月台初版。

4. 傅恆等編・康熙、乾隆批，《增批歷代通鑑輯覽》（三修本），生生，民國 74 年 3 月台初版。

5. 趙紹祖撰，《通鑑注商》（安徽叢書本），藝文，台版。

6. 潘榮撰，《鑑史提綱》（潘氏原本），老古，民國 67 年 4 月台初版。

7. 顧棟高撰，《司馬溫國文正公年譜》（求恕齋叢書本），藝文台版。

（三）民　國

1. 王緇塵撰，《資治通鑑讀法》，夏學社，民國 73 年 3 月台初版。

2. 岑仲勉撰，《通鑑隋唐比事質疑》，九思，民國 67 年 5 月 10 日台初版。

3. 李則芬撰，《汎論司馬光資治通鑑》（岫廬文庫本），商務，民國 68 年 6 月台初版。

4. 柴德賡撰，《資治通鑑介紹》，木鐸，民國 72 年 9 月台初版。

5. 陳垣撰，《通鑑胡注表微》，廣角鏡，民國 67 年 4 月港版。

6. 張須撰，《通鑑學》（修訂本），不詳。

7. 郭衣洞（柏楊）撰，柏楊版《資治通鑑》，遠流，民國 72 年 9 月 1 日起陸續出版。

8. 崔萬秋撰，《通鑑研究》（人人文庫本），商務，民國 70 年 5 月台三版。

9. 黃盛雄撰，《通鑑史論研究》，文史哲，民國 68 年 4 月台初版。

10. 馮惠民撰，《通鑑嚴補輯要》，不詳。

11. 黃錦鈜等撰，《白話資治通鑑》，文化，民國 73 年 10 月台版。

12. 雷家驥撰，《帝王的鏡子——資治通鑑》（中國歷代經典寶庫本），時報，民國 70

年 3 月 25 日台再版。

13. 潘英撰,《資治通鑑司馬光史論之研究——資治通鑑之中心思想》明文 76 年 6 月台初版。

14. 魯立剛撰,《資治通鑑選論》(又名:讀通鑑私記),幼獅,民國 65 年 3 月台版。

15. 劉體智撰,《通鑑箚記》,中新,民國 66 年 8 月台初版。

二、周邊資料

(一)先秦至漢

1. 不著撰人,《十三經注疏》(清嘉慶阮元校刊本),藝文,民國 71 年 8 月台九版。

2. 不著撰人·劉向輯,《戰國策》(點校本),里仁,民國 71 年 1 月 1 日台版。

3. 左丘明撰,《國語》(點校本),里仁,民國 70 年 12 月 25 日台版。

4. 司馬遷撰·日瀧川龜太郎注,《史記會注考證》,洪氏,民國 66 年 5 月台五版。

5. 荀況撰·王先謙集解,《荀子集解》(清光緒本),藝文,民國 66 年 2 月台四版。

6. 班固撰·王先謙注,《漢書補注》(斷句本),新文豐,民國 64 年 3 月台初版。

7. 荀悅撰,《前漢紀》(明嘉靖本),華正,民國 63 年 7 月台初版。

8. 楊雄撰·汪榮寶疏,《法言義疏》(清光緒本),藝文,民國 57 年 6 月台再版。

(二)三國至五代

1. 令狐德棻等撰,《周書》(史學名著本),鼎文,民國 64 年 3 月台初版。

2. 杜佑撰,《通典》(北宋刊本),汲古書院,民國 69 年 5 月日本東京版。

3. 沈約撰,《宋書》(史學名著本),鼎文,民國 64 年 3 月台初版。

4. 李百藥撰,《北齊書》(史學名著本),鼎文,民國 64 年 3 月台初版。

5. 李延壽撰·楊家駱編,《新校本北史并附編三種》,鼎文,民國 65 年 10 月台初版。

6. 李延壽撰·楊家駱編,《新校本南史附索引》,鼎文,民國 65 年 10 月台初版。

7. 李德裕撰,《李衛公會昌一品集》(畿輔叢書本),藝文台版。

8. 房玄齡等撰·楊家駱編,《新校本晉書并附編六種》,鼎文,民國 65 年 10 月台初版。

9. 范曄撰·楊家駱編,《新校本後漢書并附編十三種》,鼎文,民國 70 年 4 月台四版。

10. 姚思廉撰,《梁書》(史學名著本),鼎文,民國 64 年 3 月台初版。

11. 姚思廉撰,《陳書》(史學名著本),鼎文,民國 64 年 3 月台初版。

12. 袁宏撰,《後漢紀》(四部叢刊本),商務台版。

13. 陳壽撰·盧弼集解,《三國志集解》(斷句本)。

14. 劉昫等撰·楊家駱編,《新校本舊唐書附索引》,鼎文,民國 65 年 10 月台初版。

15. 劉知幾撰・浦起龍釋・呂思勉評，《史通釋評》，華世，民國 70 年 11 月台新版一刷。

16. 劉義慶撰・楊勇箋，《世說新語校箋》，宏業，民國 61 年 11 月台再版。

17. 蕭統撰・李善注，《昭明文選》（清嘉慶胡刻本），文化，民國 68 年 4 月 1 日台初版。

18. 蕭子顯撰，《南齊書》（史學名著本），鼎文，民國 64 年 3 月台初版。

19. 魏收撰・楊家駱編，《新校本魏書附西魏書》，鼎文，民國 64 年 9 月台初版。

20. 魏徵等撰，《隋書》（史學名著本），鼎文，民國 64 年 3 月台初版。

（三）宋、元、明

1. 王安石撰・沈欽韓注，《王臨川文集附沈氏注》，鼎文，民國 68 年 9 月台初版。

2. 王懋竑撰，《白田草堂存稿》（清乾隆王氏家祠刻本），漢華，民國 61 年 1 月台初版。

3. 王應麟撰・萬慰亭注，《困學紀聞集證》，中華叢書編審委員會，民國 49 年 12 月台版。

4. 朱熹撰，《三朝名臣言行錄》（四部叢刊本），商務台版。

5. 朱熹撰，《朱子語類》（明成化覆宋本），正中，民國 59 年 7 月台二版。

6. 江少虞撰，《宋朝事實類苑》（點校本），源流，民國 71 年 8 月台初版。

7. 李昉等撰，《文苑英華》（明隆慶本），華文，民國 54 年 5 月台版。

8. 胡寅撰，《致堂讀史管見》（宛委別藏本），商務台版。

9. 姚鉉等撰，《唐文粹》（清光緒許氏榆園刊本），世界台版。

10. 高似孫撰，《史略》（四明叢書本），國防研究院・中華大典編印會，民國 55 年 10 月台初版。

11. 馬端臨撰，《文獻通考》（清乾隆武英殿本），新興，民國 52 年 10 月台新一版。

12. 脫脫等撰・楊家駱編，《新校本宋史并附編三種》，鼎文，民國 67 年 9 月台初版。

13. 鄭樵撰，《通志》（清乾隆武英殿本），新興，民國 52 年 10 月台新一版。

14. 歐陽修撰・楊家駱編，《新校本新五代史附十國春秋》，鼎文，民國 65 年 11 月台初版。

15. 歐陽修撰・楊家駱編，《新校本新唐書附索引》，鼎文，民國 65 年 10 月台初版。

16. 薛居正等撰・楊家駱編，《新校本舊五代史并附編三種》，鼎文，民國 70 年 2 月台三版。

17. 龔鼎臣等撰，《宋元人說部叢書》（涵芬樓重校本），中文，民國 70 年 1 月日本京都版。

（四）清

1. 王梓材、馮雲濠撰・張壽鏞校補，《宋元學案補遺》（重排本），世界，民國 51

年 6 月台初版。

2. 王鳴盛撰・楊家駱編,《王鳴盛讀書筆記十七種》,鼎文,民國 68 年 9 月台初版。

3. 馬國翰撰,《玉函山房輯佚書》(清同治濟南皇華館書局本),中文,民國 68 年 9 月日本京都版。

4. 梁玉繩等撰・楊家駱編,《四史辨疑》,鼎文,民國 66 年 12 月台初版。

5. 章學誠撰・葉瑛注,《文史通義校注》,仰哲台版。

6. 黃宗羲撰・全祖望補,《宋元學案》(重排本),世界,民國 72 年 5 月台四版。

7. 趙翼撰・杜維運考證,《廿二史劄記》,華世,民國 66 年 9 月台新一版。

8. 趙翼撰,《陔餘叢考》(點校本),中文,民國 66 年 12 月日本京都版。

9. 錢大昕撰・楊家駱編,《錢大昕讀書筆記廿九種》,鼎文,民國 68 年 9 月台初版。

10. 嚴可均輯,全上《古三代秦漢三國六朝文》(清光緒黃岡王氏本),世界,民國 53 年 3 月台初版。

11. 顧炎武撰,《原抄本日知錄》(點校本),明倫,民國 59 年 10 月台三版。

(五)民 國

1. 丁傳靖撰,《宋人軼事彙編》,源流,民國 71 年 9 月台初版。

2. 方豪撰,《宋史》,中國文化大學出版部,民國 68 年 10 月新一版。

3. 王雲五撰,《宋元政治思想》,商務,民國 58 年 6 月台初版。

4. 王德毅撰,《中國歷代思想家——司馬光》,商務,民國 68 年 3 月台二版。

5. 王德毅撰,《宋史研究論集》(人人文庫本),商務,民國 57 年 11 月台初版。

6. 王樹民撰,《史部要籍解題》,木鐸,民國 72 年 9 月 1 日台版。

7. 宋史座談會編,《宋史研究集》,中華叢書編審委員會,民國 47 年 6 月起陸續出版中。

8. 呂思勉撰,《中國制度史》,丹青,民國 75 年 5 月台初版。

9. 余英時撰,《歷史與思想》,聯經,民國 72 年 11 月台初版八刷。

10. 杜維運・黃進興編,《中國史學史論文選集,華世,民國 68 年 10 月台初版二刷。

11. 杜維運撰,《史學方法論》,三民,民國 72 年 12 月台六版。

12. 黃啓方編,《北宋文學批評資料彙編》,成文,民國 67 年 9 月台初版。

13. 黃慶萱撰,《修辭學》,三民,民國 74 年 9 台五版。

14. 金毓黻撰,《中國史學史》(修訂重排本),鼎文,民國 74 年 4 月台五版。

15. 徐復觀撰,《兩漢思想史》,學生,民國 68 年 9 月台初版。

16. 章太炎講・孫世揚錄,《國學略說》,寰球文化服務社,民國 52 年 2 月港初版。

17. 張君勱撰,《中國專制君主政制之平議,》弘文館,民國 75 年 2 月 1 日台初版。

18. 陳寅恪撰,《陳寅恪先生文集》,里仁,民國 71 年 9 月 25 日台版。

19. 郭紹虞撰,《中國文學批評史》,不詳。

20. 梁啓超撰，《中國歷史研究法》，里仁，民國 73 年 10 月 25 日台版。

21. 葉廷琯撰，《吹網錄》（人人文庫本），商務，民國 65 年 6 月台初版。

22. 趙令揚撰，《關於歷代正統問題之爭論》，學津，民國 65 年 5 月港版。

23. 劉節撰，《中國史學史稿》，弘文館，民國 75 年 6 月台初版。

24. 劉咸炘撰・楊家駱編，《四史知意并附編六種》，鼎文，民國 65 年 2 月台初版。

25. 錢穆撰，《中國史學名著》（三民文庫本），三民，民國 75 年 3 月台五版。

26. 錢穆撰，《國史大綱》，商務，民國 49 年 7 月台七版。

27. 蕭公權撰，《中國政治思想史》，聯經，民國 73 年 4 月台初版三刷。

28. 鄺士元撰，《中國學術思想史》，波文，民國 68 年 11 月港初版。

29. 聶崇岐撰，《宋史叢考》，華世，民國 75 年 12 月台初版。

30. 羅根澤撰，《中國文學批評史》，學海，民國 69 年 9 月台再版。

31. 饒宗頤撰，《中國史學上之正統論》，龍門，民國 66 年 9 月港初版。

三、工具書

1. 宋晞編，《宋史研究論文與書籍目錄》（增訂本），中國文化大學出版部，民國 72 年 8 月台版。

2. 昌彼得等編，《宋人傳記資料索引》，鼎文，民國 73 年 4 月台增訂二版。

3. 紀昀等撰，《四庫全書總目》（欽定本），藝文，民國 68 年 12 月台五版。

4. 洪業等編，《論語》、《孟子》、《荀子》、《春秋經傳》引得，成文，民國 55 年台版。

5. 晁公武撰，《衢本郡齋讀書志》（宛委別藏本），商務，民國 70 年 10 月台初版。

6. 陳振孫撰，《直齋書錄解題》（國學基本叢書本），商務，民國 53 年 3 月台初版。

7. 編輯部編，《紀念司馬光、王安石九百年特展目錄》，故宮，民國 75 年 6 月台初版。

乙、論文類

一、單篇論文

1. 王德毅撰，〈司馬光的史學〉，《紀念司馬光、王安石逝世九百周年學術討論會論文集》，民國 75 年 6 月。

2. 宋晞撰，〈司馬光史論〉，仝前。

3. 何寄澎撰，〈司馬光的文學觀及其相關問題〉。

4. 呂錫琛撰，〈王船山與司馬光以史資治思想之比較〉，《王船山學術思想討論集》，民國 71 年 11 月。

5. 李晃世撰，〈史籍導讀──資治通鑑前言（上、下）〉，《成大歷史系歷史學報》5、6 期 677、687。

6. 孫國棟撰，〈資治通鑑所表現的政治觀念〉，《中研院國際漢學會議論文集》（歷史考古組），民國 70 年 10 月 10 日。

7. 孫鐵剛撰，〈「資治通鑑」中戰國史的年代問題的初探〉，《紀念司馬光、王安石逝世九百周年學術討論會論文集》，民國 75 年 6 月。

8. 張元撰，〈通鑑中的南北戰爭——司馬溫公寫史管窺之一〉，仝前。

9. 康銘撰，〈司馬光對歷史人物之評價〉，《史繹》5 期，民國 57 年 5 月。

10. 尉天驄撰，〈北宋的困境與司馬光、王安石對之所抱持之態度〉，《紀念司馬光、王安石逝世九百周年學術討論會論文集》，民國 75 年 6 月。

11. 陳明銶撰，〈資治通鑑的史學〈上、下〉〉，《食貨》12 卷 4、5、6 期，民國 71 年 8 月 9 日。

12. 程仰之撰，〈王安石與司馬光〉，《文史雜誌》2 卷 1 期，民國 31 年 1 月。

13. 雷飛龍撰，〈北宋新舊黨爭與其學術政策之關係〉，《政大學報》11 期，民國 54 年 5 月。

14. 趙鐵寒撰，〈資治通鑑餘義撮要〈一〉〉，《大陸雜誌》14 卷 3 期，民國 46 年 2 月。

15. 蘇振申譯·日內藤虎次郎撰，〈宋代史學的發展〈上、中、下〉〉，《文藝復興》1 卷 7、8、9、10 期，民國 59 年 7 月、8 月、9 月、10 月。

16. 嚴耕望撰，〈通鑑作者誤句舊唐書之一例〉，《大陸雜誌》6 卷 2 期，民國 42 年 1 月。

二、學位暨國科會補助論文

1. 李美月撰，《通鑑考異引書考》，文化史研所博士論文，民國 70 年 4 月 20 日。

2. 吳錫鏗撰，《司馬光的政治思想與政見政績》，東海史研所碩士論文，民國 63 年 5 月。

3. 林瑞瀚撰，《司馬光之史學及其政術》，國科會補助論文，60 年人文科學組 H-085。

4. 權重達撰，《資治通鑑對中韓學術之影響》，政大中研所博士論文，民國 68 年 6 月。